생명교육총서 2

좋은 죽음을 위한 안내

한림대학교 생사학연구소 엮음

박문사

이 저서는 2012년정부(교육부)의 재원으로 한국연구재단의 지원을 받아 수행된 연구임
(NRF-2012S1A6A3A01033504)

사흘 연속 부고장을 받던 날, 죽음이 이렇게 늘 우리와 함께 있음을 실감했습니다. 우리의 하루하루는 이처럼 누군가의 죽음과 더불어 나아갑니다. 그럼에도 불구하고, 나의 죽음, 나의 사랑하는 이의 죽음이 아닌 죽음은 그저 멀리 있는 일, 나와 별 상관이 없는 일로 느껴집니다. 그러나 그 누군가가 나의 사랑하는 이라면, 내가 죽음 여행을 준비해야 한다면, 어떻게 좋은 죽음을 맞이할 것인가의 문제는 회피할 수 없는 질문이 될 것입니다.

과연 좋은 죽음이라는 것이 존재할까? 사랑하는 사람들에게 둘려 쌓여 생을 마감하는 것이 좋은 죽음일까? 생이 모두 끝나는 곳에서 좋다는 의미는 어떤 상태일까? 좋은 죽음은 준비할 수 있는 것인가? 꼬리를 물고 질문이 쏟아져 나옵니다.

우리가 죽음에 대해서 어떤 의미를 부여하든 죽음은 우리에게 인간의 약함과 삶의 가치를 깨우쳐 줍니다. 모든 인간은 결국에는 홀로 죽음과 대면해야 합니다. 죽음의 근원적 고독이 삶의 정신을 깨웁니다. 현대의 과학은 죽음이 인간 육체의 소멸과 더불어 인간 정신의 소멸을 가져온다고 말합니다. 그러나 수십 만 년 이어져 온 인간의 역사와 문화는 우리의 삶이 공동체와 더불어 진행되고 우리의 육체가 소멸되어도 우리가 남긴 것들이 공동체 속에서 계속 이어져 간다는 것을 보여줍니다.

죽음은 단순히 존재였다가 비존재가 되어 사라지는 삶의 끝이 아닙니다. 죽음은 삶을 빼앗는 것이 아니라 삶에 빛을 더해주고, 삶 자체를 기억하게 만드는 것입니다. 육신이 영원히 지속되는 삶이 과연 좋을 수 있을까요? 끝없이 지속되는 삶이라면 오늘은 별 의미가 없을 것입니다. 또 인간 존재와 함께하는 가난, 악과 미움, 비루함, 병듦이 존재하면서 영원히 지속되는 삶이란 차라리 재앙이 아닐까요? 죽음이 있기에 오늘이, 현재의 삶이 의미를 갖고 빛을 발합니다. 죽음이 무의미하다면 삶도 무의미한 것이 될 것입니다. 좋은 죽음은 좋은 삶과 함께 합니다. 마지막까지 충실한 삶을 살기 위해서는 준비가 필요합니다. 특히 죽음에 임박하면 죽음의 순간까지 생의 존엄함을 지키는 것은 매우 현실적인 문제가 됩니다. 이 책은 임종이 가까운 환자나 노인들이 어떻게 끝까지 생의 존엄함과 충실함을 이어갈 수 있는지 다양한 방향과 방법으로 길을 찾아보고 있습니다. 우리가 좋은 삶을 살기위해 수없이 많은 노력을 하는 것처럼, 좋은 죽음을 위해 필요한 여러 가지 생각과 준비를 마련해보고 제안해 보았습니다.

1부는 좋은 죽음에 대한 인문학적 성찰들로 엮어 보았습니다. 여기서는 생사학적 관점과 포스트모던의 조건에서 좋은 죽음에 대해 논의하고, 동양과 서양의 종교문화를 배경으로 좋은 죽음에 대해 숙고합니다. 그리고 한국의 전통문화와 현대사회적 조건에서 좋은 죽음은 어떠한 모습인지를 살펴보고 있습니다. 먼저, 김성진은 삶과 죽음에 대한 실존주의 관점을 현대 생사학의 성과와 연결지어, 포스트모던 시대에 적합한 좋은 죽음의 조건을 논의하고 있습니다. 그는 좋은 죽음은 좋은 삶을 위한 불가결한 조건이며, '좋은 삶'의 실천이 곧 '좋은 죽음'에 이르기 위한 준비 과정임을 강조합니다. 김남희는 인간은 자신의 삶의 터전인 풍토에 배태된 시간과 공간 구조 속에서 자신의 유한성을 인식하고 그것을 초월하고자 노력하는 존재라고 말합니다. 동양과 서양의 상이한 풍토 속에서 종교적 인간이 어떻게 죽음을 인식하고, 유한한 시간성과 공간성을 극복하며, 죽음 이후에 대한 희망을 가질 수 있었는지 살펴보고 있습니다. 공병혜는 한국의 전통 문화 속에서 노인 돌봄과 좋은 죽음은 어떠한 모습인지를 살펴본 후, 현대의 죽음과정을 검토합니다. 오늘날 죽음의 과정이 자신이 거주하던 처소에서 이루어지는 것이 아니라 중환자실, 요양병원이나 시설 등 낯선 환경 속에서 이루어짐을 비판합니다. 좋은 죽음을 맞이하기 위한 노인 돌봄은 자신이 살던 처소에서 주위세계와 친밀한 관계를 맺으면서 죽음을 향해 자기답게 나아가도록 돕는 것임을 주장합니다.

2부는 임종기에 접어든 이들과 그 가족들에게 도움이 될 실질적인 좋은 죽음 준비에 대해 논의합니다. 김춘길은 간호학적 관점에서 좋은 죽음의 이해와 그 의미를 짚어보며, 현대사회의 삶에서 죽음이 추방된 결과, 그에 대해 부정적 형태만 남겨졌다는 문제를 제기합니다. 이제 좋은 죽음을 위한 사회적 노력이 필요하다는 점을 강조하며, 좋은 죽음의 실천과 확산을 위한 방안으로 호스피스 완화의료를 통한 돌봄을 제언합니다. 고수진은 의료적 관점에서 좋은 죽음을 다루며, 말기 암환자들에게 어떻게 좋은 죽음을 위한 돌봄을 제공해야 하는지 논의합니다. 좋은 죽음을 위한 환자의 권리에 초점 맞추어 의료진이 해야 할 역할과 임종 돌봄 과정에 대한 정보를 전달해줍니다. 조계화는 호스피스란 죽음을 앞둔 말기환자와 그 가족을 지지하여 환자가 삶의 마지막 순간까지 인간답고 가치 있는 삶을 살 수 있도록 사랑으로 돌보는 것이라고 합니다. 죽음을 앞둔 환자가 신체적, 심리적, 사회적, 영적으로 무엇을 경험하며 어떤 것들을 필요로 하는지, 그리고 의료진과 환자의 가족들은 그들을 어떻게 도울 수 있을지에 관해 논의합니다. 이수인은 치매노인의 돌봄을 노인의 좋은 삶의 관점에서 정리하며, 치매노인을 어떻게 돌보아야 죽음까지 좋은 삶이 지켜질 수 있는지 살피고 있습니다. 특히 임종기 치매환자 돌봄을 다루며 좋은 죽음을 준비하기 위한 돌봄자의 마음가짐과 돌봄의 방식에 대해 논의하고 있습니다. 김태미는 임종기를 맞은 환자의 준비 사항에 대한 정보를 제공합니다. 이어서 임종 전(마음의 준비 및 마지막 돌봄), 임종 시(장례준비 및 영원한 이별), 임종 후(장례절차, 상속재산 분할 등, 마지막 정리 등)의 시간순서에 따라 가족들이 준비해야 할 주요 사항들을 제시하고 있습니다.

우리 모두는 죽음을 피할 수 없습니다. 경험할 수도 없습니다. 그것은 죽음의 문턱을 넘어서는 일이기 때문입니다. 어쩌면 죽음은 영원한 신비인지도 모릅니다. 탄생의 비밀처럼 죽음도 우리의 영역이 아닐지도 모릅니다. 그러나 본 총서는 좋은 삶의 끝에 좋은 죽음이 존재한다는 시각에서 좋은 죽음을 준비하기 위한 여러 가지 접근을 시도해 보았습니다.

생사학적 관점과 실존주의적 철학, 동서양의 종교적 풍토에서 좋은 죽음을 살펴보고, 문화적 관점에서 노인 돌봄과 좋은 죽음문제를 다루어보았습니다. 또 절박한 임종기 돌봄에서 좋은 죽음을 준비하는데 실질적인 도움이 되고자 간호학적 접근, 호스피스 돌봄, 치매노인 돌봄, 아름다운 마무리까지 다양한 방향으로 돌봄과 죽음의 문제를 살펴보았습니다. 이러한 논의들에서 죽음이란 무엇인가를 밝히려 하기보다는 어떤 마무리가 좋은 것인가에 무게를 두었습니다. 생사학은 삶의 관점에서 죽음을 바라보는 학문입니다. 죽음이 있다는 사실을 전제하고 살아가는 삶 속에서 좋은 죽음에 다다를 수 있습니다. 죽음을 생각하고 준비하는 것은 삶을 풍부하고 보람 있게 할 것입니다. 좋은 죽음을 준비하는 분들에게, 사랑하는 이의 좋은 마무리를 돕고 싶은 분들에게 이 책이 좋은 길잡이가 되었으면 좋겠습니다.

이 총서를 위해 흔쾌히 글을 주신 선생님들께 감사드리며, 이 책이 우리 사회에 좋은 죽음과 죽음준비에 대한 담론이 확산되는데 도움이 되기를 바랍니다. 끝으로 이 총서의 글들을 편집하고 정리하는 과정에 도움을 준 한림대학교 생명교육융합학과 대학원생 김경희, 용채은, 장현정, 정영미, 정예빈의 수고에 감사드립니다.

2017년 12월
한림대 생사학연구소 편집위원회

목 \ 차

목 \ 차

1부

좋은 죽음을 위한
인문학적 성찰

01 좋은 죽음의 생사학적 조건과 포스트모던 철학

김성진

1. '생사학(生死學)'의 개념 정립과 의미 확장

1) '타나톨로지(thanatology)'와 '생사학(生死學)'

'삶'과 '죽음'은 서로 반대말이다. 삶은 '살아있음' 또는 '생명'을 가리키지만, 죽음은 '죽음' 또는 '죽은 것'을 가리키기 때문에, 이 개념들은 그 말뜻에서는 서로 아무 관계나 연관성을 가지지 않는다. 인간의 삶과 죽음에 대해서 실제로 이와 같은 결론을 논증하려는 철학자가 있었으니, 바로 기원전 4 - 3세기 헬레니즘 시대의 에피쿠로스다. 그는 일종의 철저한 경험론적 입장에서 '삶과 '죽음'을 의미론적으로 고찰함으로써, 사람들이 가지고 있는 죽음에 대한 두려움이 어리석음을 다음과 같이 논증한다. 첫째, 모든 좋은 것도, 또 모든 나쁜 것도 우리의 감각 경험에 의해 지각되고 판단된다. 둘째, 죽음이란 무엇인가? 그것은 우리의 모든 지각과 경험 능력을 정지시킨다. 내가 무엇을 지각하는 한, 나는 아직 죽지 않았기 때문이다. 셋째, 그러므로 우리는 지각 능력이 존재하는 한 끝까지 삶을 즐길 수 있고 또 그렇게 하는 것이 현명하다. 반면에 죽음을 두려워하는 것은 어리석은 일이다. 왜냐하면 죽음을 두려워하는 한, 나는 아직 살아있기 때문이며, 살아있으면서 죽음을 두려워하는 것은 존재하지 않는 것에 대한 두려움이기 때문이다.[1]

이렇듯 죽음을 삶에 대한 절대 타자로, 그리고 존재에 대한 절대적 비존재 또는 '무(無)'로 간주하는 죽음관에 입각해서 본다면, '생사학(生死學)' 또는 '타나톨로지(thanatology)' 개념은 성립될 수 없다거나 매우 비현실적이라고 보아야 할지도 모른다. 왜냐하면 생사학은 삶(生)과 죽음(死)을 함께, 또는 '출생으로부터 사망에 이르기까지를 포함해서 나의 생애를 하나의 전체로서 고찰'하기 때문이다. 그리고 우리는 어떤 방식으로든 살아있는 동안에 죽음을 염려하고 또 이해하거나 해석하려하며, 때로는 아직 살아있는 동안에 죽음 이후 자신의 운명에 대해서도 관심을 기울이고 미리 준비할 수 있기를 바라기 때문이다. 그러면 오늘날 우리의 관심사가 된 '타나톨로지'란 무엇이며, 이것으로부터 우리는 무엇을 기대하는가? 그리고 '타나톨로지'와 '생사학'은 서로 무엇이 다른가?

'생사학' 개념은 그리 오래되지 않았다. 엘리자베스 퀴블러-로스(E. Kübler-Ross)에 의해 확산된 '타나톨로지(thanatology)'가 일본과 대만, 홍콩, 한국 등 동양권에서 '사생학' 또는 '생사학'으로 번역되면서 알려지기 시작했다. 그러나 퀴블러-로스 본인의 의도에 충실하게 번역한다면, '생사학' 보다는 '죽음학(thanatos+logos)'이 더 정확하다. 왜냐하면 이 개념 밑에서 그녀가 의도하고 수행한 작업은 죽음에 임박한 사람의 심리를 연구하고 그들로 하여금 평온한 마음으로 죽음을 수용하도록 돕는 요법을 제시하려는 것이기 때문이다. 따라서 사람들은 이런 의도를 가지고 수행되는 작업을 가리켜서 '사망심리 연구(Thanatopsychologie, death psychology)', '사망학(死亡學)', '사학(死學)' 등의 개념으로 부르기도 하며, 이런 이유로 퀴블러-로스 여사는 '호스피스의 어머니'라는 칭호를 얻었다.[2]

  예수회 신부로서 일본 소피아대학교 철학 교수로 재직했던 알폰스 데켄 (A. Deeken)도 세계적인 죽음학자로서『죽음을 어떻게 맞이할 것인가』,『죽음 교육』등을 저술하였으며, 2006년에는 연세대 간호대학과 한국죽음학회 공동 학술대회에서「죽음과 죽어감」,「죽음의 슬픔」,「죽음 이후」,「죽음 교육 방법론」등을 주제로 강연을 한 바 있다.[3] 이런 취지의 '죽음 준비 교육(death education, ars moriendi)'이 오늘날 주로 의료계와 임종간호학계에서 펼치는 호스피스 활동, 그리고 심리학과 교육학과 상담학 영역의 관심사로 부각되고 있음도 자연스러운 현상이다.[4]

  반면에 '생사학' 개념은 그것이 일단 '타나톨로지'의 번역어로 도입되었음에도 불구하고, 그 말뜻 자체가 이제는 '생과 사'의 연구로, 즉 '죽음 연구'에만 제한되지 않고 '삶(生)과 죽음(死) 연구(life and death studies)'로 확장되었음을 우리는 주목한다. 그리고 이런 명칭 변화가 그 탐구 내용과 방법론에서 어떤 긍정적 변화를 가져왔는지에 관해 특히 다음의 몇 가지를 지적하고자 한다.

2) 생사학적 관심의 진화론적 토대

  생물학의 관점에서 볼 때, 인간은 다른 생명체들과 공통의 생사학적 존재 방식을 보인다. 인간의 수명은 제한되어 있고, 언젠가는 죽음을 맞이할 수밖에 없다는 점에서 그러하며, 교배 또는 수정을 통해서 동종의 번식과 세대교체를 실현한다는 점에서, 그리고 세대교체 과정을 반복하는 동안 진화하거나 퇴화 또는 멸종할 수도 있다는 점에서 그렇다. 인간의 현재 모습은 인류의 조상이 오랜 시간동안 무수히 많은 세대교체를 반복하면서 '호모 사피엔스(homo sapiens)'로, 그리고 '호모 파베르(homo faber)'로 진화 과정을 거쳐 온 결과이다. 찰스 다윈에 동조하면서 독일어권에서 진화론 확산에 노력을 기울였던 에른스트 헥켈(E. Haeckel)은 생물 진화 과정을 설명하기 위해서 '개체발생론(Ontogenesis)'과 '계통발생론(Phylogenesis)' 개념을 도입하였으며,[5] 이 개념들은 인간의 생물학적 진화뿐만 아니라 사회적 또는 문화적 진화에도 적용될 수 있다. 개체로서의 삶은 출생으로부터 사망에 이르기까지 단 한 번의 생애로 끝나지만, 자손과 후속 세대로 이어지는 계통발생적 세대교체는 나의 가족과 가문, 민족과 사회 등 집단 구성원으로서의 나의 계통발생적 정체성과 존재 의미에 영속성을 부여한다. 따라서 인간 각자의 존재방식은 개체발생적 관점과 계통발생적 관점에서도 생사학적 고찰 대상이다. 그렇다면 개체로서의 나의 삶과 죽음은 어떤 의미를 가지는가? 나 개인의 삶이 비록 한 때의 일회적 생애로 끝날지라도, 이와는 별도로 계통발생적 세대교체를 이어가고 그 영속성을 실현시키는 연결 고리로서의 존재 가치도 함께 인정받아 마땅하지 않은가? 이렇게 본다면 우리들 각자 한 개인의 출생과 사망, 그리고 현세에서 누리는 한 평생의 삶의 가치와 의미는 생물학적 차원에서만 보더라도 이중적 평가 대상이다. 한 개인의 삶은 단 한 번 일어난 사건으로서 죽음과 함께 끝나버리지만, 그럼에도 불구하고 세대교체를 통해 실현 가능한 계통발생체계의 영속성을 실현시키기 위해서 그것은 필수 조건이다.

3) 생명 본능과 죽음 공포

생명체, 그리고 인간의 죽음은 크게 두 가지로 구별된다. 자연적 수명을 다한 후의 죽음이 있는가 하면, 폭력이나 사고 또는 질병 때문에 천수를 누리지 못하고 생을 일찍 마감하는 죽음이 있다. 생물학적 관점에서 볼 때 가장 자연스러운 죽음, 그리고 의학적 관점에서 가장 건강하고 정상적인 죽음은 고령자의 노화 과정 마지막 단계에서 발생하는 죽음일 것이다. 우리는 이것을 흔히 자연사(自然死) 또는 고령사(Alterstod)라고 부르며, 외부적 요인으로 야기되지 않은 채, 생명체 자체의 생명력이 소진됨으로써 죽음에 이르는 경우를 가리킨다. 결국 죽음은 생명체 외부로부터 접근해 오는 어떤 실체가 아니고, 오히려 생명체 자체의 구조와 작동 기제가 애초부터 본질적으로 가지고 있는 내재적 본성이다. 그래서 '자연사' 또는 '자연스러운 죽음'이라는 표현에서 '자연스러운'이라는 형용사는 한편으로는 '근심 없고 태평스러운 죽음'이라는 이미지를 암시하지만,[6] 또 한편으로는 모든 생명체가 '언젠가는 겪어야만 하는 불가피한 죽음'의 표현이기도 하다. 어쨌든, 어차피 누구에게나, 그리고 모든 생명체에게 죽음이 결코 예외적 현상이 아님을 전제한다면, 자연사는 가장 바람직하고 심지어 가장 행복한 죽음이라고 볼 수 있다.

그러나 자연사가 누구에게나 보장된 것은 아니며, 그 누구도 자연사로 생을 마감할 것을 미리 알 수도 없으며, 더 나아가서 자연사로 삶을 마감했다는 것이 곧 그 삶 전체가 아무런 사고나 질병 등 생명의 위기를 전혀 겪지 않고 살아왔음을 말해 주는 것도 아니며, 또 그런 삶이 우리의 실제 현실도 아니다. 죽음에 대한 우리의 관심과 염려는 인생 만년에 가서, 또는 죽음에 임박해서 비로소 시작되는 것이 아니다. 죽음 의식, 그리고 죽음에 대한 우리의 두려움과 공포는 실제로 아동기에도 얼마든지 나타나고 체험되며, 그것은 우리의 전 생애를 동반하는 현상이다.

사실 우리의 생사관은 에피쿠로스의 입장과는 정반대다. 인간에 대한, 그리고 나 자신의 실존적 상황에 대한 생사학적 고찰은 불가피하다. 왜냐하면 우리 삶의 일회성을 잘 알기 때문이며, 나의 삶이 언젠가는 죽음과 함께 끝날 것임을 알기 때문이며, 그럼에도 불구하고 현세에서 누리는 나의 존재가 의미 있는 삶이기를, 그리고 죽음을 염두에 두면서도 나의 삶이 가능한 한 행복한 삶이기를 원하기 때문이다. 우리가 아직 살아있기 때문에 죽음과는 아무런 관계가 없으며, 죽음을 의식하거나 두려워할 필요도 없다는 방식의 주장은 매우 인위적이고 의도적이거나 비현실적이다. 아직 살아있기 때문에 우리는 도리어 죽음을 의식하고 염려하고 두려워한다.

여기에는 모든 생명체 공통의 본능적 생존욕구가 우리 인간에게도 작동하며, 우리의 생명 본능에는 죽음에 대한 본능적 공포심과 심리적 방어기제도 함께 포함되어 있다고 보아야 한다. 돌발적 위험에 직면해서 외치는 소리가 예를 들면, "어휴, 하마터면 죽을 뻔 했네" 아닌가! 그와 동시에 심장 박동은 요란하게 빨라지고, 식은땀이 온 몸을 적시며, 호흡과 혈액순환의 속도는 최고치에 접근하면서 전신의 근육 조직도 함께 긴장한다. 우리 인간 존재는 생물학적 차원에서도 본능적으로 죽음을 두려워하고 거부하며, 죽음의 위협에 대해서 자신을 지키고 보호하려 한다. 이러한 노력은 내가 태어나는 순간부터, 아니 이미 모태 안에 잉태되면서부터 시작되어 내 생애 끝날 까지 평생 지속된다. 이러한 관심과 노력은 나의 삶이 언제든지 가난이나 질병, 사고, 전쟁, 범죄, 천재지변 등과 같은 건강과 생명을 위협하는 사태에 직면할 수 있다는 인식을 전제한다. 다양한 종류의 안전 수칙과 사고예방 조처들은 우리 삶의 현장 어디에서나 필수적 준수 사항으로서 강조되고 강요되기도 한다.

이런 관점에서 볼 때, '생사학(生死學)' 개념이 일차적으로는 E. 퀴블러-로스가 도입한 '타나톨로지(thanatology)'의 번역어로 등장했지만, '죽음학' 대신에 '생사학'으로 번역됨으로써 그 의미와 대상 영역을 확대시켰다는 것은 매우 현실적인 판단이며 긍정적으로 평가될 수 있다. 결국 우리는 삶과 생애 자체를 생사학적 관점에서 고찰할 필요가 있으며, 우리의 죽음 준비 교육도 자연스럽게 평생 교육의 방식으로 받아들여야 한다. 그리고 이 상황은 생과 사, 삶과 죽음, 본능적 생존 욕구와 죽음의 불가피성이라는 상호 모순적 동기들을 동시에 인지하면서 함께 수용하고 견디어 내야 한다는 변증법적 자기 극복과 인간학적 성숙의 과정임을 여기서 확인하게 된다. 교토 대학의 저명한 생사학자 칼 벡커 교수는 이 점을 이렇게 요약한다. "생사학은 두 가지 이유 때문에 중요합니다. 첫째, 생사학은 모두에게 영향을 미치는 죽음과 관련된 결정에 대해 가르치기 때문이며, 둘째, 삶의 소중함 자체를 가르치기 때문입니다. 생사학은 삶과 죽음을 더 잘 이해하게 만들기 때문에 더 잘 살고 더 잘 죽는 것을 가능하게 합니다."[7]

4) 죽음 이해와 수용 및 죽음 준비 평생 교육

생사학의 탐구 대상과 목표는 더 이상 노년층만을 위한 죽음 준비 교육, 또는 임종 환자를 위한 호스피스 활동에만 국한되지 않는다. 오늘날 생사학은 한편으로는 '타나톨로지' 본래의 죽음 연구 취지에 동조하고 그 의도를 살리면서 한편으로는 우리로 하여금 각자가 바라는 인생관과 사생관(死生觀)을 모색해 나가는 것에 도움을 주며, 더 나아가서 성숙된 인생관과 인격 형성에도 꼭 필요한 요소임을 일깨운다. 이러한 생사학적 관심은 오늘날 종교계나 의료계 밖의 영역으로도 확산되고 있으며, 심지어는 어린

이와 청소년을 대상으로 학교와 가정에서도 다양한 생사학적 교육 자료와 매체들이 제시되고 또 적극적으로 권면하는 추세이다.[8] 말하자면 건전하고 성숙된 인격으로서 인생을 살고 또 죽음에 임하기 위해서는 '어떻게 살아야 하는가?'뿐만 아니라 '어떻게 죽을 것인가?'에 대해서도 배움과 깊이 있는 성찰이 꼭 필요하다. 그리고 이 주제에 대한 교육과 준비는 아동기를 포함하는 모든 연령층을 대상으로, 그리고 의료기관, 종교계, 각 급 학교와 가정뿐만 아니라 각종 사회교육 매체들을 통해서도 제공될 필요가 있다는 인식이 확산되고 있다. 앞서 언급된 *Death & Dying, Life & Living*(7th Ed., Wadsworth, Cengage Learning 2013, 2009)의 저자 찰스 A. 코르와 도나 M 코르 부부의 경우에도 미국의 여러 대학에서 '죽음과 임종과 사별', '어린이와 죽음', '청소년기와 청장년기 및 노년층의 죽음 체험과 죽음준비교육' 관련 과목들을 수년 동안 가르쳤으며, '죽음교육과 상담 협회', '국립호스피스와 말기환자간호 기구', '죽음, 임종, 사별 국제적 활동단체', '선코스트 협회', '국립호스피스와 말기환자간호 기구', '어린이를 위한 임종말기 호스피스 봉사' 등 다수의 학술 단체와 봉사 기관에서 활동해 왔으며, 관련 학술지 편집 및 발간에 관여하고 또한 30개 이상의 저서와 소책자를 집필 출간하였고, 학술지 기고문도 100편이 훨씬 넘는다.[9]

5) 죽음 준비 교육의 생사학적 과제와 목표

그러면 여기 소개된 저자인 코르 부부는 죽음 교육을 통해서 어떤 목표를 실현하려고 하는가? 그들의 죽음 교육은 어떤 점에서 생사학적 성격을 가지는가? 이와 관련해서 그들이 제시하는 죽음 교육의 표어와 주제어를 살펴보면 보면 다음과 같다.

(1) 삶과 죽음의 불가분적 관계 확인

"삶과 죽음은 동일한 실재의 두 얼굴이다."

"그 누구도 '죽음'을 알지 못하고서는 '삶'도 올바르게 이해하지 못할 것임이 분명하다. 마찬가지로, 죽음과 임종과 사별에 대한 학습은 생명과 삶의 학습을 위한 중요한 방법이라고 우리는 믿으며, 또한 그 반대도 마찬가지이다. 각 사람 모두가 생명과 삶에 대한 배움과 학습에 몰두하듯이, 각 개인 모두는 또한 죽음, 임종, 그리고 사별에 대한 학습에도 참여할 것을 우리는 제안한다."[10]

(2) 삶과 죽음의 상호 보완적 관계 확인

"죽음은 삶의 적이 아니다; 그것은 삶의 가치에 대한 우리의 감수성을 회복시켜준다. 질병은 우리가 삶을 당연한 것으로 받아들임으로써 잃어버린 균형 감각을 회복시켜준다. 가치와 균형 감각을 배우기 위해서, 우리는 질병을 존중하고, 궁극적으로는 죽음을 존경할 필요가 있다."(A. W. Frank, At the Will of the Body, 2002, p.120)[11]

(3) "죽음, 임종, 그리고 사별에 대한 교육"의 주요 목표들

첫째, "죽음, 임종, 사별을 겪는 사람의 정신적 삶이 더 풍부해지도록 지원함."

소크라테스가 말했듯이, '정말 중요한 것은 그저 사는 것이 아니라 잘 사는 것이다.'[12] 그러나 잘 산다는 것이 죽음을 외면하거나 무시한 채 오로지 삶에만 몰두함으로 실현되지 않으며, 그러한 삶은 온전한 삶도, 성숙된 삶의 태도도 아니다. 도리어 죽음 교육이야말로 각 개인이 자신에 대해서

더 온전히 이해하도록, 그리고 자신의 정신적 능력과 유한한 인간 존재로서의 한계를 인정하고 수용하도록 돕는다.

둘째, "각 개인이 사회와 인격적 교류 활동을 펼치도록 인도하고 정보를 제공함."

나의 출생 자체가 이미 가정과 사회의 관계망 안에서 일어난 사건이듯, 나의 죽음도 나와 관련된 사회적 연결망 안에서 의미를 가지며 또 그 사회적 관계의 의미를 변화시키고 심화시킨다. 이러한 변화 과정이 순조롭게 진행되도록 도움을 주는 여러 가지 관행과 절차들이 준수될 필요가 있다. 임종 보살핌, 장례 관행과 절차, 고인에 대한 추도 예식과 관련해서 필요하거나 선택 가능한 편의 제공 등을 안내해 주는 것 또한 죽음 교육의 내용에 포함된다.

셋째, "각 개인에게 시민으로서 수행해야 할 공적 역할을 준비하도록" 도움 제공.

오늘날 죽음과 관련되는 사회적 기여 가능성과 방법들이 점점 더 다양화 되고 있다. 죽음 교육은 보건관리 개선 지침, 조력 자살, 안락사, 장기와 신체조직 기증 등 중요한 사회적 논제들을 명료화시킴에 도움을 준다.

넷째, "죽음 관련 전문가들의 직업적 역할 수행을 준비하고 지원함."

전문가로서 임종자 보살핌 또는 유가족 상담을 수행하는 직업인들에게 충분한 기초 훈련 외에도 죽음 교육이 제공하는 생사학적 통찰과 식견들을 제공한다.

다섯째, "죽음-관련 문제들에 대한 효과적 소통 능력 향상을 지원함."

인간의 죽음은 망자의 유언과 지위 변경, 남겨진 유형 또는 무형의 재산 처리 및 법적 문제 해결 등 가족과 기타 사회적 관련 기관과 단체들에게 여러 가지 해결되고 처리되어야 할 과제를 남기게 된다. 다양한 종류의 죽음-관련 주제와 남겨진 과제 집행을 위해서는 관련 당사자들 사이의 효과적인 의사소통이 본질적 요소이며, 여기에는 특별한 주의와 훈련이 필요하다.

여섯째, "죽음-관련 논제들이 인생행로의 각 단계별 발전 과정과 적절히 상호 작용하고 평가되도록 조력함."

아동기, 청년기, 중장년층, 노년층 등 각 연령층에 따라 죽음과 임종과 사별을 경험하는 것에 있어 서로 다른 방식으로 대처하는 것에 주의를 기울여 조력할 필요가 있다.[13]

2. 좋은 삶, 좋은 죽음의 철학적 조건과 생사학

호스피스 간호의 죽음 준비 교육은 원래 의료계와 간호학의 관심사로서 시작되었으며, 따라서 의학과 심리학 등 자연과학적 관점에서 출발하면서 동시에 자연스럽게 사회과학 쪽으로도 그 영역을 넓혀가는 모습을 보여주었다. 이제 우리는 인간의 삶과 죽음에 대한 우리 시대의 철학적 관점을 추가함으로써 생사학에 대해서 한 단계 더 균형 잡힌 이해를 도모해 보자. 우리 시대를 가리켜 사상사적 측면에서 흔히 '포스트모던(postmodern)'시대라고 부르며, 우리말로는 '근대 후기' 또는 '탈근대'라고 부른다. 따라서 이 개념은 근대와는 전혀 다른 현대의 시대적 특징을 지적하려는 의도를 담고 있다. 그러면 현대는 근대와 비교해서 무엇이 다르다는 것인가? '탈근대'란 근대의 무엇을 벗어나고 극복하려는 것일까? - 전체적으로 지적해 본다면, 근대를 지배해 왔던 형이상학적 세계관과 그 배경에 자리 잡고 있는 종교적 관념들이며, 한편으로는 그 형이상학을 바탕으로 형성된 집단 위주의 정치적, 사회적, 사상적 이데올로기들이다. 근대적 세계관과 정치적 이데올로기로부터 벗어나고자 하는 이러한 포스트모던 사고방식과 세계관은 우리가 주목하는 삶과 죽음의 문제에서도 탈종교, 탈이데올로기, 그리고 탈집단화 경향으로의 전환을 확인시켜준다. 그렇다면 포스트모던 생사관은 개인의 실존적 삶과 죽음의 문제에 집중하는 것일까? 그리고 우리의 생사학적 관심사에 이러한 변화를 촉발시킨 사상적 배경과 철학적 입장들은 구체적으로 어떤 이론적 개념들을 제시하였는가?

1) 죽음 사건의 개별성 : 죽음의 당사자는 개인이다.

500년 전에 카톨릭 교회에 대항하여 교리적 논쟁을 벌이면서 종교개혁을 일으킨 마르틴 루터의 죽음관이 먼저 언급될 필요가 있다. 그는 "죽음은 궁극적으로 개인의 죽음만이 있을 뿐"임을 그의 설교에서 분명히 말한 바 있다. 그 누구도 "타인을 위해서 대신 죽을 수 없다."는 것이다.[14] 루터는 기독교적 생사학의 관점에서 죽음 사건의 개인적 측면을 지적했지만, 이 명제는 현대의 개인주의 윤리학과 생사관에서도 확인된다. 실제로 루터의 이 죽음관은 유럽의 생철학(Lebensphilosophie)과 실존주의(Existentialismus) 철학자들의 죽음관에서도 유지되어왔다.

2) 삶과 죽음 : 생명의 두 얼굴

생철학과 실존주의 철학의 죽음관의 특징으로서 확인되는 것은 삶과 죽음은 서로 분리되는 것이 아니라 함께 '하나의 전체'라는 것이다. 그 이유는 두 가지다. 첫째, 죽음은 생명체 밖으로부터 엄습해 와서 생명을 파괴시키는 어떤 외부적 힘이 아니고 오히려 생명 자체에 내재하는 본질적 요소(die Gegenwart des Todes im Leben)이기 때문이다. 물론 생명체는 외부적 사건 때문에 죽임을 당할 수 있다. 그러나 인간을 포함해서 모든 생명체는 생명 유지에 필요한 모든 외부적 조건이 완벽히 보장된 상황에서도 결코 자연적 수명의 한계를 초과해서 영원히 살지는 못한다. 둘째, 죽음은 살아 있는 동안에 의식 내적 현상으로서만(die Gegenwart des Todes im Bewuβtsein des Lebenden) 확인되기 때문이다.[15] 죽음을 의식하며 준비하거나 또는 죽음에 대처하기 위한 모든 생각과 행위는 아직 살아 있는 동안에만 가능하다.

G. 짐멜, R. M. 릴케 등도 운명적 죽음관을 비판하며, 죽음의 신 또는 운명의 여신 등과 같이 죽음을 생명체 밖의 어떤 독립적 실체로 간주하는 것을 거부한다. 죽음은 밖으로부터 다가오는 것이 아니라, 개별 생명체 안에서 자라고 성숙하는 것으로 이해한다.[16]

S. 프로이드의 '죽음욕구', '죽음본능' 개념도 죽음의 생명 내재적 활동성을 설명하기 위해 도입된 것이다.

M. 쉘러는 생명에 내재하는 죽음을 요청할 뿐만 아니라 그에 대한 현상학적 증명을 시도했다. 그는 죽음의 확실성의 근원이 무엇인지를 물었으며, 그 확실성은 외적 관찰과 귀납에 의해서 얻어지는 것이 아니고 직관적으로 확인될 뿐이라고 결론지었다. 우리가 확인하는 사실적 죽음은 단지 생명에 내재된 죽음이 상황적 조건에 따라 현실화된 것일 뿐이라고 그는 해석한다.[17]

3) "죽음의 확실성, 그 시간의 불확실성(mors certa, hora incerta)"

"죽음은 궁극적으로 각 개인 자신의 죽음만이 있을 뿐"이며, 그 누구도 "타인을 위해서 대신 죽을 수 없으며", 각자 자기의 죽음을 죽을 수밖에 없다는 인식은 개인이 처해 있는 실존적 상황을 지적하는 표현이다. 이러한 삶의 유한성, 죽음의 불가피성 외에도 사망 시간의 불확실성이 추가된다. 내가 반드시 죽을 것임은 분명하지만, 그것이 언제가 될지는 예측 불가능하다는 것이다. 그래서 인간은 임박한 죽음의 공포 외에도, 살아있는 동안 항상 마음에 지니게 될 죽음의 불안을 떨쳐버릴 수 없다. 살아 있으면서도, 살아 있는 동안에도 나의 삶은 죽음을 의식하기 때문이다.

그래서 S. 키에르케고어는 죽음을 "엄숙한 진지함의 대 스승(der Lehrmeister des Ernstes)"이라고 불렀다. 흔히 사람들은 일상적 생각과 주제들에 집중함으로써 죽음의 문제를 회피하려는 유혹에 빠질 수도 있지만, 키에르케고어는 그런 태도를 경계하면서 도리어 이렇게 충고한다. "자신의 죽음을 마주 보며 함께 생각할 것, 자신의 죽음의 절대적 확실성을 잊지 말 것, 자신의 죽음 시기의 절대 불확실성을 잊지 말 것."[18]

4) 실존적 삶과 '죽음 도피'의 문제

S. 키에르케고어, M. 하이데거, K. 야스퍼스 등은 '죽음으로부터의 도피 (Flucht vor dem Tod)' 문제를 지적한다. 이것은 사람들이 왕왕 자신의 죽음을 정면으로 마주 대하는 대신에 그로부터 도피해 버림으로써 자신의 본래적 실존을 살지 못하게 됨을 지적하는 것이다. 그들은 죽음으로부터 도피하는 경우와 형태로서 크게 네 가지를 꼽는다: 망각을 통해서, 감성적 내세관 또는 영혼불멸설이 제공하는 거짓된 안정감을 통해서, '일상인'의 '일상성

(Alltäglichkeit)'에 매몰됨으로써, 죽음에 대한 임의적 조작을 시도함으로써 (durch ein Verfügenwollen über den Tod)[19]이다.

5) J.-P. 싸르트르와 죽음의 절대 타자성

죽음이 생명 자체의 내재적 본성이라는 입장, 그리고 우리들 각자가 자신의 삶을 사는 한, 자신의 죽음을 죽게 된다는 죽음 해석에 싸르트르는 의문을 제기한다. 내가 '나의 삶'을 산다는 것은 인정받을 수 있지만, 그렇다고 죽음도 '나의 죽음'을 죽는 것은 아니라고 보려는 것이다. 죽음이야말로 나의 존재 자체가 무화되는 사건이라고 보기 때문이며, 그런 만큼 개체성이나 인격적 개성에 대한 죽음의 절대적 파괴성 또는 무화(無化)시킴의 획일성을 강조하려는 것이다. 그는 A. 까뮈와 함께 독일 실존주의의 관념론적-인본주의적 죽음 해석에 반대하면서 일종의 유물론적 죽음관을 대변한다. 즉 그는 '나의 죽음' 또는 어떤 형태로든 '인격화된 죽음'을 죽을 수 있다는 가능성을 부정하며, 그 이유를 아래와 같이 제시한다.

첫째, 죽음이란 본질적으로 생명에게는 절대 타자이며, 삶의 절대적 부정일뿐이다. 죽음이란 절대자로 인도하는 어떤 통로가 아니다. 오히려 그것은 나에게 허락된 모든 가능성들의 부정이며, 나의 모든 가능성 밖에 존재하는 것이다.

둘째, '나의 죽음'에 특유한 어떤 인격 구성적 능력이란 아무것도 없다. 오히려 죽음의 본질적인 구조는 사람들이 기대할 수 있는 그 어떤 인격화된 사건 또는 그와 비슷하게 자격 지어진 사건으로 만들기에 필요한 그 어떤 조건도 갖추지 못한다고 보아야 한다.

셋째, 죽음이란 본질적으로, 또 원칙적으로 그 어떤 기대감도 허용되지 않는 부조리다. 도대체 예측 가능한 죽음 또는 미리 기다리거나 기대할 수 있는 죽음이란, 사형 선고나 특정 질병의 경우 외에는 실현 불가능하다.

넷째, 사실상 죽음이 그와 같은 특정의 개별성을 가진다거나, 또는 그런 개별성을 부여하는 능력을 지닌다는 것은 입증 불가능하다. 만약 죽음이 '나의 죽음'으로서 기술(記述)된다면 나는 그것을 기대할 수도 있겠지만, 그것은 특정한 가능성일 뿐이다. 도대체 나를 엄습하여 죽음으로 몰아갈 그 죽음, 특히 그 시간이 언제가 될 것인지에 대해서 나의 선택권이 전혀 허락되지 않는 죽음, 그리고 죽음의 우연성 때문에 조화로운 종말 같은 것이 결여된 죽음이 어떻게 진정한 나의 죽음이겠는가?

다섯째, 더 나아가서 '나의' 가능성이 아니라, 오히려 그것이 "나의 가능성들에 대해서 언제나 일어날 수 있는 '무화(無化)'이며, 그 '무화'가 나의 모든 가능성들의 바깥에 벗어나 있는 것"이라고 한다면 그 죽음이 어떻게 나의 죽음일 수 있는가?

여섯째, '의미(Sinn, meaning)'란 주체성에 의해서만 주어질 수 있다. 그러나 죽음은 우리들의 자유를 근거로 해서 나타나는 것이 아니기 때문에, '모든 의미를 인생에서 제거하는' 것일 뿐이다. 따라서 죽음이 인생에게 바깥으로부터 어떤 의미를 부여하는 것이라고 말한다는 것은 불가능하다. 결국 이런 죽음이 어떻게 나의 죽음이 될 수 있는가? [20]

6) S. 키에르케고어의 『죽음에 이르는 병』과 실존적 생사관

S. 키에르케고어는 다음의 이유 때문에 실존주의 철학을 출발시킨 당사자로 꼽힌다. 즉 그는 "인류, 자연, 신 모두를 하나의 단일한 '정신'으로 종합하는 헤겔의 전체주의" 철학에 반대하고, 오히려 '개인적인 것'이 우선

함을, 그리고 "칸트와 헤겔에 의해 고조되고 체계화된 합리주의의 영향력"에 저항하면서, '전체'에 우선하는 '개인적인 것'을, 그리고 합리주의의 대척점에 위치하는 비합리적인 열정과 종교적 헌신을 인간의 실존적 삶의 본질적 요소로서 강조하였다. 그에 따르면, "실존이란 단지 '거기에 있는 것'이 아니라 열정적으로 살고, 자기 자신의 실존을 선택하며, 어떤 방식으로든 자신의 삶을 산다는 것이다." 바로 이러한 실존의 의미 규정으로부터 '실존철학(Existenzphilosophie)'이 시작되었다. 그의 철학의 중심에는 "개인적인 것에 대한 강조, 그리고 이와 관련된 '주관적 진리'의 개념이 있다." 21)

키에르케고어가 개인의 주관 또는 개인의 주체성을 강조하는 이유는 인간 각자가 개인적 자유와 자율을 실천하기 위해서 보장되어야 하는 개인적 삶의 선택권 때문이다. 실제로 개인에게 주어진 선택 가능한 삶의 태도와 행동 방식을 그는 심미적 삶, 윤리적 삶, 그리고 종교적 삶으로 구별한다.

반면에 이러한 개인적이고 주체적인 선택권을 행사한다고 해서, 그것이 곧 각 개인에게 자동적으로 행복과 만족을 가져다준다는 낙관론으로 연결되지는 않는다. 그는 개인이 무엇을 선택하건 불만족과 실망, 심지어는 절망에 빠지게 되는 것을 피할 수 없다는 점을 지적한다. 심미적 삶은 "그 명백한 매력에도 불구하고 그 자체의 위험성과 고유의 불만족, 다시 말해 '지루해질' 위험성을 갖고 있다. 이것은 윤리적인 삶에서도 마찬가지다. 어떤 사람이 도덕적으로 더욱 민감하고 충실한 삶을 살려고 하면 할수록 어쩔 수 없이 더욱 절망에 빠지게 되는 것은 피할 수 없는 일이다."22)

이 '절망'에 대해서 키에르케고어는 두 가지 명제를 제시한다. 하나는 「죽음에 이르는 병은 절망이다」, 또 하나는 「절망은 죄이다」라는 명제다.

여기서 그는 절망과 신앙의 관계를 하나의 가능성으로서 제시해 보인다. 즉 한편으로, "절망에 대한 무지(無知)도 절망이지만, 절망 가운데 머무는 것도 절망이다. 우리는 절망을 자각함으로써 절망을 극복할 수 있다. 이것이 신앙(信仰)이다." 또 한편으로, "절망이란 인간이 참된 자기가 되는 것을 거부하고 신 앞에 나서는 것을 거부하는 것이다. 절망이란 신을 거부하는 것, 즉 죄(罪)이며, 이 죄는 죽음에 이르는 불치(不治)의 병이다."[23] 결국 죽음 문제의 해결이나 극복을 위해서 종교의 도움을 받을 수 있지만, 이것 역시 개인의 선택과 결단을 전제하며, 또 선택과 결단 이후에도 그 결단의 상황을 계속해서 키우고 강화하는 노력이 필수적임을 지적한다.

7) M. 하이데거와 '현존재'의 실존적 죽음 준비

M. 하이데거도 개인적 삶의 실존적 상황에 관심을 집중하였으며, 이 실존적 상황에 대한 현상학적 분석과 실존철학적 해석을 그의 주저로 꼽히는 『존재와 시간』(Sein und Zeit)에서 개진함으로써 20세기 실존철학뿐만 아니라 그 이후 전개된 '포스트모더니즘'에도 결정적 영향을 끼쳤다. 여기에서 그는 인간 존재에 대한 실존철학적 분석을 시도하며, 특히 인간의 현세적 삶과 존재방식을 가리켜서 '현존재(Dasein)', '세계-내-존재(In-der-Welt-sein)', '내던져져 있음(Geworfenheit)', 그리고 '죽음을 향한 존재(Sein zum Tode)'로서 규정한다. 실제로 그는 인간 각자의 현세적 삶은 '출생과 사망 사이'라는 특정 시간 동안에, 그리고 항상 그것이 어딘가를 확인할 수 있는 장소와 공간에서 일어나는 사건임을 지적한다.[24] 나의 출생이 나의 선택은 아니었으며, 나의 죽음 역시 언젠가는 나의 의사에 반해서도, 그리고 나의 본능적 생명 욕구에도 불구하고 일어나고야 말 사건이 될 것이다. 그럼에도

불구하고 나의 '현존'은 항상 다른 사람이 아닌 나 자신의 '개인적 삶과 생존'의 사건이며, 매 순간 마다 '지금 여기(da)'에서 일어나는 사건들로서 진행되며, 언젠가는 종말을 고하게 될 사건임을 지적하고, 이것을 인간 현존재 분석의 출발점으로 삼는다.

우리들 각자의 삶은 개인적 경험의 연속이다. 그렇게 살다 보면 언젠가는 나의 죽음도 경험하게 되며, 이것이 나의 삶의 끝일까? 그러나 다른 모든 경험과 '죽음 경험' 사이에는 결코 간과할 수 없는 차이가 있다. 세상의 모든 존재자는 원칙적으로 나의 경험 대상이 될 수 있지만, 나의 죽음은 그런 차원의 경험이 아니다. 그와는 정반대로, 내가 '경험하기 자체'를 멈추게 되는 상황이 죽음이며, 그래서 모든 경험 대상뿐만 아니라 경험하는 주체마저도 사라져버리는 사건이 죽음이다. 이렇듯 출생 사건과 함께 '나의 실존함'으로 '던져진 존재', 그리고 '죽음을 향한 존재', 나의 삶을 한 평생 영위하고 나서 '나의 죽음'을 경험할 것이라고 믿고 싶은 나에게, 죽음은 '나의 죽음 가능성'마저도 거부하고 무화시켜버린다. 엄밀히 말해서 우리는 아직 살아 있는 동안에만 죽음을 염려하고 예견하고 준비할 수 있을 뿐, '나의 죽음'마저도 나의 것으로 직접 체험하지 못한다. 단지 아직 살아있을 동안에만 죽음을 예견(Vorlaufen in den Tod)할 수 있을 뿐이다.

삶과 죽음이 공존하는 이러한 인간만의 독특한 실존 방식에 주목하는 하이데거는 이것을 가능한 한 직설적으로 표현하려 한다. 즉 아직 살아있는 한, 아직 살아있음에도 불구하고, 그리고 사실은 아직 살아있기 때문에 의식할 수밖에 없는 죽음은 아직 '가능성'에 머문다. 결국 나의 삶은 '죽음을 향해 가는' 삶이며 동시에 '끝을 향해 가는' 삶이며, 그래서 삶과 죽음이 공존하는, 또는 미래의 나의 죽음을 의식하며 살아가는 그런 방식의 삶을 살 수밖에 없다. 이렇듯 아직 살아있으면서, 그러나 미래의 가능성인 죽음을 미리 앞당겨보는 방식의 삶을 가리켜서 하이데거는 "죽음을 향해 존재함(Sein zum Tode)", "끝을 향해 존재함(Sein zum Ende)", 그리고 "미래의 죽음가능성으로 앞당겨 감(Vorlalufen in die Möglichkeit)"으로 표현한다. 인간 현존재의 존재 방식을 현상학적으로 표현한다면 그것은 결국 삶과 죽음이 나의 의식 내용으로서, 그리고 나의 관심과 배려와 염려 대상으로서 진지하게 받아들여지는 그러한 삶이며, 불가피하게 죽음을 준비하는 삶이다.

8) K. 야스퍼스 : 한계 상황으로서의 죽음과 실존

저명한 정신의학자였고 20세기의 대표적 실존주의 철학자였던 K. 야스퍼스가 던지는 생사학적 메시지는 실존주의적이면서 동시에 포스트모던적이다. 그는 사람들 각자의 삶은 얼마든지 서로 다를 수 있으며, 어떻게 살아왔는가에 따라서 어떤 죽음을 죽게 될 것인지도 결정될 것이라고 본다. 그는 인간의 삶의 방식을 동물과 대비시킴으로써, 또 한편으로는 인간적 삶의 방식에 있어서도 '현존재(Dasein)'로서의 삶과 '실존(Existenz)'으로서의 삶을 구별함으로써 구체화시킨다.

(1) 인간과 동물

인간은 다른 동물들과 달리, 주어진 환경 속에 갇혀서 고정된 채로 삶의 상황들의 전적인 지배 밑에 존재하기보다는, 오히려 기존의 상황을 변경하거나 새로운 환경을 만들어 냄으로써 자신의 삶의 상황들과 능동적으로 관계하면서 삶을 영위한다.

(2) '상황 일반'과 '한계상황', 그리고 '한계초월'

인간이 부딪치는 상황들 중에는 인간이 변경할 수도, 제거하거나 피할 수도, 설명하거나 이해할 수도 없는 상황들이 있다. 이런 상황들을 야스퍼스는 '한계상황(Grenzsituation)'이라고 부른다. 이것은 인간이 거기에 부딪쳐 난파할 수밖에 없는 '벽'과도 같은 상황, 인간의 능동성의 한계를 경험하게 만드는 그런 상황이며, 예를 들면 고통(Leiden), 투쟁(Kampf), 죄책감(Schuld) 그리고 죽음(Tod)이 대표적 사례다.

그런데 그가 말하는 '한계상황'의 의미는 이중적이다. 그것은 인간으로 하여금 자신의 능동성의 한계와 자신의 무력함을, 그리고 인생의 무상함을 경험하게 하지만, 동시에 그것은 한계 너머에 존재하는 '어떤 다른 것'을 지시하고 경험하거나 매개하는 기능도 가지고 있다. 단순한 '한계 지시'의 기능을 넘어서, 한계 너머에 존재하는 '어떤 다른 것'을 경험하게 하는 매개의 기능을 야스퍼스는 '본래적 의미의 한계상황'이라고 부르면서, 이것을 다른 '일상적 한계상황'과 구별한다.

(3) 죽음과 비약

죽음은 인생의 최종적이고 결정적인 '한계'를 지시하는 한계상황으로서, 인간이 인생의 유한성과 무의미성에 직면하게 하며, 비존재와 무의 불안 속에서 이 세상을 떠나게 한다. 그러나 죽음의 참된 의미는 여기에 그치지 않는다. 자기의 죽음을 분명히 의식하고 자기의 죽음과 성실하게 관계하는 개인에게 자신의 실존적 삶의 한가운데에서 죽음의 한계 너머로 '비약'할 수 있도록 매개하는 기능을 발휘할 수도 있다는 것이다. 한계상황과의 대면이 '비약'으로 연결될 때, 비로소 한계상황으로서의 죽음은 '본래적'

의미의 '한계상황'이 된다.[25)]

(4) 두 가지 삶의 방식

인간의 존재 방식은 질적으로 서로 다른 두 가지 중 하나로 나타난다. 하나는 자신의 존재를 단순한 '현존재(Dasein)'로서 이해하고 살아가는 방식이며, 다른 하나는 현존재의 차원을 넘어서 '실존(Existenz)'으로서의 삶을 살아가는 방식이다. '단순한 현존재'란 단지 생명 보존과 본능적 욕망 충족을 주된 목적으로 살아가는 존재 양태이며, '실존'이란 본능과 환경에 매여 있는 단순한 현존재와는 다른, 보다 높은 존재 차원에 눈뜬 사람의 존재 양태를 가리킨다. 실존적 존재 의식의 핵심적 요소는 단순히 현존재에 매여 있지 않는, 자유로운 자기의식이다. 이것은 자연적 생명과 본능의 성취를 위해서만 사는 것이 아니고, 그것들을 매개로 하면서 동시에 그로부터 자유로운 실존적 자기실현을 삶의 최우선 과제로 삼는다. 한계상황과 죽음에 대해서도 현존재와 실존은 서로 다른 이해 방식과 대응 방식을 가지며, 그 차이를 야스퍼스는 다음과 같이 정리한다.

① 단순한 현존재로서의 삶의 기본 성격 : 첫째, 세계 안에서 자신의 삶을 보전하고 확장하는 일에 전심전력을 기울인다. 둘째, 세계 내적 삶을 영위하고 향유하며 그것에 굴복하면서 관계한다. 셋째, 세계 내적 삶의 내부에 멈추어져 있고 그 이상의 존재 의식에 이르지 못한다. 넷째, '한계상황'을 일상적 상황과 구별하지 못하고 단지 객관적으로 취급하거나 회피하거나 망각한다. 다섯째, 세상일에 몰두하다가 한계상황에 의해 습격당하여 파괴되고 무력화되며 허무와 절망 속에서 몰락하게 된다.

② '한계상황'에 대한 실존적 관계 양상 : 첫째, '한계상황'은 비로소 인식

대상이 아니라 현실로서 느끼고 깨닫는다, 둘째, '상황'과 달리, '한계상황' 자체가 비로소 '실존'의 조건이 된다. 셋째, 실존은 '한계 상황'을 은폐하거나 회피하지 않고 '한계 상황'을 만나고 마주 대한다. 넷째, 실존은 자신의 자유를 확신하며, 이로써 실존에게 '한계상황'은 '세계 내재적이면서 동시에 초월자를 가리키는' 그 본래의 의미를 지니게 된다.

(5) 타인의 죽음

인간의 죽음은 매 경우마다 특수한 사건이며, 결코 일반화시킬 수 없다. 더욱이 특정한 이웃의 죽음은 그와 관계하는 사람의 태도에 따라서 본래적 의미의 한계 상황이 될 수도 있다. 가깝게 교제하던 친구나 사랑하는 사람의 죽음에서 우리는 치유되기 어려운 심각한 '단절'을 경험하게 되며, 다시는 되돌릴 수 없는 교제의 결정적인 종말로서의 이별은 나에게 고통과 슬픔을 일으킨다.

그러나 사랑으로 맺어진 인간관계는 "죽음에 의한 종결 자체도 교제의 현상이 되고, 교제는 그의 존재를 영원한 현실로서 유지하게 된다."[26] 우리는 죽은 사람을 다시 불러올 수 없고, 아무 것도 원래대로 되돌려 놓지 못한다. 그러나 진실로 사랑받은 사람은 그와 가장 가까운 교제 안에 있던 사람과 죽음을 초월하여 영속하는 교제 안에 실존적으로 언제까지나 함께 현존할 수 있다. 다시 말하면 이웃 사람의 죽음은 나에게 죽음의 한계 그 너머로 비약하게 하는 한계 상황이 될 수 있다. 이러한 경험을 통해 우리는 "죽음이 파괴하는 것은 현상일 뿐, 존재 자체는 아니라는 심오한 확신에 이르게 된다."[27]

(6) 나의 죽음

타인의 죽음과 달리, 나의 죽음은 나에게는 절대로 경험 불가능하고 객관화 될 수 없다. 내가 직접 무엇을 경험한다는 것은 아직 의식 능력을 유지하는 죽음 바로 직전 까지만 가능할 뿐, '나의 죽음' 자체를 경험하지는 못한다. "죽음은 의식되는 일 없이 갑자기 일어난다." 죽음은 의식이 끝나는 것을 의미한다. 나의 죽음은 나에게는 아무 것도 경험할 수 없는 '비존재' 또는 '무(無)'와 같은 것이다.[28]

야스퍼스는 임종에 대한 불안과 죽음에 대한 불안을 구별한다. 전자는 임종 시의 신체적 고통에 대한 불안이므로, 의학적·약학적 진보에 의해 제거됨으로써 '고통 없는' 임종이 될 수도 있을 것이다. 그러나 죽음에 대한 불안은 임종과는 무관하게, 그리고 나의 생애 그 어느 시기에도 경험할 수밖에 없는 불안이다.

그런데 이 '죽음 불안' 자체도 따지고 보면 이중적이고 실존적이다. 죽음에 대한 나의 관계는 일단 그것을 개인적 안건으로 받아들이는 경우, 죽음이 내게 언젠가는 닥쳐올 것이 확실하다는 것 외에도, 정확히 언제가 될지는 불확정적이다. 이것은 말하자면 죽음 사건이 일어날 것은 '확실하지만 그 시기는 불확정한 예기' 상태에서 비롯되는 실존적 불안이며, 비존재(無)에 대한 불안이며, 의학도 약학도 제거해 주지 못하는 불안이다. 그러면 이 '죽음 불안'에 우리는 어떻게 대처할 수 있을까?

이것은 자기의 죽음과 관계하는 실존의 자기 확신에 의해서만 극복될 수 있다는 것이 야스퍼스의 해석이다. 결국 나는 가장 확실하면서 동시에 아직은 불확정한 미래 사건으로서의 죽음에 대한 의식을 가진 채, 죽음을 향해 접근해가는 방식으로 살고 있다. 따라서 경험할 수도, 알 수도 없는 나의 죽음을 의식하는 한, 죽음은 나의 삶 한가운데에서 이미 나와 함께 존재하며, 나의 사고와 행동에 제한과 압력을 가하고 있는 것이다.[29] 이러한 생사학적 '한계 상황'인 죽음에 대해서 '현존재'로서의 삶 대신에 '실존'적 삶을 선택하는 경우, 우리는 무엇을 해야 하는가? 실존으로서의 나의 존재는 죽음에 의해서도 파괴되지 않는다는 '실존적 존재 확신'은 어떻게 가능한가?

(7) 죽음의 불안 극복과 실존적 존재 확신

야스퍼스 역시 아직 살아 있는 동안에도 죽음이 우리에게 제기하는 문제를 허무와 불안의 문제로 규정한다. 이것은 죽음 자체, 그리고 죽음이 나에게 초래할 허무, 또 죽음 너머의 어떤 가능성에 대해서 알 수도 없고 경험할 수도 없기 때문이다. 이러한 성격의 '죽음 의식'이 나의 삶을 동반하는 이상, 나에게 필요한 것은 죽음에 대한, 그리고 죽음과 연관되는 허무를 극복하기 위한 실존적 확신이다. 이 확신은 경험의 한계를 넘어서는 어떤 가능성에 대한 확신일 수밖에 없다. "시간 안에 현상하지만 시간적 존재 이상의 것인 자기 자신의 존재의 알 수 없는 근거"를 확신하는 것이기 때문이다. 그리고 죽음에 직면해서도 이러한 실존의 존재 확신이 주어져있는 경우, 죽음의 불안은 제거될 수 있다. "자유로부터 자기를 거는 결단된 용기에서 자기의 존재를 확신하면서 자기 자신에게 '나 여기 서고 그리고 쓰러진다.'고 말할 수 있고, 또 그것을 원하고 모험할 수 있는 경우라면 죽음의 불안이 제거된다."고 야스퍼스는 말한다.[30] 죽음이 가져올 생명적 비존재에 대한 현존재적 불안을 상대화시키며, 죽음 앞에서 현존재적 생명욕을 억제하고 침착한 안정으로 인도해 줄 수 있는 것이 바로 이러한 실존적 존재 확신이라는 것이다.

여기서 말하는 '존재 확신'은 그러면 구체적으로 무엇에 대한 확신일까? 다시 말해서 확신의 대상은 무엇일까? 야스퍼스는 여기에 어떤 종교를 해답으로 제시하지는 않는다. "장래의 삶에 대해 의심할 여지가 없을 만큼 확실한 것을 우리에게 가르쳐주는 종교가 있다 해도 우리는 오히려 그러한 종교에 귀를 기울여서는 안 된다."고 그는 레싱의 말을 빌려 단언한다.[31] 그러나 그는 인간 현존재의 시간적 제약성을 거슬러 영원성을 지향하는 충동 및 의지를 인정한다. 그리고 이 같은 충동은 경험적 · 논리적으로는 하나의 부조리지만, 그럼에도 불구하고 결코 무의미한 것은 아니라고 본다. 이것을 설명하기 위해서 그는 먼저 두 가지 시간관을 구별한다. 하나는 원환적 시간관이며, 다른 하나는 직선적 시간관이다. 그리고 그는 직선적 시간관에 입각해서 영원성을 정의한다. 즉 영원성을 지향하는 의지는 원환적 시간관 안에서는 성립할 수 없고 무의미한 것이지만 직선적 시간관 안에서는 모든 시간적인 것은 결정적인 종말을 가진다. 그래서 직선적 시간관 안에서 도리어 시간을 넘어선다는 사상이 가능해지며, 시간을 넘어 영원을 향하는 영원성에의 의지가 성립할 수 있다는 것이다. 그의 정의에 의하면 영원성이란 "시간적 현존과 무시간적인 것의 통일" 또는 "시간 안에서 시간을 거스르는 것"을 의미하며, 그래서 이 개념은 경험적으로나 논리적으로 하나의 부조리이며 모순이다. 그러나 철학적 존재 의식의 방향 전환에서 초월자와 관계하는 실존의 의식으로 비약할 때, 우리는 '순간의 영원성'이라는 모순이 나타내는 진리를 경험할 수 있다고 야스퍼스는 주장한다.

이 '영원성' 개념은 생사학적 관점에서는 '불사성(不死性, Immortalität)'을 가리키며, 야스퍼스의 표현을 따르면 "우리는 단순한 현존재로서는 죽어야 하지만, 우리가 영원한 것으로서 시간적으로 나타나는 한 불사(不死)이다." 다시 말하면, 우리는 자연의 일부인 생명적 현존재로서는 죽어야 하지만, 자기의 자유를 의식하고 있는 실존으로서는 '불사'이다. 이런 의미에서 불사성의 경험은 시간 속에 존재하지만 시간적이 아닌 존재로서의 자기를 경험하는 실존의 자기의식의 핵심임을 알 수 있다.[32]

9) 형이상학적 죽음과 현상학적 죽음

(1) 생명 진화와 생의 약동

생명체 개체들의 삶은 일회적이다. 죽음과 함께 체세포는 사망하며, 무기물로 환원된다. 반면에 생식세포는 차세대 개체를 생산함으로써 개체들의 죽음을 넘어서는 종의 영속성을 실현시킨다. 죽음은 한편으로는 생명체가 무기물로 회귀하려는 욕망을 실현시키지만, 또 한편으로는 차세대 생명체를 탄생시킴으로서 그것이 멸종당하지 않는 한, 현실적으로 두 가지 목표를 실현시킨다. 하나는 종의 영속성이며 또 하나는 종의 진화이다. 이렇게 본다면, 생명체의 죽음 본능은 세대교체의 단순한 반복이 아니다. 그것은 두 가지 차원에서 새로움의 창조다. 동일종의 새로운 개체 창조이면서 동시에 진화된 종의 창조를 실현시킨다. 따라서 생물의 진화 과정은 과거의 원인으로부터 현재의 결과가 연역되는 단순한 결정론적 구도가 아니다. 모든 생명체는 '비결정성(indetermination)'을 자기 속에 지니고 있으며, 진화 자체가 외적 조건들과 생명체 사이의 역학 관계를 변화시켜 온 역사이다. 생명의 본질은 죽음으로 돌아가려는 퇴행적 본능이 아니라 주어진 여건에서 끊임없이 새로운 삶의 조건들을 창출해내는 역능(力能)에 있는 것이다. 그래서 H. 베르그송은 생명의 본질을 '새로움의 창조'라고 부르며, 이것을 가리켜서 '약동(élan)' 개념을 도입했다.[33]

(2) 죽음 사건의 두 얼굴

G. 들뢰즈는 현실적으로 일어나는 모든 '죽음' 사건을 고찰하면서 두 가지 측면을 구별한다. 하나는 논리적 측면이고, 다른 하나는 인칭적 측면이다. 어느 생명체든 불문하고 모든 생명체에게 죽음은 닥쳐올 것이라는 점에서 볼 때, 죽음만큼 우리가 확실히 예측할 수 있는 것은 없다. 생명이 있는 한 죽음은 항상 있고, 따라서 죽음이야말로 영원히 반복되는 순수 사건의 대표적인 예이다. 그러나 동시에 죽음은 각 개인에게 절대적인 사건이고, 유일하며 일회적인 사건이기도 하다. '나'의 죽음이야말로 절대적으로 인칭적인 사건이다. 그래서 죽음은 가장 대표적인 논리적 사건이자 동시에 가장 대표적인 인칭적 사건이라는 특이한 위상을 띠고 있음을 들뢰즈는 지적한다. 그래서 죽음을 사유하는 것은 이론적으로 중요하고 또 실존적으로 절실한 작업이다.[34]

블랑쇼는 순수 사건으로서의 죽음을 '영원한 죽음', 즉 인칭과 관계없이 우주에서 영원히 반복되는 죽음이며 형이상학적 죽음이라고 부른다. 아내의 죽음에 직면해 분(盆)을 두드리고 있었다는 장자의 태도는 죽음을 우주의 시선에서 바라봄으로써 가능했을 것이다. 때문에 영원한 죽음은 기쁨과 슬픔을 초월한다. 다만 스스로를 우주의 섭리와 동일시할 뿐이다. 이와는 대조적으로 '인칭적인 죽음', '현재적 죽음'은 두려움과 슬픔으로 다가온다. 이런 죽음은 현상학적 죽음이라고 부를 수 있다. 형이상학을 배제하고 삶 안에서의 체험에 입각해 볼 때, 우리의 죽음은 현상학적 죽음이다.[35]

결국 우리는 동일한 하나의 '죽음 사건'을 형이상학적 관점에서 볼 수도, 또 현상학적 관점에서 볼 수도 있다는 것이다. 한 인간에게 '자기'란 '모든 것'이다. 내가 아무리 고통을 당해도 남이 그것을 대신해줄 수 없고, 어머니의 고통이나 죽음이 서러워도 내가 그것을 대신할 수는 없다. 그러나 거꾸로 생각하면 우주의 관점에서, 또는 대자연의 운행 질서 안에서 나 한 사람의 운명이 무슨 큰 의미를 가질 수 있겠는가? 죽음이란 결국 본래의 곳으로 회귀하는 것이며, 이 점에서 나와 다른 존재들 사이에는 별 차이가 없다.[36]

들뢰즈가 구별하는 죽음 사건의 두 얼굴, 즉 '논리적 사건'의 얼굴과 '인칭적 사건'의 얼굴은 스토아적 사유에서도 중요하다. 논리적 사건은 우주의 엄밀한 법칙이지만, 인칭적 사건은 한 주체의 고통과 행복에 관련된다. 특별한 형이상학적 심성의 소유자가 아닌 한, 대부분의 사람들은 인칭적 사건에 관심을 둔다. 하나의 사건을 '내가 체험하는 대로' 받아들이고, 그것이 '나에게' 무엇을 의미하는지를 생각한다. 이 점에서 볼 때, 사람들은 현상학적/인칭적으로 살아간다. 반면에 스토아적 현자는 사건을 인칭적 관점에서가 아니고 우주적 관점에서 바라보며, 논리적 사건과 인칭적 사건 사이의 거리를 무화(無化)시킬 수 있는 사람이다.

죽음 실천에 있어서도 스토아적 지혜는 이렇게 요약된다. "우리 삶에는 피할 수 없이 솟아오르는 사건들이 많다. 그 때 우리는 그 운명을 받아들일 수밖에 없다. 그러나 운명을 받아들이는 것이 쉬운 일은 아니다. 그 받아들이는 과정에서 뛰어난 인간과 저열한 인간이 구분된다. 스토아적 이상은 용기 있게 운명을 직시하는 일이다. 이것이 '운명애(運命愛, amor fati)'다. 스토아적 운명애는 감성적인 것만이 아니다. 그것은 오히려 우주의 절대적 필연을 깨닫는 고도의 지적인 작업이다. 모든 것이 필연이라는 것을 깨닫는다면 우리의 모든 감정은 우스꽝스러운 것이 된다. 이 점에서 스토아적 운명애는 상식적인 운명애와 성격을 달리한다. 죽음을 이러한 경지에서 받아들일 수 있게 된다면, 우리는 죽음을 편안한 마음으로 바라볼 수 있을 것이다."[37]

10) F. 니체의 철학적 생사학과 이성적 죽음

니체의 철학에서도 우리는 본격적인 철학적 생사학을 만난다. 인간의 삶과 죽음에 대한 그의 철학적 고찰은 본질적으로 '탈근대적(postmodern)'이며 동시에 현대 실존주의 철학의 형성에도 선구자적 메시지로 크게 영향을 끼쳤다. 그의 철학적 생사학은 종교나 전체주의적 이데올로기를 벗어나 개인 각자로 하여금 자신의 삶과 죽음에 대해서 철저하게 자신의 의지와 선택권을 행사함으로써 진정한 자유인이자 이성적 존재로서의 삶을 살 것을 적극 권면한다. 이렇듯 강력하고 단호한 생사학적 메시지야말로 앞서 우리가 고찰한 다른 철학자들에게도 가장 강력한 '포스트모던'적 생사관의 출발점이자 촉진제가 되었다.

(1) 자연적 죽음과 인간적 죽음

모든 생명체에게 죽음은 피할 수 없는 삶의 종말이며 지극히 자연스러운 현상이다. 그러나 니체는 인간의 죽음이 진정으로 인간다운 죽음이 되기 위해서는 이런 의미의 자연적 죽음을 거부할 것을 주장한다. 인간은 자연에 순응하는 존재로만 머물러있지 않음으로써 진정으로 인간이 되지 않았는가! 불가피하게 다가오는 죽음이지만 수동적으로 받아들이기보다는 스스로 죽음을 선택함으로써 죽음에 대한 개인의 권능을 행사할 것을 그는 권장한다. 그는 이것이 인간이 당연히 행사해야 할 '죽음에의 의지'이고, 인간이 마땅히 누려야할 '죽음에의 자유'라고 본다. 다른 생명체의 죽음과 인간의 죽음 사이의 본질적인 차이를 그는 바로 이러한 자발적 죽음, 자유로운 죽음에서 확인하며, 이것이 인간만이 실천할 수 있는 '이성적 죽음'이라고 정의 내린다. 그렇지 않을 경우, 인간의 죽음이나 다른 생명체의 죽음이나 모두 동일한 차원의 사건이 되고 말 것이기 때문이다.

(2) 불합리한 죽음 대처

니체 역시 죽음의 공포와 불안을 인정한다. 죽음은 우리의 개체성과 정체성의 상실과 소멸을 초래하기 때문이다. 우리의 본능적 욕망은 계속 살아가는 것임에도 불구하고, 죽음은 일대기를 포함한 우리의 모든 것을, 우리 자신을 끝장내는 것으로 받아들여진다. 그래서 우리는 이렇게 절규한다. "나는 죽기 싫다. 죽기 싫을 뿐만 아니라 죽는 것을 원하기조차 싫다. 나는 영원히, 영원히, 언제까지나 살고 싶다. 나는 이 '나'로서 살고 싶다. 지금 이 상태의, 그리고 여기 이 시간에 나를 자각하고 있는 볼품없는 '나'인 채로 살고 싶다."[38] 개체성 및 정체성 소멸에 대한 이러한 공포에 우리는 어떻게 대처할 것인가? 아마도 여기에는 우선 다음의 두 가지 대안이 있을 수 있다. 죽음을 우연적 사건으로 만들어버리거나, 아니면 개체의 불멸에 대해 믿음으로써 죽음의 공포를 이겨내는 것이다.[39]

첫째 대처 방식은 죽음의 확실성이나 예외 없음을 애써 부정하거나, 무심한 체하고 눈감으며 생각조차 하지 않는 것이다. 죽음도 세상에서 끊임없이 일어나는 하찮은 많은 사건들 중의 하나로서, 아니면 급작스럽게 엄습하는 우연적 사건이나 아무 예고 없이 불쑥 찾아오는 불청객 정도로 치부해 버리는 것이다. 그러나 이럴 경우, 죽음은 전혀 인간의 절실한 실존 조건으로 인정받지 못하며, 진부한 일상적 문제들 중의 하나로 격하시켜지고 회피나 망각의 대상이 되어 버린다.

죽음에 대한 또 하나의 대처 방식은 불멸성을 믿음으로써 개체의 무화에 대한 공포를 이겨내는 것이다. 이것은 죽음 사건을 인정하고, 죽음의 확실성이나 예외 없음을 회피하지는 않지만, 그 대신에 죽음 이후의 삶에 대한 비전, 즉 '삶 이후의 또 다른 삶'이 실재한다는 생생하고도 강력한 희망을 받아들임으로써, 죽음은 더 이상 '끝'으로 간주되지 않는다.

죽음에 대한 이러한 대처 방법은 니체에게는 불신의 대상이다. 둘 다 죽음에 대한 적절하고 합리적인 대처가 아닐 뿐만 아니라, 죽음의 진정한 의미를 흐리기 때문이다. 니체는 죽음에 대한 합리적 대처로서 오로지 개인의 자유로운 결단에 의거한 '자유로운 죽음', '이성적 죽음'을 제시한다. 이런 죽음만이 '축제로 승화될 수 있는' 죽음, 공포의 대상이 아니라 인간의 친구일 수 있는 죽음이라고 보기 때문이다.[40] 그러면 이것이 실제로 가능하기 위한 조건은 무엇인가? 누구든지 마음만 먹으면 이런 죽음을 죽을 수 있는가? 이 물음에 대한 니체의 응답을 우리는 그가 제시하는 인간관에서 찾을 수 있다. 그것은 자기 삶의 주체가 되는 인간이며 동시에 자기의 죽음에 대해서도 주체가 되는 인간이다. 이러한 인간상을 그는 '신체(Leib)로서의 인간'으로 규정하며 또 '위버멘쉬(Übermensch)'로 이름 지었다.

(3) '신체로서의 인간'과 '위버멘쉬'

니체의 '신체(Leib)' 개념은 한편으로는 서양 철학의 전통적인 이원론적

인간관을 극복하려는 의도에서 나온 개념이며, 다른 한편으로는 데카르트의 이성 중심주의와 포이에르바흐나 마르크스의 육체 중심의 유물론적 인간관도 거부하고 제3의 대안을 제시하려는 것으로 해석될 수 있다. 사실 니체는, 육체 중심이든 이성 중심이든 불문하고, 인간을 별개의 두 단위로 분리시키는 모든 해석을 형이상학적 인간관으로 규정하며, 인간에 대한 오해라고 단정한다. 인간은 순수한 이성의 동일성으로 결정될 수도, 순수한 육체의 동일성만으로 결정될 수도 없다고 보기 때문이다. 오히려 그는 인간을 이성, 육체, 그리고 '힘에의 의지(der Wille zur Macht)'라는 세 계기가 서로 불가분적으로 유기적 결합을 이루고 있는 존재라고 본다. 즉 인간은 이성과 육체 그리고 '힘에의 의지'의 총체다. 바로 이런 총체적 존재에 대해서만 우리는 '자신' 혹은 '나 자신'이라고 부를 수 있으며, 이런 인간 존재를 니체는 '신체(Leib)'라고 부른다. 그리고 '신체적' 인간의 삶의 목적이 니체의 '위버멘쉬(Übermensch)'다.[41] 그러면 '위버멘쉬'는 어떻게 실현될 수 있는가? 우리들 각자의 삶의 목표가 '위버멘쉬'인가?

(4) '위버멘쉬'와 '힘에의 의지'
"위버멘쉬는 유토피아 차원에서나 가능한 인간 유형이 아니며, 모든 인간적 한계를 극복하고 초탈한 초인이나 완전한 슈퍼맨도 아니다. 오히려 위버멘쉬는 이 지상에서 구현 가능한 인간이며, 신체로서의 인간 개개인이 구현해야 할 실존적 이상이다."[42] 그리고 이 "실존적 이상"은 어떤 구체적 지향 목표이기보다는 오히려 '실존적 삶의 태도' 자체이며, 그 구체적 성격은 다음과 같이 제시된다.
'위버(über, 넘어서, 超越)'는 말뜻 그대로, 항상 자신을 넘어서고 극복하는,

또는 자신을 새롭게 창조하는 삶, 따라서 결코 고정될 수 없는 존재, 더 나아가서 현 상태의 유지가 아니라 지속적인 상승으로서의 변화를 경험하는 존재로서의 인간의 본질적인 모습을 가리킨다. 이런 삶이 가능한 이유는 인간이 '힘에의 의지'를 소유하고 있으며, 이 의지를 행사하는 존재이기 때문이다. 항상 더 많은 힘을 추구하는 '힘에의 의지'는 자기 극복의 역학을 가능하게 한다. 물론 이 의지에는 이런 삶의 방식을 의식적-의지적으로 포기할 가능성도 포함된다.

위버멘쉬는 모든 것의 생성적 성격을 인정하는 존재다. 따라서 생성하는 현실 세계와 생성 법칙의 지배를 받지 않는 불변적 존재의 세계를 구별하는 이분법적 세계관을 인정하지 않으며, 생성과 변화의 세계에 대해서 불변적 존재계의 인식적ㆍ가치적 우위를 인정하는 형이상학적 이분법의 구도를 인정하지 않는다. 존재하는 모든 것은 '힘에의 의지'에 지배받기 때문에 항상 생성과 변화 과정 속에 있지만 그 생성과 변화의 의미와 필연성을 찾기 위해서 어떤 다른 형이상학적 존재나 피안의 세계 또는 초월적 세계를 추가로 상정할 필요가 없다. 오히려 초월 세계를 거부하고 오로지 지상의 삶을 유일한 삶으로 받아들이며 지상적 삶의 의미를 찾는 인간이 위버멘쉬다.

위버멘쉬 자신이 결국은 의미와 가치의 설정자이자 창조자 역할을 수행한다. 그는 자기 극복과 자기 창조라는 목표만을 위해 자신의 경험 상황을 스스로 구성한다. 따라서 그가 구성하는 경험 상황의 계기들은 전적으로 그가 부여하는 의미를 갖게 되며, 전적으로 그 자신에게 의미 있고 필연적이다. 그는 자신이 구성한 경험 상황의 의미와 가치를 긍정하면서 동시에 그것의 한계도 긍정하는 존재다. 자신이 부여한 의미와 가치가 주관적 한계를 가질 수밖에 없음을, 그리고 의미와 가치의 창조자로서의 자신 역시 인간적 한계를 가질 수밖에 없음을 긍정하는 존재다. 따라서 그는 자신의 의미 세계를 세계 그 자체와 동일시하거나 세계에 대한 유일한 절대적 설명으로 받아들이지 않는다. 그렇기 때문에 의미 세계의 구성 작업에는 종결점이란 결코 있을 수 없으며, 자기 창조의 과정 역시 마찬가지다.[43]

(5) 이성적 죽음과 삶의 완성

니체가 말하는 '위버멘쉬'로서의 삶은 현세를 사는 동안에 자신의 의지를 실현하는 삶이며, 그래서 그의 삶은 죽음과 함께 종결될 뿐만 아니라 완성되어야 한다. 왜냐하면 그의 삶은 지속적인 자기 초월의 의지를 실천하는 삶이기 때문이며, 죽음 이후의 어떤 내세적 삶의 가능성을 부정하기 때문이다. 이러한 성격의 '삶과 죽음'은 결코 다른 생명체들의 자연적 '삶과 죽음'과 같을 수 없다. 이것을 가리켜 니체는 '이성적 죽음', '자유로운 죽음', 또는 '자발적 죽음'이라고 부른다. 이성적 삶을 사는 인간은 이성적 죽음을 죽을 수밖에 없으며, 죽음을 선택함으로써 개인은 죽음에 대한 권능을 행사하고, 또 행사해야 한다고 보며, 삶에 대한 권리와 대등하게 죽음에 대한 권리도 행사할 것을 제안한다.

죽음에 대한 그의 주장과 태도는 강력하고 단호하다. 이성적 삶을 산 이상, 이성적 죽음을 죽어야 하며, 죽음에의 의지를 실천함으로써 죽음에의 자유를 누릴 것을 주장한다. 그래서 "제때에 죽으라"는 모토를 제시한다. 그에게 "자연적 죽음은 전혀 이성적이지 않은 죽음이다."[44] 그것은 생명력이 퇴화된 육체, '가련한 껍데기 실체', '병들고 왜곡되고 바보 같은 간수'가 나의 운명을 결정짓도록 내버려두는 것으로서, '제때에 이루어지지 못한 죽음', '비겁자의 죽음', 자연과 운명에 수동적으로 이끌려서 원치 않으면서도 저항하지 못하고 마지못해 끌려 들어가는 죽음일 뿐이다. 그러므로 자연적 죽음에 저항하고, 그 대신 이성적 죽음을 선택하라는 요구가 바로 '제때에 죽으라'는 권고의 내용이다.[45]

(6) 이성적 죽음의 본질과 사회적 혜택

그러면 이성적 죽음, 그리고 제때에 죽는 죽음은 어떻게 가능한가? 그것의 가능 조건은 먼저 삶과 죽음을 하나로 연결지어서 받아들이는 것이다. 이성적 삶을 산다는 것이 곧 이성적으로 죽을 수 있는 조건이며, 이 둘은 결코 두 개의 분리된 사안이 아니라는 것이다. '제때 사는 자'의 삶, 자기 자신의 의지적-의식적인 노력 과정으로서의 삶, 자기 상승과 자기 창조 과정으로서의 삶을 살며, 이런 삶을 긍정하면서 사는 자, 오로지 이런 삶을 사는 자만이 이 목적만을 위해 자신의 죽음 시기도 결정할 수 있으며, '제때에' 죽을 수 있다는 것이다.[46] '나의 이성'과 '나의 의지'의 힘으로 '나의 삶'을 살아 왔듯이 '나의 죽음'까지도 나의 이성적 선택과 의지적 결정 대상으로 받아들임으로써 나의 삶을 살고 나의 죽음을 죽는 것, 이것이 바로 개인의 삶의 완성이며, 이것이 이성적 죽음의 특징이다.

삶과 죽음에 대해서 이런 태도로 임하는 경우라면 절망으로부터 벗어나기 위해 선택하는 낭만적 죽음, 또는 우울증이나 공격 성향 혹은 사회부적응증에 기인하는 병리적 죽음, 또는 삶의 열등감을 견디지 못해 빠져드는 그런 죽음의 가능성도 끼어들지 못할 것이다. 오히려 삶이 의미를 갖고 있으며 또 마땅히 의미를 가져야 하기에, 그리고 삶의 의미를 바라기 때문에 죽음을 맞이하는 것이다. 이러한 사실들은 이성적 죽음만이 행사할 수 있는 독특한 기능이 있음을 암시한다. 그것은 바로 개인의 삶의 '완성'이며, 이것이 이성적 죽음의 특성이다.[47]

이런 이성적 죽음은 살아 있는 다른 사람들의 삶도 완성시킬 가능성을 갖는다. 살아 있는 자들은 죽음을 결단하는 자를 바라보면서 진지하게 자신의 죽음과도 직면하게 된다. 그들 역시 '이 생에서 무엇을 할 것인가?' '왜 더 살려고 하는가?'라는 질문을 던지게 되며, 주어진 삶에서 삶의 의미를 발견하려 노력하게 된다. 이렇듯 다른 사람들의 삶에 자극이 되고, 삶에 대한 굳은 서약을 가능케 하는 죽음은 사회적 효용을 갖는다. 이것은 살아 있는 자들에게 삶의 생동적 목표를 추구하기 위해 위버멘쉬를 선택하게 함으로써 개인적-사회적 효용을 갖는 죽음이며, 더 이상 살 필요가 없어서가 아니라 더 이상 살아서는 안 되기 때문에 선택되는 죽음이다.[48] 흔히 '초인(超人)'으로 번역되는 니체의 '위버멘쉬(Übermensch)' 개념이야말로 "항상 자기 자신을 넘어서고 극복하며, 자기 자신을 새롭게 창조하는 삶을 영위하는 인간"을 가리키며, 현 상태에 고착되지 않고 지속적인 상승으로의 변화를 실현하고자 하는 자기초월적 역동성을 가리키는 개념이 그가 말하는 '힘에의 의지'다.[49]

3. 포스트모던 생사학의 실천 방안과 '의미를 찾는 인간'

지금까지 우리는 한편으로는 '죽음학(타나톨로지)' 개념이 '생사학(삶과 죽음 탐구)'으로 그 의미가 확장되었음을 확인하였으며, 또 한편으로는 현대 실존주의 철학자들의 생사학적 관점들을 고찰하고, 그들 사이의 공통점과 차이점들을 개관하였다. 그리고 '삶과 죽음'에 대한 그들의 탐구가 오늘날 우리가 이해하는 '포스트모던 생사학'으로의 전망을 열어주었음도 확인하였다. 그 본질적 성격을 우리는 주저함 없이 탈 이데올로기적이고 탈 전체주의적이며 탈 종교적 생사관이라고 규정할 수 있다. 삶과 죽음에 대한 그들 각자의 해석도 각자의 개인적 인생 체험과 사색의 결과로서 얻어진 소견과 신념일 뿐, 어떤 공통의 이론이나 학파 형성을 애초부터 의도하지는 않았다.

바로 이것이 우리에게 분명히 암시해 주는 것이 있다. 우리에게는 모두 각자의 삶의 체험이 있고, 삶에 대한 기대와 바람이 있으며, 같은 시대에 동일한 환경에서 살면서도 각자의 생애는 운명과도 같이 전혀 다른 모습으로 펼쳐진다는 사실이다. 다시 말해서 우리는 모두 자신의 실존적 삶을 살아간다는 것이다. 따라서 궁극적으로 나에게는 '나'의 '좋은 삶'이, 너에게는 '너'의 '좋은 삶'이 있을 수밖에 없음을 받아들여야 한다. 이것은 죽음에서도 마찬가지다. 각자 자신의 삶을 살 듯, 각자 자신의 죽음을 죽을 것이며, 어떤 삶을 선택하는가에 따라서 어떤 죽음을 맞이할 것인지가 결정될 것이기 때문이다.

이러한 실존적 삶의 상황을 하이데거는 이 세상에 '던져진 존재(Geworfensein)'라고 불렀다. '던져진 존재'로서의 삶은 또한 '죽음을 향한 존재(Sein zum Tode)'이며, 그래서 각자의 삶은 죽음을 준비하는 삶이 아닐 수 없다. 획일적 가치관이나 이데올로기의 지배를 거부하는 현대인은 또한 개인적 자유와 권리를 최대한으로 누리기 원하는 인간의 모습을 보이며, 이러한 가치관은 결국 나 자신의 삶의 선택권을 극대화시키는 만큼 나의 죽음에 대한 결정권도 같은 방식으로 요구하고 기대한다고 보아야 하지 않을까! 이것을 우리는 생사학의 '포스트모던적 전환'이라고 부를 수 있으며, 그 두드러진 전환점의 본질적 요소는 일단 아래와 같이 요약된다.

1) 개인적 실존의 생사학적 구조

인간의 실존적 상황에서 삶과 죽음은 불가분적이다. 삶은 죽음을 의식하면서, 그리고 죽음을 향해 진행되며, 매 순간 죽음에 다가가는 삶이기 때문이다. 더 나아가서 죽음도 삶의 한 부분이자 삶의 마지막 사건이며, 그래서 삶을 종결짓는 사건이고 삶을 완성시키는 사건이다.

뿐만 아니라 인간의 가치 지향적 본성은 '좋은 삶'을 추구하며, 그래서 불가피하게 '좋은 죽음'을 바라고 기대하고 준비한다. 따라서 '좋은 죽음'을 준비하는 삶이 '좋은 삶'이고 성숙된 인격이다.

평생을 행복과 만족감 속에서 살기를 우리 모두 원하지만 그러기는 매우 힘들다. 삶의 마지막 사건이 죽음이기 때문에, '좋은 죽음'은 삶의 목표가 될 수 있으며, 더 나아가서 '좋은 죽음'은 '좋은 삶'의 필수 조건이다. "아무리 평생을 행복하게 살았다 해도, 노년에 불행을 당하거나 비참하게 최후를 마친 사람을 행복하다고 볼 수는 없기 때문이다."[50] 결국 가능한 한 인생의 초반기나 중반기에 모든 지혜와 노력을 투자함으로써 행복한 노년기를 만들어가는 것이 '좋은 죽음'의 가능성을 높이는 현명한 '죽음 준비'가 될 것이다. 삶 자체가 '죽음 준비'이며, '좋은 죽음'을 준비하는 것이 '좋은 삶'의 조건이고 필수 과제라고 본다면, '좋은 죽음'으로 마감하지 못한 삶은 결코 온전하게 '좋은 삶'은 아니지 않은가! 나의 '출생'과 나의 '사망' 모두 나 개인의 삶의 사건인 이상, '나'의 삶과 '나'의 죽음은 모두 '나의 것'이다. 따라서 어떤 태도로, 어떤 방식으로 살든 죽음과는 상관없고, 죽음과 함께 모든 것이 끝난다는 생사관은 따지고 보면 현실이 아니고 억지나 자기기만일 뿐이다.

2) 삶의 무상성과 허무에 대하여

일단 '좋은 삶'이 '좋은 죽음'의 전제 조건이라고 보자. 그렇다면 나는 어떻게 나의 좋은 삶을 만들어갈 수 있을까? 어떤 삶을 살아야 후회 없이 만족스럽게 죽음을 맞이할 수 있을까?

W. 슐츠는 예나 지금이나, 그리고 고대 문명으로부터 현대에 이르기까지 죽음이 인간에게 제기하는 공통된 문제의 하나로서 삶의 '무상성(無常性, Vergänglichkeit, 덧없음)'을 지적한다.[51] 생물학적 관점에서 볼 때 죽음은 지극히 자연스럽고 당연한 현상임에도 불구하고, '이성적 인간', 그리고 '가치 지향적 인간'은 죽음 앞에서 삶의 덧없음과 허무감에 빠지며, 따라서 '삶의 무상성과 허무감'을 극복하고 해결해보려는 것은 '좋은 죽음'을 원하는 우리에게는 피할 수 없는 과제로 다가온다.

'삶의 무상성과 허무감'의 문제는 실은 '삶의 의미'의 문제다. 죽음에 임박하여 삶을 뒤돌아보면서 확인하고 싶은 것은 나의 삶의 의미이며, 이것은 또한 의미 있는 죽음의 조건이다. 따라서 '좋은 삶'이란 '의미 있는' 또는 '의미 충만한 삶'이다. 그리고 여기서 말하는 '의미'는 삶의 무상성과 허무감 극복의 조건으로서 크게 두 가지 범주적 요구를 충족시킬 것으로 기대되는 그런 '의미' 또는 '가치'이다.

첫째, 그것은 나의 삶이 죽음과 함께 끝난 이후에도 존속하는 어떤 가치인가?

둘째, 그것은 나의 죽음 이후에도 사회적으로 다른 사람들과 공유되는 어떤 가치인가?

이 두 기준은 모두 초월적 연대성을 전제한다. 하나는 죽음을 넘어서는 시간적 차원의 연대성이며, 다른 하나는 나 개인의 차원을 넘어서는 사회적 연대성으로서, 나의 존재 의미를 그 누군가와 함께 나눈다는 의미의 공공성 가치이다. 현실적으로 보아도 여기에는 '더 이상 존재하지 않는' 사자(死者)에 대한 개인적인 기억과 회고로부터 시작해서 그의 죽음 이후에도 영향력을 행사하는 모든 종류의 정신적, 물질적, 관계적 유산들이 포함된다.

3) 포스트모던 시대의 생사학과 종교적 내세관

앞서 우리는 '포스트모던' 생사학의 특징을 말뜻 그대로 '탈근대성'으로 규정했으며, 여기에는 형이상학적 존재론 외에도 종교적 내세 신앙 역시 극복 대상으로 지적되었다. 그렇다면 포스트모던 죽음관은 '죽음 이후의 삶'과 함께 모든 형태의 내세관을 부정하는 것일까? 아니면 기존의 종교적 내세관만을 부정할 뿐, 경우에 따라서는 어떤 다른 형태의 내세관은 인정될 수도 있는 것일까?

우리는 먼저 '포스트모던'의 기본 성격을 재확인하자. 그것은 근대성 비판과 함께 그 이데올로기적이며 전체주의적 영향력에서 해방됨으로써 자체의 이론적 및 실천적 정당성을 확보하려한다. 그렇기 때문에 근대를 대체할 어떤 새로운 사상 체계나 이데올로기를 적극적으로 구체화하려는 목표를 추구하지는 않는다. 이것은 실존주의 철학자들에게도 마찬가지로 적용된다. 그들의 철학적 사색은 누구에게나 여러 가지 방식으로 모범 또는 모델이 될 수 있다는 점에서 그 가치를 충분히 인정받는다. 그러나 그들의 실존적 문제의식과 실천 모델을 그대로 나의 것으로 답습해야만 하는 것은 아니다. 오히려 우리들 각자는 자신의 삶의 현장에서 자기만의 유일하고도 구체적인 실존을 살아가야 하고 또 그럴 권리를 가진다.

그러면 포스트모던 관점에서 볼 때, 종교적 내세관(來世觀)이나 사후생(死後生)에 대해서 나는 어떤 실존적 태도를 가질 수 있는가? 결론적으로 말해서, 종교를 가지든 아니면 거부하든, 내세를 믿든 믿지 않든, 이것은 전적으로 나의 주체적 판단에 맡겨질 사안이다. 우선 먼저 '포스트모던 생사학'이 새로운 이데올로기를 강요하기보다는 오히려 개인적 자율권과 선택권의 확대를 지향하는 관점임을 다음과 같이 요약해 본다.

첫째, 포스트모더니즘은 특정 이데올로기를 전제하거나 강요하지 않고, 오히려 진리 판단 기준의 다양성을 인정함으로써 개인의 자유와 자율권의 확대를 지지하는 시대정신이며, 기본적으로 종교 중립적이다. 따라서 내가 어떤 종교적 내세관이나 사후생을 믿는다 해도 그것이 포스트모던 정신에 위배되지 않는다.

둘째, 내세관 또는 사후생 믿음을 나의 개인적 신념으로 받아들이고 실천하는 이유는 그것이 나에게 '좋은 죽음 준비'가 되기 때문이며, 이것은 누구에게나 허락되는 생사학적 관심사가 아닐 수 없다. 또한 이렇듯 개인적 '좋은 죽음 준비'는 내가 살아 있는 동안에 실천할 수 있을 뿐이며, 그럼에도 불구하고 그 실천 여부는 개인의 선택이다.

셋째, 물론 그 믿음 자체를 혹자는 부정하거나 의심할 수 있다. 그러나 내세 또는 사후생 믿음의 실제 현실화 여부는 그것을 믿거나 기대하는 당사자의 문제일 뿐, 포스트모더니즘 자체에 근거해서 또는 다른 제3자가 이것을 검증하려고 나설 그런 사안은 아니다. 오히려 각자의 개인적 선택에 맡겨도 좋다는 것이 포스트모던의 기본 입장이고 태도이다.

4) 포스트모던 생사학의 실천 방안

좋은 삶, 그리고 좋은 죽음은 우리 모두가 원한다. 우리는 그것을 제대로 배우고 실천하려한다. 한편으로 그것은 각자 개인의 문제이다. 나의 삶과 나의 죽음은 분명히, 그리고 궁극적으로 개인사라고 주장할 수도 있고, 그런 측면이 존재한다. 그러나 또 한편으로 그것은 분명히 우리가 함께 참여하고 서로 도와야 하는 공동의 과제다. 출생이 나 혼자만의 사건이 아니듯, 사망도 나 혼자만의 사건이 아니기 때문이며, 우리의 삶 자체가 가까운 가족과 친지는 물론 그 밖의 다른 타자 또는 익명의 제3자, 그리고 기타 개인이나 단체나 대중과의 상호 관계성 안에서만 가능하지 않은가!

포스트모던 사회에서 좋은 삶과 좋은 죽음은 과거보다 더 개인적 선택과 결정의 문제로 받아들여지지만, 외면적 모습만 달라졌을 뿐, 그 본질적 과제는 예나 지금이나 별로 달라지지 않았다고 보는 것이 옳다. 인간적 관계에 대한 욕구와 필요성, 정신적이고 영적인 행복과 웰빙의 조건, 인간적 관심과 사랑과 배려에 대한 욕구, 죽음에 대한 공포와 불안 등 인간의 조건은 예나 지금이나 근본적으로 동일하지 않은가! 그럼에도 불구하고 오늘날의 상황에서 특히 강조되는 측면들 몇 가지를 아래와 같이 지적해 본다.

(1) 오늘날은 특히 생사학적 상담 수요가 증가하고 또 그 중요성이 강조되는 추세다. 여기에는 철학, 교육학, 심리학, 사회복지학, 간호학, 의학, 그리고 각종 종교 기관과 장례업 종사자 등 다양한 영역의 지식과 정보가

제공될 수 있는 그런 상담이 필요하며 바람직하다고 할 것이다. 삶의 방식 뿐만 아니라 죽음 관련 안건들에 대한 사람들의 요구 형태도 다양화되고 있기 때문이다.

(2) 상담에 종사하는 모든 전문가들에게 추가로 필요한 것 역시 이제는 바로 생사학적 상담에 필요한 전문 지식과 정보, 그리고 좋은 삶, 좋은 죽음에 대한 심도 있는 이해와 대화 능력이다. 의료계와 간호학의 호스피스 상담 봉사의 의미와 기능도 그 실제 내용에서는 단지 임종 준비 단계만이 아니고, 임종자의 전 생애를 뒤돌아보면서 지나간 삶의 긍정적 의미와 가치를 다양한 시각에서 재확인하는 상담 대화의 기회를 제공함이 바람직하다.

(3) 상담사는 상담활동 전반에서 더 폭넓고 심도 있는 인문학적 소양을, 그리고 인문학과 철학의 현실적 해석과 적용 방법론에서 역량을 키울 필요가 있다. '좋은 삶'과 '좋은 죽음'의 주제라면 결국 한 사람의 생애 전체를 포괄하는 안목과 생애 주기별 연관성을 각 개인의 사례마다 파악하고 해석할 필요가 있으며 그에 대한 수요도 증가하기 때문이다.

(4) '호스피스' 상담이든, '생사학적' 상담을 불문하고 '좋은 죽음'을 지원하기 위한 상담은 의미의 문제를 다루지 않을 수 없다. 앞서 언급된 바, '삶의 무상성과 허무감' 문제도 실은 '삶의 의미'의 문제이며, 이것은 인생 노년기에 또는 임종 환자가 피해갈 수 없는 문제다. 왜냐하면, '좋은 죽음'을 맞이하기 위해서는 지금까지의 삶이 전체적으로 '좋은 삶'이었음을 확

인할 수 있어야 하며, '좋은 삶'이란 결국 '의미 있는 삶'의 다른 표현이기 때문이다.

(5) 반면에 내가 가장 받아들이기 힘든 죽음이란 나의 삶의 가치나 존재 가치를 찾아볼 수 없는 상태에서 맞이하는 그런 죽음일 것이다. 여기서 말하는 '존재 가치'는 정확히 말해서 삶의 행복 여부가 아니다. 비록 나의 주관적 관점에서 고생스럽고 불행한 삶을 살았다 할지라도, 그런 삶을 견뎌 내거나 극복해 낸 경우라면 얼마든지 나의 삶에 의미를 부여할 수 있고 또 그 의미를 꼭 찾아야 하기 때문이다. 이것이 좋은 죽음의 조건이다.

(6) 의미의 문제를 구체적으로 어떻게 다룰 수 있을지에 대해서 우리는 다시금 실존주의 철학자들, 그리고 실존주의의 영향 하에 본격적인 정신 요법으로서 '의미치료(Logotherapie)'를 발전시킨 V. 프랭클의 사례를 참조하는 것도 도움이 될 것으로 확신한다. 그 역시 의미 실현의 과제는 가치실현으로서 자기의 정체를 드러낸다고 보며, 여기에는 원칙적으로 다음의 세 가지 길이 있다고 본다.

첫째, 무엇을 만들어 내거나 무엇을 실현시킴으로써 "창조적 가치"를 실현시킨다.

둘째, 어떤 것을 관조적으로 체험함으로써 우리 자신을 변화시키거나 다른 사람 사랑하기를 배우며, 이를 통해서 "체험가치"를 실현시킨다.

셋째, 아무 도움 없이 절망적 상황에 희생당하는 경우일지라도, 여전히 우리는 이런 상황에 대한 우리의 태도를 "태도가치(Einstellungswert)"의 관점에서 바꿀 수 있으며, 이를 통해서 우리는 인간적으로 성숙한다.[52]

〈참고문헌〉

아리스토텔레스, 손명현 역, 『니코마코스 윤리학/정치학/시학』, 동서문화
　　사, 1978.

김인자 편, 『죽음에 대한 심리적 이해』, 서강대 출판부, 1985.

다그마르 펜너, 김성진 역, 『철학상담치료와 심리치료, 무엇이 다른가?』, 서
　　광사, 2017.

로버트 C. 솔로몬, 캐슬린 M. 히긴스, 『세상의 모든 철학』, 박창호 옮김, 이
　　론과실천, 2007.

발터 슐츠, 정동호 · 이인석 · 김광윤 편, 「죽음의 문제에 대하여」, 『죽음의
　　철학: 현대 철학의 논의를 중심으로』, 청람, 1992.

알폰스 데켄, 『죽음을 어떻게 맞이할 것인가』, 오진탁 옮김, 궁리, 2002.
　　『인간의 죽음과 죽어감』, 연세대 간호대학 창립 100주년 · 한국죽
　　음학회 창립 1주년 기념 초청 강연집, 2006.

엘리자베스 퀴블러-로스, *Interviews mit Sterbenden*(임종환자 면담 기록),
　　Stuttgart, (1969), 1971.

엘리자베스 퀴블러-로스, 성염 역, 『인간의 죽음: 죽음과 임종에 관하여(*On
　　Death and Dying*)』, 분도, 1997.

엘리자베스 퀴블러-로스, 『삶과 죽음에 대한 기억: 호스피스의 어머니 큐블
　　러 로스 자서전(*The Wheel of life*)』, 박충구 옮김, 가치창조, 2000.

쟝 폴 사르트르, 정동호 · 이인석 · 김광윤 편, 「나의 죽음」, 『죽음의 철학: 현
　　대 철학의 논의를 중심으로』, 청람, 1992.

『哲學大事典』, 학원사, 1963.

프리드리히 니체, 「방랑자와 그의 그림자」, 『인간적인 너무나 인간적인 II』
　　185, KGW IV 3.

한림대 생사학 인문한국 연구단, 「특별기획 인터뷰: 생사학의 대가 칼 벡커
　　교수」, 『의미있는 삶, 아름다운 마무리』, 한림대 생사학 인문한국
　　연구단 Newsletter, 창간호, 2013년 5월.

Charles A. Corr & Donna M. Corr, *Death & Dying, Life & Living*, 7th Ed., Wadsworth, Cengage Learning 2013, 2009.

Diogenes Laertius, *Lives of Eminent Philosophers II*, Engl. Translation by R. D. Hicks, Harvard Univ. Press, Cambridge, Massachusetts.

E. Haeckel, *Die Welträthsel.* Bonn, 1899.

G. Simmel, *Zur Metaphysik des Todes.* Logos 1, 1910/11.

K. Jaspers, *Philosophie* (1932-33, 1956) 2, 224.

_____, *Philosophie II*, 4. Auflage, Springer Verlag, Berlin, 1973.

M. Heidegger, *Geschichte der Philosophie von Thomas von Aquin bis Kant, Gesamtausgabe, Bd. 23*, Frankfurt/M. 2006.

_____, *Sein und Zeit*, § 52 (1927, 1967). *Ges.ausg. [GA] 2* (1977).

M. Luther, *Acht Sermon gepredigt zu Wittenberg in der Fasten*, 1522.

M. Scheler, *Tod und Fortleben* (1911). *Ges. Werke 10, Schriften aus dem Nachlaß 1* (1954, 1986).

M. Theunissen, *Die Gegenwart des Todes im Leben*, in: M. Theunissen : *Negat. Theologie der Zeit*, 1991.

Miguel de Unamuno, *The Tragic Sense of LIfe*, Fontana Library, 1962.

P. Edwards(ed.), *The Encyclopedia of Philosophy*, vol. 3, The Macmillan Company & The Free Press, New York, 1967.

Plato, *Crito. Plato's Dialogues.*

R. M. Rilke, *Das Stundenbuch* (1905). *Sämtl. Werke* (1955) 1.

S. Kierkegaard, *Erbaul. Reden, 1844/45. Ges. Werke 13/14*, hg. E. Hirsch (1952)

좋은
죽음을
위한
안내

02 아름다운 죽음 그리고 희망

김남희

1. 엄마가 죽었다

오늘 엄마가 죽었다. 아니 어쩌면 어제.

양로원으로부터 전보 한 통 받았다. '모친 사망, 명일 장례식. 근조(謹弔).[1]

알베르 까뮈의 소설 『이방인』의 첫 대목이다. 어머니의 죽음 소식 앞에서 뫼르소는 어떠한 동요도 없이 차분하고 침착하다. 이미 어머니의 죽음에 대하여 마음의 준비를 하고 있었던 것일까? 그런데, '어쩌면 어제'라는 독백에서, 그는 어머니가 언제 돌아가셨는지, 어떻게 돌아가셨는지 크게 궁금해 하지 않는 듯 보인다. 알제(Alger)에서 팔십 킬로미터 떨어진 양로원으로 가는 버스 안에서, 그는 이틀 휴가를 마지못해 준 사장의 모습만 떠올린다. 오히려 자신의 어머니 장례식에 가는 것을 불편해 하는 것 같다. 양로원에 도착해서도 그는 어머니의 시신을 확인하지 않는다. 무더운 날씨에 지치고 피곤하다는 생각만 할 뿐이다. 장례식을 치른 다음 날, 그는 아무 일도 없었다는 듯이 이내 일상으로 돌아온다.

그는 무료한 일상을 이어나간다. 애인도 만나고, 친구도 사귄다. 그러던 어느 날 친구와 애인과 함께 떠난 여행지에서 우연히 아랍인을 살해한다. 그는 구속되고 사법부의 심판을 받게 된다. 재판에서 그는 살인죄보다 어머니의 죽음에 대해 무감각했다는 사실에 대해 더욱 비난 받는다. 어머니가 사망한 다음 날 해수욕을 하고 애인과 관계를 맺고 희극 영화를 보면서 시시덕거린 사람으로까지 폄하된다. 결국 그는 사형 선고를 받고 죽음의 길에 들어선다.

어머니의 죽음이 슬픔이 아닌 귀찮은 일, 오히려 자신의 일상을 방해하는 일이라고 여기는 뫼르소의 모습, 여러분은 어떻게 생각하는가? 조금은 극단적으로 묘사되어 있는 듯 보이지만, 자기 어머니의 죽음 앞에서도 무덤덤한 뫼르소의 모습은 오늘날 크게 낯설지 않다. 현대인들도 뫼르소처럼, 자신을 비롯한 타인의 죽음에 대해 점점 '이방인'이 되어가고 있는 것은 아닐까? 죽음에 대해 무덤덤한 태도를 취하지 않으면서 아름다운 죽음을 맞이할 수는 없을까?

2. 죽음을 생각하다(cogito mori)

한때 '9988234'처럼 살고 싶다는 말이 유행한 적이 있다. '9988234'는 '99세까지 88하게 살다가 2,3일 앓고, 죽고(4) 싶다'는 뜻이다. 우스갯소리인 것처럼 보이지만, 이 말에는 현대인의 죽음에 대한 인식이 잘 드러나 있다. 먼저, 과학 기술과 의학의 발달에도 불구하고 인간은 자신이 영원히 살 것이라고 확신하지 않는다는 것이다. '인간은 죽는다'라는 명제를 부정할 수 있는 사람은 아무도 없다. 실제로 죽음은 '사실'이며 인식적 차원에서

'현실'일뿐만 아니라, 의식의 지각 차원에서 '일상'이기 때문이다. 인간은 '자신이 죽는다.'는 사실을 확인하고, 그 현실을 기술하며 그 일상을 경험한다. 인간은 죽음과 '함께 살고' 있기 때문에 죽음을 낯설어 할 수 없다.[2]

그런데 현대인은 이 죽음을 자신의 삶과 분리시키려 한다. 죽음에 대한 생각을 떠올리면 먼저 두려움이 앞서기 때문이다. 죽음은 감당할 수 없는 미지의 현실이고 두려움이 되어버린 것 같다. 죽음은 거역할 수 없는 실재, 수용할 수 없는 실재, 나아가 차마 건드릴 수 없는 실재가 되어 현대인을 불안하게 한다.[3] 그러므로 '9988234'는 현대인이 죽음에 대해 인식은 하고 있으나, 죽음이라는 사건을 최대한 미루면서 죽어감에 대한 불안과 고통을 최소화하려는 욕망이 압축되어 있는 상징의 숫자라 할 수 있다. 죽음에 대해서는 수용하나 자신의 죽어감에 대해서는 그 고통을 최소화하면서 죽음을 보류하려는 것이 현대인의 모습이라 할 수 있다.

가까운 사람이 불의의 사고로 목숨을 잃었다는 소식을 들으면 우리는 '어떻게 이럴 수 있냐'며 갑자기 닥친 죽음에 대해 새삼 진지하게 생각하게 된다. 무엇보다도 가족의 죽음을 접하면 하늘이 무너질 것 같이 가슴이 먹먹해진다. 아무것도 할 수 없을 것처럼 상실감에 빠진다.

그런데 어느 시점이 되면 인간은 다시 일상으로 돌아간다. 심지어 죽음에 대해 언제 고민했냐는 듯, 타인의 죽음을 언제 경험했냐는 듯, 다시 일상에 쫓겨 생활한다. 죽음이 우리 모두에게 닥칠 것은 분명한데, 왜 우리는 죽음에 대해 지속적으로 생각하지 않는 것일까?

아마도 우리가 일상에서 만나는 '죽음'은 곧 타인의 죽음이기 때문일 것이다. 인간은 자신이 죽어야 할 운명임을 아는 유일한 생명체이지만, 죽을 운명임을 안다고 해도 죽음 자체에 대한 인식은 불가능하다고 한다.

다른 사람의 죽음을 인식한 것이지 자신의 죽음을 인식한 것은 아니기 때문이다.[4] 죽음을 경험한다고 하더라도 그 죽음은 자신의 경험이 될 수는 없다. 다만 인간은 '죽음'의 운명 앞에서 '죽어감'을 경험하는 것이다.

까뮈의 소설 『이방인』으로 다시 돌아가 보자. 어머니의 죽음을 비롯하여 타인의 죽음에 비인간적일만큼 감정을 드러내지 않았던 뫼르소였지만 정작 자신의 사형이 집행되는 순간, 그는 어떤 생각을 했을까? 그는 자신의 '죽어감'을 통해 어머니의 '죽음'을, 아랍인의 '죽음'을 이해할 수 있었을까? '죽음'에 직면해야 하는 존재가 자기 자신이어야 한다는 사실을 그는 분명 인식했을 것이다. 죽음은 타인이 대신할 수 없는 고유하고도 개인적인 사건이기 때문이다.

'죽음'이 어느 시점에 생명이 끝나는 불가역적인 일회적 사건이라고 한다면, '죽어감'은 '죽음'의 확장된 과정이라 할 수 있다. '죽어가는 사람'은 각자 처해진 상황에 따라 '죽음'을 의식적으로 체험하고 지각하고 경험한다. 그런데 현대인은 정작 자신의 삶 안에서 스스로 '죽어감'의 경험을 할 기회를 놓치고 있는 것 같다. 그러다보니 뫼르소처럼 타인과 자신의 죽음에 대해 스스로 '이방인'이 되어가고 있다. 지금까지 우리는 '죽어감'을 경험할 수 있는 곳을 병원, 그것도 호스피스 병동으로만 제한했던 것은 아닐까? 죽음을 임박해서 겪는 일시적이고 순간적인 경험이라고 생각했었던 것은 아닐까? 오늘날 현대인은 '죽음'과 '죽어감'에 대한 존재론적 인식을 낯설게 하는 풍토(風土) 속에서 살고 있는 것 같다.

3. 죽음, 존재 인식의 시작

'죽음'과 '죽어감'에 대해 존재론적으로 인식 할 수 있는 풍토는 어떤 것일까? 그 풍토는 '초월성'과 관련이 있다. 시·공간의 한계를 넘어서는 '초월성' 추구는 종교적 사유의 영역이기도 하다. 신학자인 폴 틸리히(Paul Tillich)는 종교를 '궁극적 실재에 대한 관심'이라고 정의한 바 있다. 여기서 '궁극적 실재'를 어떻게 해석하느냐에 따라, 즉 인격적 존재로 이해하느냐, 비인격적인 존재로 이해하느냐, 또는 유일한 존재로 보느냐, 다원적인 존재로 보느냐에 따라 종교는 다르게 정의된다. 각 종교는 '궁극적 실재'에 대한 해석을 통해 고유한 종교문화를 발전시켜왔다.

각 종교의 신념은 처음부터 절대적으로 체계화된 것이 아니라, 그 종교가 발생한 풍토(風土)와의 밀접한 관계 속에서, 오랜 세대에 걸쳐 재해석되면서 형성되었다. 여기서 풍토(風土)란 "토지의 기후, 기상, 지질, 토질, 지형, 경관 등의 총칭"[5]을 뜻한다. 인간은 기후를 단독으로 체험하는 것이 아니라 지질, 지형, 경관 등과 연관하여 체험한다. 풍토현상은 인간이 자기를 발견하는 방식이라 할 수 있다.

예를 들어 추위를 느끼는 것은 하나의 주관적 체험이지만, 한편 '밖에 나와 있는(ex-sistere)' 자기 자신을 대(對)하는 경험이기도 하다. 이러한 '지향적(志向的) 체험'은 개인적 체험에 그치는 것이 아니라, 너와 나의 관계 안에서 공통체적으로 이해하는 방식이라 할 수 있다. 또한 풍토현상은 인간의 문화, 예술 양식 안에서 풍부한 양태(樣態)를 지니고 규정된다. 이로써 풍토는 단순히 자연현상이 아니라 개인적, 사회적인 이중성격을 갖는 인간의 자기요해(自己了解)의 역사의 근간이 된다. 풍토와 역사 속에서 인간은 고립된 단독자가 아니라 상호교섭하면서 자기를 발견하는 개인적, 사회적 존재가 된다. 그렇기 때문에 풍토는 대상으로서의 자연현상 그 이상을 의미한다.

오늘날의 종교형태와 신념체계는 각 종교가 속한 풍토와 불가분의 관계 속에서 형성되고 전개되었다고 볼 수 있다. 인간은 각각의 고유한 풍토 속에서 자신의 유한성을 인식하고 자신의 한계성을 극복하게 하는 구원관을 형성시켰다. 인간은 자신을 둘러싼 풍토를 단순히 물리적 대상으로만 간주한 것이 아니라 자신의 존재를 인식하는 근거로 시간적, 공간적 구조 속에서 파악했던 것이다. 시간적, 공간적 구조 속에서 종교적 인간(homo religiosus)은 자기 자신에 대한 유한성을 풍토와 더불어 인식하고 그 유한성을 넘어 무한의 세계를 상상했다.

여기서 유한성과 무한성의 경계선은 죽음이다. 유한성은 죽음에 직면한 인간의 한계성이며 무한성은 죽음에 대한 극복을 의미한다. 풍토에 대한 경험과 이해를 통하여 인간은 자신이 처한 죽음을 일회적 또는 다회적으로 인식했다. 나아가 인간은 죽음 이전의 시간적 공간적 한계성을 죽음 이후의 영원한 시간성과 공간성으로 극복하고자 했다. 유한한 시간성과 공간성의 극복이 바로 종교에서 말하는 구원관이라 할 수 있다. 자, 그러면 인간은 자신이 처한 풍토 속에서 어떻게 죽음을 인식하고, 죽음 이후의 희망을 가질 수 있었는지 다음 장에서 유목문화와 사막의 종교 그리고 농경문화와 숲의 종교에 나타나는 죽음의 의미를 통해 살펴보도록 하자.

4. 유목문화의 특성과 사막의 종교

일반적으로 사람들은 사막(沙漠)을 모래가 광풍과 같이 휘돌며 흐르는 모래바다(沙海)로 인식한다. 이러한 사막은 인간이 사막 밖에서 멀리서 바라보며 인식한 모습이라 할 수 있다. 그러나 유목문화 안에서 사막은 모래바다가 아니라 암석이 노출된 험준한 산맥, 물이 없는 자갈평원이다. 강한 햇빛과 함께 비는 거의 내리지 않기 때문에 이곳에서는 식물이나 동물이 살아남을 수 없다. 초목이 없이 그대로 드러난 산의 윤곽과 검은 색을 띤 바위의 모습에서 인간이 인식한 사막은 바로 생명의 결핍이다.

이스라엘 민족의 역사를 보면, 구약성경에서 야훼로부터 선택받은 그들이 이집트에서 탈출하여 홍해를 건너간 곳은 사막이었다. 그들이 경험한 시나이 산은 초목이라고는 없는 바위산, 곧 '죽은 산'이었다. 이스라엘 민족은 이와 같은 풍토 속에서 사막을 생기가 없는 곳, 생명체가 존재하지 않는 세계로 이해했던 것이다. 사막의 정적(靜寂), 초목이 없는 바위산, 그리고 지상의 모습을 모두 감추어버리는 어두운 밤은 그곳에서 살아가고 있는 인간에게 생명에 대한 근원적인 위협이 되었을 것이다.

더구나 생명의 위협을 당하는 사막 생활에서 무엇보다도 시급한 일은 물을 구하는 것이다. 건조한 풍토에서 생명의 위협은 바로 갈증이었으며, 갈증을 해결하기 위해서는 비가 오기만을 마냥 기다리는 것이 아니라 물을 찾아 나서야 했다. 사막에서 인간은 자연의 위협에 대항하면서 물을 찾아다닐 수밖에 없었을 것이다. 초지(草地)와 물을 쟁취하기 위하여 부족 간의 싸움이 일어나기도 했다. 이에 따라 사막의 인간은 자신을 둘러싼 세계를 대항적, 전투적 대상으로 이해했을 것이다. 유목생활에서 인간은 자연의 혜택을 기대하기보다는 능동적으로 자연에 대항하며 생명을 유지할 수밖에 없었을 것이다. 자연에의 대항은 곧 부족 간의 전투적 생활양식으로 확대되었다. 정리하자면 사막적 풍토에서의 삶의 특징은 생명이 결핍되어 있는 사막 환경, 물과 풀을 찾아다녀야 하는 유목생활, 자연과의 끊임없는 투쟁과 정복, 부족들 간의 갈등 관계라 할 수 있다. 사막 생활은 생명의 위협을 늘 감수해야 하는 고달픔의 연속 그 자체라 할 수 있다.

반면 크고 작은 무수한 별들이 서로 어우러져 있는 하늘의 모습에서 인간은 생명의 이미지를 발견한다. 사막에서 이동할 경우, 태양이 작열하는 낮보다는 서늘한 밤에 이동하는 편이 수월하다. 이때 인간은 하늘의 별을 이정표로 삼아 목적지를 향해 이동했을 것이다. 여기서 인간은 이정표를 삼을 것이 없는 사막보다는 길을 안내하는 이정표가 있는 창공에서 생명을 구해주는 희망을 발견했다. 하늘의 별은 곧 생명을 향한 희망이고, 결핍에서 완전성을 찾으려는 이상(理想)이었다. 즉 생명에 대한 희망은 인간에게 종교적 안식처로서의 이상향을 꿈꾸게 했다. 사막이 생명 부재의 땅, 희망이 없는 땅이었다면 하늘은 생명이 있는 곳, 신성한 곳, 신이 계신 곳, 영원한 생명을 얻게 되는 안식처로 인식한 것이다.

여기에서 바로 사막 종교의 고유한 신관이 형성되었다고 볼 수 있다. 사막에서 부족의 막강한 힘은 그들의 생사를 결정짓는 중요한 요소이다. 부족이 생존하려면 부족 안에 신적인 힘이 내재되어 있어야 했다. 신에게 희생물을 바치는 제의(祭儀)는 신과 부족을 연결시켜주는 매개이자 믿음을 확인하는 체험의 장이 된다. 이로써 공동체 윤리는 신의 명령으로 나타나고 신은 인간에게 생활의 안정과 번영을 약속한다.

지금까지 살펴 본 바와 같이, 사막적 풍토에서 유목생활을 토대로 유일신을 신앙의 대상으로 하는 종교를 소위 사막의 종교라 명명할 수 있다. 사막의 종교 범주에 들어가는 대표적인 종교는 유대교, 그리스도교, 이슬람교이다. 사막의 종교는 사막 풍토에서 생활하는 인간의 경험을 토대로 형성된 종교라고 할 수 있다.

5. 직선적 시간관과 일회적 죽음

사막에서는 약자택일의 결단성을 요구한다. 사막적 풍토에서 생활하는 인간은 사물에 대한 관찰과 판단이 예리해야 하고 필요한 경우에는 처해진 상황을 두려워하지 않고 돌진을 결단해야 한다. 이를 사유의 건조성이라고 한다. 따라서 사막에서의 판단중지는 스스로 죽음을 자처하는 행동이다. 이러한 단호함과 양자택일의 결단성은 선과 악, 삶과 죽음과 같은 이원론적인 사고와도 관련이 있다. 또한 전체성에 대한 도덕적 성향이 강하고 강력한 이상가(理想家)를 추구한다.

이와 같은 성향은 사막의 종교적 시간관에도 그대로 드러난다. 바로 직선적인 시간관이다. 사막에서는 왔던 길을 되돌아 갈 수 없다. 발자국은 바람과 모래로 이내 지워지기 때문에 흔적이 남지 않는다. 지나온 길을 표시할 수 없기 때문에 별을 이정표로 삼아 오직 앞으로 나아갈 수밖에 없었던 것이다. 직선적 시간관에는 시작과 끝이 있다. 어느 지점에서 출발하여 어떤 목적지를 향해 앞으로 나아갈 수밖에 없는 불가피한 상황에서 사막적 인간은 직선적인 시간관을 토대로 한번 태어나면 죽는다는 일회적 죽음을 인식하게 된다. 이는 사막의 종교의 종말론적인 역사관으로 이어진다.

직선적 시간관에서는 대부분 창조 신화로 그 시작의 기원을 설명하고 있다. 그리스도교 구약성경의 창세기 1장 1절은 "한 처음에 하느님께서 하늘과 땅을 지어 내셨다."로 시작한다. 여기서 '한 처음'이라는 시간성과 함께 세상의 기원이 '하느님'에 의해 시작되었으며, 세상과 인류가 신과 처음부터 밀접한 관련을 맺고 있다는 것을 암시한다. 사막적 인간의 신과의 관계성은 이스라엘 민족이 이집트에서 탈출하여 광야에서 삶과 죽음의 갈림길에 서게 될 때마다 구체화된다. 이스라엘 민족이 시나이 산에서 그리고 광야에서 경험한 야훼는 사막적 풍토에서 경험한 신, 즉 유목신이었다고 볼 수 있다.

위에서 설명한 바와 같이, 직선적 시간관에서 사막적 인간이 딛고 서 있는 땅은 부정한 공간이었다. 창세기에 의하면, 신에 의해 창조된 인류는 에덴동산에서 쫓겨나게 된다. 그 이후 남자는 저주받은 땅에서 노동을 해야 하며, 여자는 해산의 고통을 감수해야 하는 운명을 갖게 된다. 인류 타락에 대한 신화는 생명 결핍의 땅에서 인간이 자연과 투쟁하며 생명에 필요한 것을 자연으로부터 쟁취해야만 얻을 수 있다는 것을 상징한다고 볼 수 있다. 끊임없이 물과 초목을 찾아 이동해야 하는 유목 생활은 늘 미래에 대한 불안함을 동반한다. 사막적 인간에게 땅이라는 공간은 풍요로운 공간이 아닌 싸워 이겨나가야 할 공간이었던 것이다. 반면에 하늘은 신이 약속한 영원한 생명에 대한 희망의 이정표였다. 사막적 인간은 지금 이곳이 아무리 어렵고 힘들어도 영원한 생명을 향해 앞으로 나아갔던 것이다. 시편 23장은 이러한 직선적 시간관을 잘 표현해 주고 있다.

"야훼는 나의 목자,

아쉬울 것 없어라.

푸른 풀밭에 누워 놀게 하시고,

물가로 이끌어 쉬게 하시니

지쳤던 이 몸에 생기가 넘친다.

그 이름은 목자이시니

인도하시는 길, 언제나 곧은 길이요,

나 비록 음산한 죽음의 골짜기를 지날지라도

내 곁에 주님 계시오니 무서울 것 없어라.

막대와 지팡이로 인도하시니

걱정할 것 없어라."

위의 시편에서 나타나는 바와 같이, 되돌아갈 수 없는 직선적 시간관의 끝인 낙원은 '푸른 풀밭', '물'이 있는 곳으로 인간을 생기 넘치게 하는 곳으로 나타나고 있다. 그 공간을 사막의 종교에서는 천국, 낙원으로 표현하고 있다. '그곳'은 '이곳'에서 '저곳'으로의 이동이며, 그 이동은 죽음을 전제로 한다. 즉 다시는 되돌아올 수 없는 일회성을 전제로 한다.

6. 일회적 죽음의 극복 – 예수의 부활

유목문화의 직선적 시간관은 왔던 길을 다시 되돌아갈 수 없는 사막적 풍토에서 형성된 시간관이기 때문에 불가역적인 시간이라 할 수 있다. 이에 따라 인간의 삶과 죽음도 일회적으로 인식되었다. 사막적 풍토의 직선적 시간관에서는 한 번의 죽음만이 유효했다. 이러한 상황 속에서 인간의 삶은 비장할 수밖에 없었다. 그런데, 만일 살다가 '죽을 죄'를 지으면 어떻게 될까? 한번밖에 없는 삶을 포기할 수는 없지 않을까? 여기서 일회적 죽음에 대한 하나의 대안으로 생겨난 것이 바로 희생양을 통한 속죄 행위이다.

일직선적이고 불가역적인 시간관은 유대교, 그리스도교, 이슬람교에서 공통적으로 나타나는 시간관이다. 그럼에도 불구하고 그리스도교의 직선적 시간관은 다른 사막의 종교와는 차이점이 있는데, 그것은 바로 그리스도의 부활 사건이다. 예수의 부활은 직선적인 크로노스적 시간관이 카이로스적 시간관으로 변용된 것이라 할 수 있다. 예수의 죽음은 유대교의 관습이었던 동물 희생제의를 종결하는 사건이었다. 본래 희생양은 고대 유다에서 속죄의 날에 사람들의 죄를 대신해서 황야로 내쫓긴 산양이었다. 유목문화에서 황야는 죽음을 의미했다. 산양을 황야로 내보낸다는 것은 자신의 죄를 씻기 위해 산양이 대신 죽어야 한다는 것을 뜻한다. 즉 유대인은 산양을 황야로 내보내 죽게 함으로써 자신들의 죄가 정화되어진다고 생각했던 것이다. 나아가 다른 사람이나 공동체 전체의 죄를 대신하여 희생양을 풀어 줌으로써 과거에 저지른 모든 일에 대한 결과를 청산했다.

그런데 신약성경에서는 유목문화에서 바쳐진 희생양이 빵과 포도주로 대체되고 있다. 여기서 빵과 포도주의 희생 제물이다. 동물의 죽음이 다시 살아나지 않는 삶의 일회성을 상징한다면, 빵과 포도주는 농경문화에서의 삶의 다회성을 내포한다. 곡식은 죽음과 재생의 순환을 상징하기 때문이다. 예수가 자신의 몸을 빵으로 자신의 피를 포도주로 비유했다는 것은 자신의 죽음으로 유목문화의 전통인 희생양의 관습을 종결하고 유목문화와 농경문화와의 조화를 꾀한 것이라 할 수 있다. 예수의 죽음은 유목민과 농경민의 화해이며 예수의 부활은 그리스도교가 농경문화에 토착화되는 통로를 연 것이다. 예수의 부활이라는 카이로스적 사건으로 말미암아 그리스도교는 유목문화를 토대로 한 유대교를 넘어 보편적인 종교가 되는 중요한 계기가 되었다. 예수의 부활은 유목문화의 동물 희생제의를 종결하고 직선적 시간관에서 맞이하는 일회적 죽음을 극복한 것이라 할 수 있다.

유목문화의 일회적 죽음을 극복한 예수의 부활은 전례주기 안에서 구체화되어 매년 재현되고 있다. 그리스도인들은 매년 예수의 죽음을 체험하게 되고, 다시 예수의 부활을 기리면서 이미 시작되었지만 아직 끝나지 않은 구원의 길을 가고 있다. 유대교와 이슬람교의 크로노스적 직선적 시간관을 극복한 카이로스적 시간 속에서 해마다 그리스도인들은 십자가에 못 박힌 예수를 통해 죽음을 체험하고, 다시 예수의 부활을 통해 자신들도 영원한 생명을 희망하고 있다. 여기에서 그리스도인들은 부활의 희망 속에서 죽음을 아름답게 맞이할 수 있다.

7. 죽음 이후의 공간성 – 그리스도교의 천국

사막의 종교에서 공간성은 중요한 인식의 틀이다. 사막적 인간은 끝없이 펼쳐진 사막에서 초지와 물을 찾아 하염없는 공간의 여행을 한다. 시행

착오를 겪으면서 목표와 계획을 바로 잡고 공간과 공간을 잇는 여행을 하게 된다. 이 여행은 직선적이고 단선적이다. 여기서 사막적 인간은 사막을 살 수 없는 죽음의 공간으로 인식했다. 직선적 시간관에서 사막적 인간이 딛고 서 있는 땅은 부정한 공간이었다. 반면 하늘은 신이 약속한 영원한 생명에 대한 희망의 이정표로 인식되었다.

사막적 인간은 하늘을 높은 곳에 있는 접근할 수 없는 장소인 동시에 신이 머무는 곳으로 묘사했다. 즉 하늘을 신이 머무는 곳, 도달할 수 없는 곳으로 인식했던 것이다. 이스라엘 민족은 야훼를 '하늘의 신(Gott des Himmels)'으로 칭했다. 야훼를 하늘이라는 말로 대체하여 부르기도 했다.[6] 사막의 종교에서 하늘은 하느님이 거처하는 곳이고 땅은 인간들이 사는 곳[시편 2,4; 마태오 5,34; 사도행전 7,49]이었다. 하느님은 그 하늘에서 권능을 보이고 땅을 다스리는 주님[묵시 11,13; 16,11]으로 묘사되고 있다. 또한 하느님은 하늘에서 자신을 알리는 목소리를 들려주며[마태오 3,17; 요한 12, 28], 하늘에서 천사들을 보내기도 하고[마태오 24, 31; 루가 22,43; 갈라 1,8], 불을 내리고 진노를 퍼붓기도 한다[루가 9,54; 17, 29 이하; 로마 1,18; 묵시 29,9].

한편 이 하늘은 땅에 머물러 있는 인간에게는 죽은 뒤에 신과 함께 영원히 머물 곳으로 인식되었다. 여기서 하늘은 '영원한 안식처'이자 '영원한 삶을 누리는 곳'이다. 그곳은 폐쇄적이고 고립된 상태에서 끝없이 계속되는 삶의 형태가 아니라 신과 인간 그리고 이 세상을 연결시켜주는 완성태로서의 안식처이다. 이러한 안식처인 하늘은 '하느님을 직접 만나 천상의 행복을 누리는 장소(至福直觀, Visio beatifica)'가 된다. 천국에서는 하느님을 직접 보면서 알 수 있는 모든 것을 알고, 사랑할 수 있는 모든 것을 완전하게 사랑하며, 아름다움의 극치 속에서 무한한 기쁨을 영위하게 되는 것이다. 이 세상의 삶은 거울에 비추어 보듯이 희미하게 영위하고 있지만1코린 13,12] 천국에서는 어떠한 방해도 없이 하느님의 본질을 직관하고 그 생명에 전인적(全人的)으로 참여함으로써 영원한 삶을 누리게 된다. 이러한 상태를 '영광의 빛(lumen gloriae)'이라고 한다.

그리스도교에서 하늘이라는 공간의 이미지는 현세의 고통스러운 상황과는 반대되는 가장 아름다운 공간의 완성이라 할 수 있다. 천국에서의 삶은 현세에서 내세로의 공간이동을 전제로 하며, 그 매개는 죽음이다. 그 이동은 다시 되돌아갈 수 없는 일회성을 전제로 한다. 이러한 관점에서 볼 때, 하늘과 땅은 격리된 공간으로 인식될 수 있다. 궁극적으로 천국에서의 삶은 바로 죽은 뒤에 영위하게 될 공간이기 때문이다.

이러한 격리된 하늘과 땅은 예수가 '하느님 나라'를 선포함으로써 새롭게 다시 연결되고 있다. 여기서 '하느님 나라'는 하느님을 왕으로 모시는 어떤 영토를 의미하는 것이 아니라 하느님의 왕권을 뜻한다. 다른 말로 표현하면, '하느님 나라'는 '하느님 왕권', '하느님 통치', '하느님 지배' 혹은 '하느님 주권'이라 할 수 있다. 하느님 나라가 내포하는 다양한 표현은 곧 '하느님 나라'에 대한 기대와 갈망이 들어있다는 것을 말한다. 네 개의 복음서 중에서 마태오 복음서에서만 '하느님 나라'가 아니라 '하늘 나라'로 표현되어 있다. '하느님' 대신에 '하늘'이라고 부른 이유는 경외심에 나온 당시 랍비들의 관습이었다. 따라서 '하느님 나라'와 '하늘 나라'는 같은 표현이라 할 수 있다. 즉 하느님이 이 세상의 주님이며 언젠가는 의문에 가득 찬 이 세상에 나타나서 불의와 불행을 없애줄 것이라고 굳게 믿고 있었다는 것을 의미한다.

시간이 흐르면서 이 기다림은 여러 형태로 나타났다. 어떤 사람들은 하느님의 통치를 이방인의 제압이나 민족 부흥, 또는 하느님이 다스리는 국가로 생각했다. 다른 한편에서는 하느님 나라는 하느님이 개입하여 새로운 세상을 재건하는 것이라고 여겼다. 그들은 현세의 종말이 곧 새로운 세상의 도래라고 생각했던 것이다. 하느님 나라를 현세적이고 자의적으로 해석하는 경우가 많았다.

이러한 상황 속에서 "회개하십시오. 하느님 나라가 가까이 왔습니다."라고 외친 이 말을 못 알아들을 사람은 없었을 것이다. 그러나 예수는 당시의 묵시적 전통과는 달리 하느님 통치를 위해 무력을 이용하는 것과 언제 종말이 올지에 대해서는 중요하게 생각하지 않았다. 종말에 대한 예수의 묘사는 당시의 묵시적 전통과 비교해 볼 때 오히려 냉철하고 신중했다고 할 수 있다. 예수는 '하느님의 지배'를 외적인 사건이 아닌 하느님의 지배가 이미 시작했음을 강조하고 있다. 이러한 하느님 나라는 누룩이나 겨자씨와 같아서 처음에는 보잘 것 없어 보일 수 있다. 그러나 단지 감추어져 있을 뿐이다.

> 예수께서 말씀하셨다. "하느님 나라는 이와 같습니다. 어떤 사람이 이 땅에 씨를 뿌려놓고 밤에 자고 낮에 깨고 하는 동안에 그 씨가 싹이 나고 자라지만 어떻게 그렇게 되는지 알지 못합니다. 땅이 저절로 열매를 맺게 처음에는 싹이 돋고 다음에는 이삭이 나오고 또 그 다음에는 이삭에 알찬 낟알이 맺힙니다. 열매가 익으면 곧 낫을 댑니다. 추수 때가 왔기 때문입니다."(마르 4,26-29)

감추어져 드러나지 않은 하느님 나라의 도래는 하느님 은총의 선포라 할 수 있다. 이는 하느님의 은총이 주어졌다는 것을 의미한다. "누구든지 어린이처럼 하느님 나라를 맞아들이지 않으면 결코 거기에 들어가지 못할 것입니다."(마르 10,15)라고 했듯이, 하느님의 은총은 어린이와 같이 된 사람, 은총을 받아들일 자세가 되어 있는 사람만이 하느님으로부터 기쁨을 얻을 수 있다. 스스로 작은 사람으로 생각하고, 받았음을 인정하고, 겸손하게 새 출발을 할 것을 요구한 것이다. 예수는 하느님 나라를 당시 묵시 전통에서 기다려왔던 현세에서의 하느님 통치나 새로운 세상의 도래로 여긴 것이 아니라 이 세상과의 관계성 안에서 찾았다고 할 수 있다. 하느님 나라의 도래에 대한 정확한 날짜를 묻는 사람들에게 예수는 다음과 같이 대답한다.

> "하느님 나라는 눈에 보이게 오는 것이 아닙니다. 또 '여기 있다' '저기 있다 할 수도 없습니다. 보십시오. 하느님 나라는 여러분 가운데 있습니다."(루까 17,20-21)

공간의 이미지로만 여기고 기다려 온 사람들에게 예수가 선포한 하느님 나라는 바로 '지금' 그리고 '여기'였다. 이는 하느님 통치의 날은 '오늘'이며 하느님 나라는 이 세상과 끊임없이 관계를 맺고 있다는 것을 의미한다. 누룩과 겨자씨의 비유에서 본 바와 같이, 하느님 나라는 감추어져 있었지만 미래에 영광스럽게 나타날 날을 향하여 점차적으로 자라나고 있었다. 예수의 부활은 이미 시작된 하느님 나라가 최초로 영광스럽게 드러난 사건이었다. 하느님의 왕권을 증명한 위대한 순간이었던 것이다.

예수의 부활사건은 하느님의 '저곳'과 인간이 사는 '이곳'은 멀리 떨어져 있는 것이 아니라 서로 밀접한 관계를 맺게 하는 결정적인 계기가 되었다. 하느님 나라를 '이곳'에서부터 실현할 수 있게 한 것이다. 그리스도교에서 하느님 나라는 이처럼 예수의 부활 사건을 통해 가시적(可視的) 공간성만을 강조해 온 묵시적 전통에 대한 새로운 해석이라 할 수 있다. 진정한 하느님 나라는 그것을 받아들일 수 있는 인간의 자세와 믿음에 있다고 강조함으로써 유목문화의 시간관과 그 시간의 끝인 공간성을 극복했다고 할 수 있다. 따라서 그리스도교에서의 좋은 죽음은 시간성과 공간성의 극복을 지향하고 있으며, 이는 예수의 부활사건으로 완결되고 있다. 그리스도인 안에서 부활은 지금, 여기에서 지속되기에 그리스도인은 죽음을 두려워하기보다 오히려 아름답게 죽음을 준비한다.

8. 농경문화의 특성과 숲의 종교

사막이라는 풍토 속에서 죽음에 대한 인식을 직선적 시간관과 일회적 죽음으로 구체화시켰다면 몬순이라는 풍토 속에서 죽음은 전혀 다르게 인식된다. 그 인식의 기준은 바로 계절풍 몬순이다. 몬순은 여름 몬순과 겨울 몬순으로 나뉘는데, 여름 반년은 남서 몬순이 육지를 향해 불고, 겨울 반년은 북동 몬순이 바다를 향해 분다. 특히 여름 몬순은 대양의 습기가 많은 공기를 몰고 오기 때문에 여름 몬순 지역의 풍토는 한마디로 서열(暑熱)과 습기(濕氣)라고 할 수 있다.

서열과 습기 가운데, 더 참기 어려운 것은 무엇일까? 습기가 없는 더위는 참을 만하지만, 서열과 습기가 동반된 경우에는 견디기 쉽지 않다. 습기로 인해 더위에 대한 불쾌감은 배가 되기 때문이다. 여름 계절풍이 부는 시기에 가장 견디기 어렵고 방어할 수 없게 만드는 것이 바로 '습윤'(濕潤)이다. 그래서인지 몬순 지역에 사는 사람들은 자연에 대항하는 힘이 약하다. 심지어 '자연에의 대항'을 하려고 하지 않는다. 왜 그들은 자연에 대한 소극적인 태도를 가질 수밖에 없었을까?

몬순 지역에 사는 사람들은 이 습윤을 자연의 혜택이라 여겼기 때문이다. 바다에서 육지로 향해 불어오는 습한 공기 덕분에 육지에는 다양한 초목이 왕성하게 자랄 수 있기 때문이다. 사막에서의 빗물은 인간에게만 생명수라 할 수 있겠지만, 몬순 지역에서의 비는 인간에게 뿐만 아니라 대지의 모든 생명을 양육한다. 여름 몬순으로 인해 육지는 생기 넘치는 공간이 된다. 때때로 이 습윤은 폭풍, 홍수와 같은 무시무시한 힘이 되어 인간 세계를 엄습하기도 한다. 이는 대항을 할 여지조차 못하게 만드는 거대한 힘이 되어 인간의 생명을 위협한다.

물론 사막의 건조함도 습윤을 동반한 서열과 마찬가지로 인간의 생명을 위협하는 힘이다. 하지만 인간을 살게 하는 힘은 아니다. 사막의 건조함은 인간뿐만 아니라 자연에 어떠한 생명력을 부여하지 않기 때문이다. 그래서 사막 풍토에서 인간은 자신의 힘으로 죽음을 위협하는 모든 것에 대항할 수밖에 없으며, 더 나은 곳을 찾아 이동할 수밖에 없다.

그러나 몬순 풍토에서의 습윤은 자연의 거대한 힘이자 동시에 생명을 선사하는 힘이다. 이 거대한 힘에 인간은 자신의 힘으로 대항할 수 없다. 지속적인 무더위와 함께 습윤까지 결합되면 인간은 자연에 순응할 수밖에 없다. 이를 '생명에의 인종(忍從)'이라 할 수 있다. 즉 몬순 풍토에서 인간을 수용적, 인종적(忍從的)으로 만든 것은 바로 습윤이다. 실제로 고대 인도인들은 여름 몬순인 우기철이 되면 외부의 출입을 자제하고 안주하며, 신을 생각하거나 자신의 존재를 관찰하는 요가를 했다고 한다. 불교에서도 여름 몬순 기간에는 유행(遊行)을 하지 말고 정사(精舍)에 머물면서 선정(禪定)을 닦도록 했는데, 이를 하안거(夏安居)라고 한다. 이처럼 자연에 대한 수용적, 인종적 태도는 요가나 명상을 하는 사유의 문화를 발전시켰다.

나아가 몬순 계절풍은 정주(定住)하는 농경문화를 형성시켰다. 인간은 몬순 기후에 죽음의 위협을 느끼면서도 수용할 수밖에 없었던 이유는, 자신들이 농사지을 땅에 더 많은 이로움을 주었기 때문이다. 여기서 인간과 자연은 불가분의 관계라는 인식이 형성된다. 사막의 종교처럼 자연을 극복해야 할 대상으로 여긴 것이 아니라, 자연에 순응해서 자연과 일체를 이루어야 할 대상으로 생각했던 것이다. 주거지를 중심으로 농경의 대상인 자연[숲]과 더불어 삶을 영위하면서 형성된 종교를 '숲의 종교'라 부른다. 인도, 중국 등지에서 형성된 소위 동양의 종교들이 '숲의 종교'에 해당된다.

우파니샤드 철학자들이 숲 속에서 명상과 요가 수행을 했기 때문에 우파니샤드 철학을 오의서(奧義書) 혹은 삼림서(森林書)라고도 한다. 불교 창시자인 붓다는 출가하여 수행하고 보리수(菩提樹) 아래에서 깊은 명상을 통해 깨달음을 얻었다. 노장(老莊) 사상도 '하늘과 땅이 같은 뿌리요, 만물의 모든 근본은 하나'[天地同根 萬物一體]라고 하면서 인간과 자연이 더불어 하나가 될 것을 강조했다.

9. 순환적 시간관과 다회적 죽음

농경문화에서는 자기 집이라고 하는 안정된 삶의 공간이 있다. 그리고 인간은 매일 아침 숲으로 향하고 저녁에는 집으로 돌아오는 생활습관을 갖고 있다. 숲이라는 공간은 생활하기 위한 자원을 얻기 위한 곳이지 주거 공간은 아니다. 즉 주거하는 집을 중심으로 하여 숲이라는 공간은 반복적인 시간의 흐름에 따른 순환구조를 형성한다. 특히 인간은 농경 생활에서 논과 밭에 씨앗을 뿌리고 재배하는 일을 반복하면서 식물이 열매 맺고 죽은 뒤에 또다시 살아나는 과정을 관찰한다. 생명체의 끊임없는 생성과 변화를 경험하게 되는 것이다. 모든 생명체가 태어나고, 죽고, 다시 대지로 되돌아가는 모습을 보면서 인간 자신도 태어나 죽고, 죽은 뒤에 다시 태어나는 순환적 시간을 인식하게 된 것이다. 이로써 인간은 자연스럽게 농경의 경험을 통하여 다회적 죽음을 생각하게 되었을 것이다.

우파니샤드에 나타나 있는 우주의 모든 것은 일원(一元)의 실재(實在)가 스스로 전개(展開)하고 변화하여 생성(生成)된다는 전변설(pariṇāma-vāda, 轉變設)과 태어남과 죽음(janma-maraṇa)의 순환적인 반복인 윤회(saṁsāra, 輪廻)사상은 이와 같은 농경문화의 순환적 시간관에서 형성된 사상이라 할 수 있다. 「카타 우파니샤드」에서는 다회적 죽음인 윤회를 농경문화의 산물인 곡식에 비유하고 있다.

> "조상들이 어찌 되었는지 생각해 보십시오. 또 후대인들이 어떻게 될
> 지 보십시오. 산 사람은 곡식과 같이 익어서, 곡식과 같이 다시 태어납니
> 다."(K.U. I. 1. 6)

이와 같이 순환적 시간관에서는 직선적 시간관과 달리 죽음은 일회적 죽음으로 끝나는 것이 아니라 끊임없이 반복된다고 본다. 그런데 이러한 우파니샤드에 나타나는 윤회의 의미 속에는 육체가 해체되어도 변치 않는 뭔가가 있다. 그것이 바로 자아(ātman, 自我)이다. 힌두교에서는 죽음 뒤에 육체를 벗어난 자아에 대해 다음과 같이 비유하고 있다.

"사람이 헌 옷을 벗어버리고 다른 새 옷을 입듯이, 육신의 소유주도 낡은 몸들을 벗어버리고 새로운 몸들로 옮겨간다."(B.G. II. 22)

"마치 풀벌레가 풀잎의 끝에 오면 [다른 풀잎으로] 접근한 후에 그것을 향해 자신을 당기듯이, 이 몸을 버린 후 [다른 몸에로] 접근한다."(B.U. IV. 4. 3)

이처럼 힌두교에서의 다회적 죽음, 즉 윤회는 육체를 벗어난 실체적이고 항구적인 성질을 가진 '개별적 영혼'으로서의 자아(아트만)가 영원히 이동하는 것이다. 반면 불교에서는 '존재'라고 부르는 모든 것을 '끊임없이 변하고 있는 물질적, 생물학적 또는 정신적인 현상의 집합체'로 보았다. 영속적으로 불변하는 실체는 없고 다만 조건에 의해 생겨나고 조건에 의해 사라진다는 것이다. 이것이 바로 불교의 연기설(pratityasamutpādā, 緣起説)이다. 『잡아함경(雜阿含經)』13권(『新修大藏經』2, 92c)에서는 다음과 같이 연기를 말하고 있다.

"이것이 있기 때문에 저것이 있고, 이것이 일어나기 때문에 저것이 일어난다. 이것이 없기 때문에 저것이 없고, 이것이 사라지기 때문에 저것이 사라진다."

즉 일체의 모든 존재는 이 연기에 의해 존재할 뿐이다. 힌두교의 다회적 죽음과는 달리 불교의 다회적 죽음은 연기법에 따른 무아(無我)의 윤회이다. 그래서 "업(karma, 業)과 과보(果報)는 있지만, 그러나 그것을 짓는 자는 없다"(『雜阿含經』13권, 『新修大藏經』2, 92c)고 말하는 것이다. 인간이 죽으면 육체(色)는 그것을 구성하고 있든 4대 요소인 흙(地), 물(水), 온도(火), 가스(風) 등으로 흩어져 버린다는 것이다. 정신적인 요소들, 수(受), 상(想), 행(行), 식(識)은 육체 없이는 존재할 수 없다. 인간이 죽으면서 남는 것은 오직 생전에 지은 업(業)만 있을 뿐이다. 업은 식물에 비유될 수 있다. 씨앗을 심으면 그것이 싹이 나고 자라서 열매가 열리고, 그리고 익어서 떨어지듯이 이 열매들의 맛은 심은 씨앗에 달려있다. 이와 마찬가지로 업을 지으면 그것은 성숙하게 되고 언젠가는 반드시 과보를 초래하게 된다고 보는 것이다. 업에 따른 과보에 의해 다회적 죽음이 반복된다는 것이다. 이것이 불교의 윤회라 할 수 있다.

윤회는 삼계(三界) 또는 육도(六途)를 통해 전개된다. 삼계(三界)는 욕계(kāma dhāta, 欲界), 색계(rūpa dhāta, 色界) 그리고 무색계(arūphya dhāta, 無色界)를 말한다. 삼계는 중생들이 태어났다가 죽음으로 윤회하는 영역으로서 생명체가 사는 세계 전체를 지칭한다. 불교의 우주관에 따르면 삼계는 수메루산(sumeru, 須彌山) 둘레에 위치하고 있다. 즉 욕계는 수메루산의 아랫부분에, 색계는 그 중간 부분에, 그리고 무색계는 그 꼭대기에 있다고 한다. 이 삼계는 그곳에 살고 있는 존재들에 의해서 구별된다. 욕계는 지옥, 아귀, 축생, 인간, 그리고 저급한 신(神)들이 사는 세계이다. 여기에 사는 모든 존재들은 욕망의 생활을 하고 있다고 한다. 색계는 더 이상 욕망을 모르고 정신적인 즐거움만 가지고 있는 신들이 사는 세계이다. 무색계는 모든 물질적인 공간이나 조건에서 완전히 벗어나 있다고 한다. 이곳에는 층이 없고 비물질적인 사천(四天)으로 이루어져 있다. 즉 무색계에는 육체도 없고 욕망도 없는 순수한 정신적인 존재들이 살고 있다고 한다.

육도는 지옥도(naraka, 地獄途), 아귀도(preta, 餓鬼途), 축생도(tiryagyoni, 畜生途), 아수라도(asura, 阿修羅途), 인간도(manusha, 人間途), 천상도(deva, 天上途)이다. 지옥도는 세계와 세계 사이와 지하에 위치하고 있으며 지옥에 태어나는 존재들은 자신들이 지은 악업의 결과가 다할 때까지 긴 세월 동안 수많은 고통을 받는다. 아귀도는 지상이나 세계와 세계 사이에 있으며, 아귀도에 있는 아귀들은 굶주린 존재들이다. 그들은 바늘구멍만한 입을 가지고서 항상 배고픔과 목마름에 고통을 받는다. 축생도에서는 모든 종류의 벌레들, 물고기들, 새들, 짐승들 그리고 용(龍) 같은 존재들과 물이나 삼림 속의 저급한 신들이 산다. 아수라도에서는 항상 신들[諸天]을 상대로 싸움을 하는 존재들이 산다. 인간들은 중간에 위치한 인간도에서 살고 있다. 밑에 있는 축생, 아귀, 지옥의 세계가 악도(durgati, 惡途)인 반면에, 인간도는 위에 있는 신들의 세계[天上途]와 더불어 선도(sugati, 善途)에 속한다. 천상도에는 다양한 신들의 활동영역과 그들이 머무는 많은 장소들이 있다. 그들의 거주지는 욕계의 일부에서부터 모든 색계와 무색계에 미치고 있다.

윤회의 세계는 구분하는 방법의 차이 때문에 삼계라고도 하고, 육도라고도 하지만 실제로는 동일한 세계를 말한다. 윤회는 '시작도 없고 끝도 없는', 무시무종(無始無終)이다. 그래서 시간의 길이도 무한하다. 모든 살아

있는 존재들은 시작이 없는 때로부터 그들의 업이 완전히 다할 때까지 삼계와 육도를 끊임없이 윤회해야 한다. 물론 회전운동처럼 차례로 도는 것은 아니다. 즉 천상에서 인간으로, 인간에서 축생으로, 축생에서 아귀로 윤회하는 것이 아니라, 천상에서 바로 지옥으로 떨어질 수도 있고, 인간에서 다시 인간으로, 지옥에서 인간이나, 다시 지옥으로 윤회할 수도 있다.

지금까지 살펴본 바와 같이 몬순 기후와 농경문화를 바탕으로 형성된 순환적 시간관과 그에 따른 다회적 죽음은 동양종교의 가장 큰 특징인 윤회사상을 정립하였다. 특히 불교는 힌두교의 업(業)과 해탈(解脫) 사상을 수용하면서도 무아(無我) 윤회를 강조함으로써 고유한 사상으로 발전시켜 나갔다. 즉 윤회의 세계로 자신을 끌고 다니는 주체로서 영혼과 같은 불변의 실체를 인정하는 것이 아니라, 윤회의 동력(動力)이 업이라는 사실만을 인정했다. 이는 현존하는 모든 문제는 인간이 자신의 욕구를 극복함으로써 해소될 수 있다는 것을 말하기 위한 것이다. 자기의 행위, 즉 업의 전환(轉換)을 통해 자기 개조가 가능함을 자각하게 하려는 것이 불교의 윤회설인 것이다. 사막의 종교인 그리스도교에서는 신(神)과 인간과의 관계성을 중요시하고 신의 은총을 통한 하느님의 나라, 즉 천국을 강조한 반면, 숲의 종교인 불교에서는 사후존재의 유무보다는 내적성찰을 통한 자기변화에 중점을 두었다고 볼 수 있다.

10. 시공(時空)의 소멸 - 불교의 열반과 극락

위에서 언급한 바와 같이 순환적 시간관에서 생과 죽음은 끊임없이 반복된다. 동그라미의 시작과 끝을 알 수 없듯이 생과 죽음의 시작도 끝도 알 수 없다. 그러나 불교의 가르침에 따르면, 생의 시작은 알 수 없지만 그 끝은 알 수 있게 된다. 붓다처럼 진리를 깨달아 더 이상 업을 짓지 않게 되고, 이미 지은 업이 모두 소멸하면 윤회의 바퀴는 멈추게 되어있다. 이 것이 불교의 궁극적인 목표인 열반(nirvāna, 涅槃)이다. 힌두교에서 해탈은 '범아일여(梵我一如)'의 상태를 말한다. 즉 자신의 참모습인 아트만이 자신을 둘러싼 세계, 자연 등 모든 것이 자신과 긴밀하게 연관되어 있기에 브라만과 아트만이 하나라는 것을 깨닫는 것이다. 그러나 무아(無我)이론에 따라 아트만(我)을 인정하지 않는 불교의 열반은 이와 동일하지 않으므로 해탈(mokṣa, 解脫) 또는 해방(mukti, 解放)이라는 말보다는 '소멸(消滅)'을 의미하는 니르바나(열반, 涅槃)라는 말이 더 적합하다고 할 수 있다. 열반을 뜻하는 nirvāna는 글자 그대로 '소멸'을 의미하는데, '불어서 끄다'의 의미를 가진 어근 'vā'에다 부정접두사 'nir'가 결합되어 이루어진 말이다. 붓다는 이 열반을 불의 비유로 설명했다. 밧차곳타(Vaccagotta)라고 하는 사람이 붓다에게 열반에 대해 질문하자 붓다는 그에게 다음과 같이 설명했다.

"밧차여, 마치 어떤 사람이 네 앞에서 불을 사르는 것과 같다. 너는 그 불이 타는 것을 보았느냐. 또 네 앞에서 불이 꺼지면 너는 그 불이 꺼지는 것을 보았느냐. 만일 어떤 사람이 너에게 '아까는 불이 탔는데 지금은 어디 있는 있는가? 동방으로 갔는가? 혹은 서방, 남방, 북방으로 갔는가?'라고 묻는다면 너는 어떻게 대답하겠는가?" 밧차는 대답한다. "고타마시여, 만일 누가 와서 그렇게 묻는다면 나는 '내 앞에서 불이 탄 것은 섶(薪)이 있었기 때문에 탔다. 만일 섶을 대어주지 않으면 불은 곧 아주 사그라져

다시는 일어나지 않을 것이다. 동방이나 서방, 남방, 북방으로 갔다는 것은 옳지 않다'라고 대답하겠나이다."

『雜阿含』34권(『新修大藏經』2, 245c-246a)

붓다는 이 대답을 듣자 그에게 열반에 대해서도 동일하게 설명할 수 있다고 말한다. 이처럼 불교에서의 열반은 완전소멸(完全消滅)을 뜻한다. 시공(時空)의 소멸인 것이다. 이는 사막의 종교에서 말하는 천국이 공간에서 공간으로 이동하는 것과는 다른 개념이라 할 수 있다.

그런데 이러한 시간과 공간의 소멸은 이해하기 어려운 범주라 할 수 있다. 특히 대중은 공간성이 결여된 열반의 세계를 더더욱 이해하기 어려웠을 것이다. 대승불교, 특히 정토불교에서는 이러한 공간성의 보완을 극락(sukhāvatī, 極樂)이라는 개념에서 찾았다.

가장 이상적인 세계를 말하는 정토는 불교인들이 태어나서 생활하고자 원하는 공간인 동시에 한 걸음 더 나아가서는 스스로 건설하려고 하는 세계이기도 하다. 즉 '정화된 세계'로서의 정토와 '세계를 정화하고자 하는 세계'로 구분하여 이해할 수 있다.

『아미타경』에 따르면, "이곳으로부터 서쪽으로 십만 억의 불토를 지나가면 극락세계라고 하는 세계가 있다"고 한다. 이는 현세에서가 아닌 다른 어느 공간에 '정화된 세계'로서의 정토가 있다는 것을 말한다. 이러한 세계를 타방정토(他方淨土)라 한다. 즉 타방정토는 아미타불의 원력에 힘입은 신행(信行)의 결과로 죽은 후에 서쪽의 극락세계에 화생(化生)하는 곳이다. 한편 죄악으로 가득 찬 중생들의 세계(此方)를 정화하여 이상적인 세계로 건설될 곳은 차방정토(此方淨土)라고 불린다. 차방정토는 보살이 대자대비의 서원을 발휘하여 현세의 이곳에 세워지는 이상적인 정토라고 할 수 있다.

'정화된 세계' 또는 '세계를 정화하여' 이룩하려는 이상세계는 어떠한 모습일까? 『아미타경』은 극락세계를 다음과 묘사하고 있다.

"사리불이여, 그 세계를 왜 극락이라 하는가 하면, 그 나라의 중생들은 아무런 괴로움도 없고, 다만 모든 즐거운 일만 받으므로 극락이라 하느니라. ······ 사리불이여, 극락국토에는 칠보로 된 연못이 있는데, 그 가운데 여덟 가지 공덕을 갖춘 팔공덕수로 가득하느니라. 연못 바닥에는 순전히 금모래가 깔려 있고, 연못둘레에 있는 사방의 계단은 금, 은, 유리, 파려 등으로 되어 있느니라."   『佛說阿彌陀經』(『新修大藏經』12, 346c).

또한 『무량수경』에 따르면 정토에는 삼악도가 없다.

"사리불이여, 그 불국토에는 삼악도라고 하는 이름조차도 없는데, 어찌 삼악도(三惡道)가 실제로 있겠느냐?"
                        『佛說阿彌陀經』(『新修大藏經』12, 347a).

불교에서는 극락정토를 이처럼 자연환경이 쾌적하고 물질이 풍요로우며 모든 중생이 깨달음을 통해 자유와 평등을 실현하는 세계로서 자비와 지혜가 충만한 곳으로 묘사하고 있다. 이러한 이상세계가 현세 이외의 우주 어느 곳에 있다고 여기면 타방정토이고 각자의 노력으로 현실의 중생세계에 건설할 수 있다고 생각하면 차방정토가 된다.

그런데 타방정토와 차방정토는 모두 근본적으로 마음에 바탕을 두고 있다. 단순히 주관적이고 관념적인 정토가 아니라 개개인의 본질이 우주 전체의 본질과 하나가 되어 자신을 정화시켜 나갈 때 비로소 정토가 이루어지는 것이다. 『무량수경』에서 법장비구가 세계의 평화가 이룩되지 않으면 자기 자신도 성불하지 않겠다고 한 48가지 서원에서 잘 알 수 있다. 이와 같이 불교에서는 개개인의 정화 없이 진정한 세계 정화는 이룩되지 않으며, 세계의 정화 없이 참된 의미의 개인 정화가 성취되지 않는다는 유심정토를 지향하고 있다.

지금까지 살펴보았듯이 불교는 시간성이 강조된 종교라 할 수 있다. 다회적 죽음인 윤회는 끊임없이 반복되는 시간의 흐름이다. 이러한 다회적 죽음에서 최종적으로 벗어나는 열반은 시간이 완전히 소멸되는 상태이다. 정토불교에서 말하는 극락정토는 시간성이 강조된 열반에 공간성을 보완한 개념이라 할 수 있다. 그럼에도 불구하고 불교의 궁극적인 목적은 시간성뿐만 아니라 공간성까지 소멸된 열반이다. 따라서 극락정토 또한 종착점이 아닌 경유지일 뿐이라 할 수 있다. 즉 더 큰 깨달음으로 가기 위한 경유지인 셈이다. 정토불교의 극락은 이처럼 죽음에 대한 공간성을 보완하고자 했다는 점에 그 의의가 있다고 할 수 있다. 이와 더불어 지옥에서 벌을 받고 있는 중생들에게도 그곳에서 선업을 쌓고 수행하면 인간도에 태어날 수 있다는 희망이 있다. 불교의 다회적 죽음의 종착지가 궁극적으로 시공의 소멸이라 할지라도 불교의 죽음은 다음 생을 위한 매듭의 의미를 지니고 있기에, 죽음을 희망의 매듭이라 볼 수 있다. 이로써 불교에서는 아름답게 좋은 죽음을 준비할 수 있다.

11. 한국인, 한국 종교 그리고 죽음

앞에서 살펴보았듯이, 인간의 가장 궁극적인 관심은 죽음과 죽음 이후의 문제라고 할 수 있다. 종교는 인간의 이러한 궁극에 대한 물음과 그에 대한 대답을 다양한 구원관을 통해 해명해왔다. 종교에서 제시하는 이러한 구원관은 각각의 문화권과 밀접한 관계를 맺고 있으며, 그 문화권의 풍토와 불가분의 관계 속에서 형성되어왔다. 인간은 자신을 둘러싼 이러한 풍토를 자연과학적 대상으로 간주한 것이 아니라 자신의 존재를 인식하는 근거로 시간적, 공간적 구조 속에서 파악했던 것이다. 우리는 지금까지 풍토와 시공(時空)의 불가분의 관계성을 토대로 서양의 가장 대표적인 종교인 그리스도교와 동양의 종교인 불교에서 좋은 죽음이란 무엇인지 살펴보았다.

그렇다면 한국 종교에서 좋은 죽음이란 무엇일까? 이를 위해서는 먼저 한국인의 죽음에 대한 인식을 살펴 볼 필요가 있다. 앞서 언급한 바와 같이 현대인이, 아니 오늘날 한국인들이 '9988234'처럼 살다가 죽고 싶다고 한 유행어에는 죽음이 주체화되지 못하고 주변화 되어 가는 현상이 내포되어 있다. 죽음이 인간의 일상임에도 불구하고, '죽음'은 정작 '건강', '치유', '평균수명의 연장', '노년의 행복', '복지'와 같이 생명을 관리하는 의미의 단어로 대체되고 숨어있게 되는 것이다. 더구나 제도종교들조차 죽음 담론을 기피하고 있다. 죽음 이후에 대한 '이야기'는 현대인들에게 아무런 감동을 주지 못하고 있다. 피안(彼岸)의 세계에 대한 담론은 이미 '환상의 이야기'로 인식되어, 종교들조차 '지금 여기'만을 강조하고 있는 실정이다. 이러한 상황 속에서 한국 종교 전통에서 죽음의 의미를 살펴보는 것이 과연 어떤 의미가 있을까 잠시 생각해 본다.

'9988234'로 드러나는 한국인의 죽음관을 종교적으로 유추해볼 필요는 있다고 본다. 먼저 무교적인 죽음관이다. 모든 인간이 죽음을 슬퍼하지만, 무교에는 특히 죽음에 대한 슬픔을 한(恨)이라는 개념으로 나타내고 있다. 무교에서 가장 좋은 죽음은 천수를 다하고 원한 없이 자연스럽게 죽는 것이다. 그래서 죽음을 슬퍼하고 오래 살기 염원하는 무가들이 많이 있다. 예를 들어 동해안 무가에 나오는 축원무가를 보면 다음과 같다.

> 백발을 휘날리고 / 오래오래 사시더라도 / 긴 병 잔병 없고 / 노망길 없고요 / 시들지 말구 / 똥싸 벽에다 붙이지 말고 / 고뿔할 일 없이요 / 방방곡곡에 구경 다니도록 / 다리에 원력을 주소 / 망자씨여 나(나이)가 백발을 휘날리더라도 / 눈도 어둡지 말구 / 허리도 꼬부라지지 말구 / 그저 귀도 어둡지 말구 / 이도 형시 빠지지 말구.[7]

위의 축원무가에는 오래 살면서도 건강하게 살기를 바라고 있다. 즉 무교에서의 좋은 죽음은 원한이 없이 천수를 다하고 마무리하는 것이다. 물론 천수가 반드시 장수를 의미하는 것은 아니다. 천수란 자기에게 주어진 삶의 길이를 의미하기 때문에 사람에 따라 다를 수밖에 없다. 따라서 무교에서는 자신에게 주어진 천수를 누리고, 이승의 인연을 끊고, 저승에서 이승과 같은 새로운 삶을 사는 것이 좋은 죽음이라 할 수 있다.

그렇다면 무교에서 좋지 않은 죽음은 어떤 죽음일까? 바로 제 명을 다하지 못하거나 요절하거나 사고로 죽는 비명횡사(非命橫死)이다. 인간에게 불행한 죽음이 생기는 원인을 무속에서는 악신의 개입으로 생긴 것이라고 본다. 악신의 개입으로 인간이 천수를 누리지 못하고 죽기 때문이다. 그렇게 죽은 영혼은 한이 맺힐 수밖에 없다. 이러한 영혼은 3년간의 탈상이 끝나고도 저승으로 가지 못하고 이 세상 언저리에 머물면서 산 사람들을 괴롭힌다고 한다. 원한이 풀릴 때까지 세상에 머물러 있는 것이다. 이때 무당은 바로 그 영혼의 한을 푸는 역할을 한다. 망자의 영혼을 내세로 보내는 의례로는 '자리걷이', '지노귀', '수왕굿', '오구굿', '씻김굿' 등이 있다.

이 세상에서 잘 살다가 죽은 경우, 그 선한 영은 어디로 갈까? 무교는 불교의 영향을 받아 선한 영이 가는 곳을 극락이라 명명한다. 극락은 사철 꽃이 피고 행복만이 있고 죽음이 없는 곳으로 묘사된다. 반면 지옥은 억만 지옥, 칼산 지옥, 독사 지옥, 구렁이 지옥, 배암 지옥 등과 같이 칼끝이 꽂혀 있거나, 불이 활활 타오르거나, 뱀이 득실거리거나, 극심한 추위가 계속되는 곳으로 표현된다. 죽음의 종착지라 할 수 있는 극락과 지옥은 결국 이 세상에서 어떻게 살았느냐에 따라 정해진다. 그러나 무교의 내세관은 불교만큼 체계적이지는 않다. 단순히 무교에서는 저승을 이승의 연(緣)이 다하면 가는 곳으로 이해한 듯 보인다. 사람이 죽으면 당연히 가는 곳이 저승이며, 그곳에서 새로운 삶이 시작된다고 생각했다. 그렇기 때문에 죽음 그 자체는 슬픈 일이지만, 한편으로는 새로운 삶의 시작을 위한 이승에서의 끝이라 할 수 있다. 중요한 것은 이승에서 천수를 누리며 건강하게 사는 것이다. 무교에서는 이렇게 삶을 누리며 자연스럽게 마무리하는 것, 그것이 곧 좋은 죽음이다.

무교에서 드러나는 현세지향적인 종교적 성향은 한국인 죽음관의 또 다른 특징이라 할 수 있다. 아무리 죽음 뒤의 삶이 이상적이라 하더라도, '99세까지 88하게 장수'를 누리고자 하는 곳은 바로 현세이다. 그러다 보니 한국인들은 '99세까지 88하게' 살 수 있는 방법을 열정적으로 모색하고 실천하려고 한다. 이는 '불로장생(不老長生)'을 궁극적인 목적으로 삼고 수련하는 도교의 영향이라 할 수 있다. 물론 도교는 고구려 때 한반도에 유입된 이후, 교단으로 체계화된 적은 없다. 하지만 한국의 민간신앙에 많은 영향을 주었다. 그 가운데 하나가 도교의 수련법과 양생술이다. 특히 '신선이 되려면 마음을 올바로 먹어야 한다'는 적선입공(積善立功), '먹는 것을 줄이고 그 대신 기를 온몸에 세우는' 복기절식(服氣絕食), 단약의 복용, 호흡을 통한 수련인 '조식호흡(調息呼吸)', 도교식 체조라고 할 수 있는 '도인(導引)' 등은 다양하게 현대사회에 맞게 변용되어 장생(長生)을 열망하는 한국인의 삶의 태도에 여전히 영향을 주고 있다.

나아가 현세지향적인 한국인의 죽음관은 조상숭배를 통한 계세사상(繼世思想)으로 확장된다. 유교에서는 죽음을 영원한 소멸이라 보지 않았다. 왜냐하면 조상으로부터 후손으로 이어지는 생명은 씨앗에서 씨앗으로 이어지는 것으로 보았기 때문이다. 그래서 제사(祭祀)를 통해 산자와 죽은 자를 연결시키려고 하였다. 죽은 먼 조상과 후손이 통할 수 있는 것은 모든 생명력의 원천인 기(氣)가 있다고 보았기 때문이다. 조상은 죽은 후에도 후손들에게 영향력을 발휘하기에 조상의 음덕(陰德)으로 일이 잘 풀렸다는 말을 하게 된다. 산자와 죽은 자가 함께 공존한다는 믿음에는 동기감응(同氣感應) 사상이 바탕에 깔려 있다. 그러기에 유교문화에서 자신을 위해서 제사를 지내주는 자식, 특히 아들을 두고 죽을 수 있어야 좋은 죽음이 될 수 있다.

지금까지 살펴 본 바와 같이, 한국인의 죽음관은 다양한 종교적 영향으로 혼재되어 나타나고 있다. 특히 현세지향적인 한국인의 죽음관은 현대인에게 시사하는 바가 많다고 볼 수 있다. 죽음 이후의 궁극적인 문제에 대해서는 각 종교가 지향하는 바가 다르지만, 내세로 가기 위해서는 '지금 여기' [현세]에서부터 시작된다는 것을 공통적으로 강조하고 있다. 따라서 좋은 죽음의 시작은 곧 현세에서의 삶을 어떻게 살고 마무리하느냐에 달려있다고 볼 수 있다. 이를 위하여 각 종교는 다양한 종교적 의례를 통하여 인간에게 '삶과 죽음의 생생한 경험'을 할 수 있는 계기를 마련해 주고 있다.

12. 아름다운 죽음 그리고 희망

에우타나토스(Euthanatos), 즉 좋은 죽음이란 무엇일까? 나아가 종교적 의미에서 좋은 죽음이란 무엇일까? 이에 대해 우리는 유목문화와 사막의 종교 그리고 농경문화와 숲의 종교에서 나타나는 죽음의 의미를 살펴보았다. 사막의 종교와 숲의 종교에서 각각의 구원관을 통해 죽음 이후의 희망을 고찰하였다. 또한 한국인의 종교적 심성에서 나타나는 현세지향적 죽음관을 살펴보았다. 종교에서 나타나는 죽음의 의미를 성찰하는 계기는 오늘날 '죽음'과 '죽어감'에 대한 존재론적 인식을 낯설게 하는 풍토에 대한 반성이라고 할 수 있다. 그렇다면 죽음으로 인한 슬픔의 경험, 죽어감에 대한 고통의 경험이 즉각적으로 와 닿지 않는 현대인들에게 종교는 전통적인 구원관을 토대로 어떻게 새롭게 그 의미를 부여해 줄 수 있을까?

이에 대한 단초로 파올로 소렌티노 감독의 2013년 영화 〈더 그레이트 뷰티〉를 살펴보고자 한다. 주인공인 젭 감바르델라는 로마에서 상위 1%의 삶을 누리고 있는 사교계 유명인사이다. 그는 40년 전에 쓴 단 한권의 소설로 유명 작가의 반열에 올랐지만 절필한 채 언론사 기자로 살아간다. 젭의 집은 콜로세움이 내려다보이는 곳에 있다. 콜로세움은 로마 시대에 참혹한 죽음의 쇼를 제공했던 곳으로 삶과 죽음이 늘 공존하던 곳이다. 그 콜로세움이 보이는 집에서 65세의 생일을 맞이한 젭은 여느 생일 때와 마찬가지로 화려한 파티를 열고 친구들을 초대한다. 그러나 문득 자신이 평생 즐겨왔던 향락의 허무함을 느끼게 된다.

마침 자신의 첫사랑이었던 엘리사의 남편으로부터 그녀의 사망 소식을 들은 젭은 자신의 삶에 대한 회의에 휩싸이게 된다. 그는 로마를 거닐며 삶과 죽음 그리고 아름다움에 대해서 사색하기 시작한다. 노년에 접어든 젭은 자신 앞에 훌쩍 다가온 죽음을 주변 인물들의 죽음을 통해 경험한다. 젭의 첫사랑이었지만 남의 아내가 된 엘리사의 죽음, 여성 합창단의 성가가 울려 퍼지는 가운데 급사한 중년의 일본인 관광객, 저승사자처럼 보이는 검정 단색 의상의 여성 합창단원들, 교통사고로 사망한 비올라의 젊은 아들, 마지막으로 불치의 병으로 서서히 죽어가는 친구의 딸이자 스트리퍼인 라모나, 그리고 기력이 쇠해 죽음이 얼마 남지 않은 것으로 보이는 104세의 마리아 수녀가 있다.

노년에 접어든 젭은 자신 앞에 훌쩍 다가온 죽음을 지켜보며 새롭게 세상을 경험한다. 그리고 그 속에서 자신이 이제껏 열광하며 잡으려 애썼던 것들이 얼마나 부질없는 것인지, 또한 그 과정에서 얼마나 많은 것들을 놓치고 살았는지 깨닫는다. 이제 젭은 이 새로운 '눈'으로 자신의 삶과 세상의 아름다움을 다시 바라본다.

젭은 삶과 죽음의 긴장에서 진정으로 나이가 들어간다는 것이 무엇이며, 진정한 인간의 아름다움이란 무엇인가를 고민하는 현대인의 모습을 대변하고 있다. 반면 성 요한 대성당의 계단을 무릎으로 기어서 힘들게 올라가는 노쇠한 수녀 마리아의 모습은 '인간의 육체가 노화되어 가는 극단적인 상황'을 보여주고 있다.

여기에서 영화 〈더 그레이트 뷰티〉는 진정한 인간의 아름다움이란 '죽어감'를 피하는 데에 있는 것이 아니라, 그 '죽어감'을 아름답게 받아들이는 것에서 찾아야 한다고 말하고 있다. 친구들은 '세상에서 가장 좋아하는 게 뭐냐는 질문에 늘 '여자'라고 대답했다면, 자신은 '노인들 집에서 나는 냄새'라고 답했다는데서 젭이 삶과 죽음에 대해 얼마나 고민했는지 짐작할 수 있다. 젊고 아름다웠던 사람들이 하나, 둘 젭의 곁을 떠난다. 아름다움과 슬픔을 간직하는 것이 오롯이 혼자만의 몫이 되어버리게 되자, 젭은 진정한 아름다움이란 죽음 이후의 세계, 보이는 것 너머에 있는 것일지도 모른다는 생각을 갖게 된다. 그는 영적인 아름다움에 대해 궁금증을 갖기 시작한다.

이때 등장하는 인물이 바로 104세의 성인으로 추앙받는 수녀이다. 병자를 치유하기 위해 온종일 헌신한다는 명성에 걸맞지 않게 그녀의 모습은 기력이 쇠한 노인으로 너무나 초라하다. 그런데 "나는 가난의 서약을 한 몸이라 가난에 대해 얘기할 수 없고 가난하게 살아야 한다."라는 그녀의 말에서 '영적인 삶을 살아가는 것'이 얼마나 아름다운지 보여준다. 104세 노쇠한 수녀의 영적 아름다움은 죽음과 향락의 공간이었던 콜로세움이 내려다보이는 젭의 베란다에서 수많은 새들을 불러 모으고, 작은 입김을 불어 바람을 일으켜 그 새들을 다시 날아가게 하는 자연과의 교감하는 모습에서 절정을 이룬다.

물론 영화 〈더 그레이트 뷰티〉는 영적으로만 살아가는 것만이 고귀한 삶이라는 것을 강조하지는 않는다. "왜 다른 작품을 쓰지 않았냐"라는 마리아 수녀의 질문에 젭은 "진정한 아름다움을 찾아 헤맸지만, 아직 못 찾았다."고 답한다. 그러자 마리아 수녀는 "내가 식물의 뿌리만 먹고 사는 이유를 아나요? 뿌리가 가장 중요하기 때문이죠."라고 말한다. 진정한 아름다움이란 '자신이 추구하고자 하는 열망이 무엇이었는지', 그것을 기억해내고 행동으로 옮기는데서 시작한다는 것을 보여주고 있다. 마리아 수녀가 젭의 첫 번째이자 마지막이었던 소설에서 '아름다움과 치열함'을 보았다고 평한 것처럼, 그녀는 젭에게 지인들의 죽음에서 절망하고 늙어가는 것을 탓만 하지 말라고 조언한다. 다시 일상으로 돌아와 치열하게 하루하루를 살아가는 것, 그것이 바로 진정한 삶의 아름다움이라는 것을 강조한다. 이 영화는 젭이 자신의 테라스에서 수녀와 대화를 나눈 뒤, 바다로가 자신의 첫사랑을 회상하고 현대인이 추구하는 아름다움이 허구였음을 고백하는 장면을 끝으로 막을 내린다.

인간에게 죽음이란 누구도 피할 수 없이 다가오는 실존적 사건이라 할 수 있다. '죽음'에 대해 스스로 이방인이 되어가고 있는 현대인에게 '죽음'과 '죽어감'의 의미에 대한 성찰은 오히려 삶의 진정한 의미가 무엇인지 알게 해 준다. 죽음에 대한 성찰과 자각은 '나는 누구인가', '나는 어떻게 살아야 할 것인가'라는 근원적인 물음을 스스로에게 던지게 하며, 현재 나의 삶의 순간순간에 무한한 가치를 느끼게 해준다.

유한한 시간성과 공간성에 대한 자각과 궁극적인 존재를 향한 열망은 육체적 죽음을 극복하게 하는 희망이 된다. 종교에서는 이러한 희망을 다양한 구원관으로 체계화하고 구체화해왔다. 이 희망은 보이는 세계를 넘어 보이지 않는 세계로까지 확장시켰다. 까뮈『이방인』의 뫼르소처럼 주변의 죽음을 은폐하며 살아가는 것이 아니라, 영화 〈더 그레이트 뷰티〉의 주인공 젭처럼 자신에게 다가온 죽음과 삶의 아름다움에 대해 성찰하는 모습은 현대인에게 경종을 울린다. 또한 절망적 죽음을 희망으로 승화시키는 실존적 삶의 모습이 아름답다. 순간순간 죽음을 향해 가는 현재적 삶을 아름답게 승화시킬 때, 이 삶은 곧 아름답고 좋은 죽음이라고 할 수 있다.

〈참고문헌〉

알베르 까뮈, 『이방인』, 김화영 옮김, 민음사, 2011.

이은봉, 『여러 종교에서 보는 죽음관』, 가톨릭출판사, 2004.

정진홍, 『정직한 인식과 열린 상상력』, 청년사, 2010.

카타리나 라키나, 콘라트 파울 리스만 편, 『죽음』, 김혜숙 옮김, 이론과 실
　　천, 2009.

김남희, 「유목문화와 농경문화의 죽음에 대한 인식: 풍토와 종교, 그리스도
　　교와 불교를 중심으로」, 『인간연구』 19, 2010.

Watsuju Tetsuro, *Fudo, Wind und Erde*, Darmstadt: Wiss. Buchgesellschaft,
　　1992.

Medard Kehl, "Himmel", *Lexikon für Theologie und Kirche*, Bd. 5, hg. v.
　　Walter Kasper, Freiburg, Basel, Rom, Wien, 1998.

좋은
죽음을
위한
안내

노인 돌봄과 좋은 죽음

공병혜

1. 들어가는 말

누구나 인생에 있어서 말년의 시기가 온다. 인생의 말년은 자기 한계의 시간들이다. 몸은 힘들어지고 이제 더 이상 자신의 뜻대로 삶을 계획할 수 없는 무기력과 쓸모없음을 경험하는 시기이다. 몸의 기력과 자신의 의지와의 균열로 인해 불가피하게 삶의 리듬과 평형이 깨지는 순간을 경험하기도 한다. 이러한 말년은 과연 미래의 삶의 기획을 포기할 수밖에 없는 희망 없는 시기인가? 인간적 사회적 · 직업적 가족의 삶이 순환되는 질서 속에서 고립되고 의존적인 존재로서 남아 있을 수밖에 없는 자기존중이 상실되는 시간들인가? 그래서 더 이상 어찌 할 수 없이 다가오는 죽음의 순간에로 맡겨진 망각되고 소멸되어가는 시간들을 기다릴 수밖에 없는 것인가?

그러나 우리의 인생에 있어서 말년은 자기의 삶의 원숙의 시간이기도 하다. 자기의 삶을 뒤돌아보며 지금까지 이어온 자신의 삶의 이야기가 종합이 되고 그 속에 자기다운 인품이 깊어지는 시기이기도 하다. 어쩌면 인생의 말년은 지금까지 살아오면서 육화된 넘쳐나는 삶의 지혜를 자기의 이야기를 통해 가족과 사회적 삶 속에 나누는 의사소통의 시간들일 것이다. 또한 우리의 말년은 늙어감, 질병, 상실 등으로 인해 죽음으로 향한 인간실존의 체험이 일어나며, 죽음을 넘어서는 초월과 믿음의 시간으로 깊어지는 숭고의 시기일 것이다. 그래서 우리는 자기의 이야기를 만들어 가고 완성시켜가면서 삶의 의미에 대한 자기 성찰이 깊어지고 초월의 세계를 예감하는 순간들을 기다릴 것이다. 과연 내 삶의 흔적이 이 세상에서 살아있는 자의 기억 속에 어떻게 남을 수 있는가? 내 삶의 긴 이야기를 다시는 돌아오질 못할 이 세상에게 맡기면서 어떻게 저 세상에 대한 예감의 순간을 맞이할 수 있는가?

어느 틈엔가 우리 앞에 성큼 와 있을 인생의 말년에 이른다는 것, 즉 노인이 된다는 것은 죽음에 다가가는 것이기도 하다. 특히 자기의 몸이 늙어감에 따른 사회적 역할의 상실, 더 이상 자신의 삶을 계획할 수 없다는 무력감과 쓸모없음, 그리고 함께 살아온 배우자나 친구와의 사별의 경험은 다가오는 죽음에 대한 예감과 인간 실존의 한계의 경험을 보여준다. 그러나 다른 한편으로 우리 인생의 말년에 이른다는 것은 세상을 바라보는 지혜와 관용과 삶의 통찰이 깊어지는 자기 통합의 시기이기도 한다. 그래서 인생의 말년은 자기다운 인품이 깊어지고 육화된 삶의 지혜를 사회적 인간관계가 이루어지는 삶 속에서 베풀고 물려주며, 세대 간의 소통의 중심에 서는 시기이기도 하다.[1]

인생의 말년이 지니는 의미는 좋은 죽음을 맞이하기 위한 우리 인생의 과제이며 또한 노인 돌봄의 문제이기도 하다. 특히 우리사회에서 노인 돌봄의 문화는 유가적 전통에 따라 어린아이에 대한 양육과 어른이나 부모에 대한 봉양이라는 대를 이어 나가는 호혜성의 문화로 형성되어 왔다.

노인에 대한 돌봄은 전통적으로 어린아이의 양육이 부모의 도리이듯이, 노인을 돌보는 것은 마땅히 해야 할 인간의 도덕적 도리에 해당하는 것이다. 한국 전통사회에서의 노인 돌봄은 노인의 몸이 편안하고 친숙하게 거주할 수 있는 환경을 만들어주고 친밀한 인간관계의 정을 나누며 동시에 가족과 사회적 관계 속에서의 그의 역할을 존중하며 공경하는 태도를 지니며, 또한 좋은 죽음을 맞이하게 하며 사후세계의 안녕을 돌보는 것으로 특징짓고 있다.

이렇듯 우리사회에서 노인을 잘 돌본다는 것은 생활세계에 잘 거주 하도록 그의 몸과 주위 환경을 돌보고 인간관계의 정을 나누며 죽음에 대한 준비를 도와주는 것에 있다. 이러한 노인 돌봄의 전통적인 문화는 가부장적 위계질서 속에서 부모가 자식을 지극정성으로 양육하고 그 자식은 부모를 지극정성으로 모신다는 호혜성의 원리에 따른 생활규범에 속해 왔다. 그러나 과거 가족관계 속에서 행해졌던 돌봄은 초고속의 고령화시대로 접어들면서 오늘날 더 이상 가족이 감당할 수 없는 부담이 되었고, 2008년부터 실시된 노인요양보험법과 같은 공적인 제도 하에서의 사회적 노인 돌봄 체계로의 전환이 이루어지고 있다.

이 글에서는 우선 인간이 늙어간다는 것의 의미와 생활세계에서의 거주로서의 말년의 삶의 자기 돌봄에 대한 진정한 의미를 고찰해 보기로 하겠다. 또한, 이러한 거주로서의 돌봄에 대한 의미가 실제로 한국의 노인돌봄 문화에서 어떻게 드러나고 있는지를 살펴보고, 인생의 말년의 삶에서 좋은 죽음을 맞는 것이 어떠한 의미를 지니는지 고찰해 보기로 하겠다.

2. 늙어감과 자기 돌봄

인간은 누구나 말년의 삶과 부딪힌다. 그 말년은 우리의 삶이 통일되고 종합되어 풍성해지고 삶의 지혜가 모이는 완숙의 시기이기도 한다. 그러나 실제로 우리의 말년의 삶은 생명력의 근원이며 모든 의지의 동기가 일어나는 원천인 몸이 늙어가는 것을 인식하기 시작하는 것에서 비롯된다. 외부에 상처받기 쉬운 취약한 몸은 질병이나 상해 등에 노출되어 생리적 기능의 결핍을 체험하게 되며, 이로부터 벗어나고자 하는 신체의 호소로서 만성적으로 찾아오는 통증에 시달리며 살게 된다. 이렇게 내 몸은 하루하루 다르게 기운이 없어지며 피로가 찾아오고 숨이 자주 가쁘고 불편함을 느끼게 된다.

이렇듯 나의 몸이 뜻대로 자발적으로 움직여지지 않아서 나의 의지를 실현시키기가 어려워진다. 그래서 기력이 약해지고 다양한 만성병에 노출되기 쉽기 때문에 내 몸의 상태와 느낌에 적응하여 생활하여야 한다. 그래서 몸의 자유가 제한되고 기동력이 떨어지기 때문에 우리는 자신의 몸 상태에 맞는 환경에 친숙하게 거주할 수 있는 몸 습관을 만들어야 편안한 몸으로 생활할 수 있다. 자기 몸이 편하다는 것은 자기 돌봄을 할 수 있는 친숙한 환경에서 일상생활을 할 수 있는 몸 습관을 지니고 있음을 의미한다. 그래서 우리의 삶의 말년에 몸이 편안하다는 것은 환경에 친숙하게 적응할 수 있는 몸 습관에 따라 '잘 지내고 있음'에 대한 느낌이다. 이것은 우리의 의지가 자기 몸의 능력의 한계를 받아들이고 따를 때 가능한 것이다.

인생의 말년에서 있어서 질병이나 상해 등에 의해 갑작스런 몸 습관의 변화나 개조는 지금까지 살아온 삶에 대한 정체성의 위협으로 다가올 수 있다. 특히 서서히 진행되는 생리적인 노화나 혹은 갑작스런 병리적인 노화로 인한 몸의 부자유는 어찌할 수 없이 몸이 자발적으로 움직여지지 않고 나의 의도와 의지를 몸이라는 행위의 기관을 통해 매 상황에 실현시킬 수 없다는 좌절감을 낳게 한다. 이러한 몸의 경험은 바로 자신의 의지를 이 세상 속에 자기 몸을 통해 실현할 수 없는 실존적 한계에 대한 경험과 자신의 자연적 기질이나 어찌할 수 없는 생명의 흐름에 승복할 수밖에 없다는 필연성을 보여준다. 자기 몸이 느끼는 정체성의 위협은 자기 몸을 뜻대로 움직일 수 없어서 자신이 처한 상황에 지금까지 적응해 온 자발적인 몸 습관이 장애를 받거나 변화를 요구하기 때문인 것이다. 특히 온갖 만성질병과 상해에 노출되어 있는 쇠약해진 신체적 조건과 자신의 의도를 관철시키고자 하는 의지와의 갈등은 더욱 자기 자신에 대한 소외감을 느끼게 한다. 자기 몸 습관을 지속적으로 유지할 수 없는 삶, 그래서 자신의 몸에 대한 돌봄을 타인에게 의존할 수밖에 없고, 일상적으로 반복되는 사회적 삶의 리듬에 합류하지 못하는 말년의 삶에서 우리는 분명 지금까지 살아온 자기 삶의 지속에 대한 위협이나 손상을 경험할 수밖에 없는 것이다.

특히 만성질병과 노화에 시달리는 노인들의 몸의 곤경상태는 자신의 몸이 지닌 기력의 쇠퇴뿐만 아니라 자신을 지속시켜온 자기 거주방식의 위협에 대한 체험이다. 또한 이것은 일상적으로 반복되는 사회적 삶의 리듬과 친숙한 주위세계와의 관계로부터 이탈되는 소외를 경험하게 한다. 또한 자식들의 분가, 사별 등에 따른 가족의 해체의 경험, 정년이나 퇴직 등으로 인한 사회적 역할과 능력에 대한 쓸모없음의 경험은 생활세계와 친밀한 관계를 맺으며 살아온 삶의 방식의 위협을 경험하게 한다. 즉 몸의 부자유로 인해 자신의 뜻을 이 세상에 더 이상 펼칠 수 없다는 늙어감의 체험은 지금까지의 자기 속에 머물러 온 삶의 방식에 대한 단절을 경험하게 하는 것이다.

따라서 인생의 말기에 자기 돌봄의 방식은 일상생활을 할 수 있는 몸의 능력을 보존하고 자신이 할 수 있는 사회적 역할을 통해 자기 존중을 유지하는 것에 있다. 그래서 지금까지의 친숙한 삶의 터전에서 관심, 생활습관, 가치관 등의 의미가 육화된 자기 몸의 능력을 보존하고 보호해 주어 자기 존중이 지속될 수 있도록 도와주는 보살핌이 필요한 것이다. 특히 일상적으로 반복되는 생활세계의 삶의 리듬에 적응하고 거기서 자신의 역할에 철저하게 몰두할 수 있는 능력을 유지하는 것은 가족이나 사회라는 인간관계 속에서 서로 상호 의존하여 서로에 대한 보살핌을 주고받을 때 가능한 것이다. 왜냐하면 인생의 말년에 있어서 인간관계 속에 얽혀있는 자기 가치나 역할에 대한 상실감은 결국 지금까지 살아오면서 형성해온 자기 삶의 정체성에 대한 회의를 느끼게 한다. 여기서 자기 정체성은 나와 관계를 맺고 있는 다른 사람들과의 관계 속에서 나는 누구이며 어떤 의미와 가치를 지니는 가에 대한 자기 존중과 관계한다. 즉 자기 삶의 의미가 다른 사람들을 위한 삶 속에서 부여되고, 다른 사람들의 삶의 의미가 자신의 삶의 중심에 있을 때, 자기 존중은 다른 사람을 위한 삶 속에서 실현된다. 결국 자기다운 삶의 결실은 자신과 관계를 맺고 있는 주위세계의 사람들과 사물들과의 관계 속에서 서로의 의미와 가치를 부여하는 상호 보살핌의 관계를 통해서 일어나는 것이다.

말년의 삶에서 자기를 유지하게 하는 자기 돌봄의 위협은 결국 자기 몸이 관계 맺고 있는 주위세계로부터 자신의 존재의 의미가 상실되는 경험인 것이다. 이러한 상실의 경험은 자신의 삶에 의미를 부여했던 가족이나 사회의 관계망으로부터 자기 역할에 대한 존중과 보호 그리고 보살핌을 서로 주고받지 못할 때 발생한다. 그래서 말년의 삶에서 자기 돌봄이란 자신이 처한 친숙한 생활세계 속에서 자기 몸의 능력을 보존하고 인간 상호관계의 친밀성을 나누며 자기 진실성 속에 머무는 거주의 방식인 것이다.

3. 한국 사회에서 노인 돌봄의 문화

친숙한 생활 세계 속에서의 이루어지는 자기 돌봄은 우리사회의 노인 돌봄 문화에서 중요한 의미를 지닌다. 우리의 전통사회에서 노인 돌봄은 가정과 그 가정이 속한 친숙한 지역사회에서 이루어진다. 노인은 언제나 가정이나 사회에서 돌봄과 보호를 받지만, 가정이나 마을에서 큰 어른으로서의 역할을 하며 인생의 조언자, 충고자로서 사회적 존경과 공경을 받아왔다. 큰 어른으로서의 노인은 어린아이에게는 옛날이야기를 해주는 역사의 전달자, 문화의 전수자, 또한 청소년에게는 인생의 안내자이며, 어른에게는 풍부한 삶의 경험과 실천적 지혜를 나누는 인생의 선배이자 상담자 역할을 해왔다. 특히 그 어른은 가정의 대소사에 있어서 의사결정을 관장하고 사회의 중요한 일에 있어서 지혜와 경륜을 발휘하여 조언자, 충고자의 역할을 해 왔다.

그렇다면 우리의 전통사회에서 노인들에 대한 돌봄은 어떻게 이루어지는가? 노인에 대한 돌봄 행위는 집단으로 이루어진다. 노인 부양을 전적으로 책임지는 1차 집단은 혈연과 혼인이라는 인연으로 구성된 가족이다. 가족에서의 돌봄은 부모와 자식 사이에 상호 호혜적이며 위계적 질서를 가지고 이루어진다. 자손은 부모에 대한 은공의 보답으로서 노부모를 돌보아야하며, 노인의 신체적 영적 정서적 측면을 총체적으로 보살핀다. 2차 집단은 노인이 거주하는 마을에 사는 친족이나 친구들이다. 노인들은 마을에서 가족에서 충족시킬 수 없는 사회적 소속감과 연대감을 통해 친밀한 인간관계를 유지하며 안정감을 얻는다. 이렇듯 전통사회에서 노인 돌봄은 혈연이나 지연, 그리고 지역공동체로부터 집단적으로 이루어진다.[2]

특히 배우자나 혈연관계에 있는 아들(며느리)과 딸(사위), 및 손자를 포함한 자손들로 이루어진 가족을 중심으로 한 돌봄은 노인과 동거하면서 잘 거주할 수 있게 하는 것이다. 첫 번째 이 돌봄은 편안하게 거주할 수 있도록 잘 모시고 생활하면서 정을 표현하며 노인을 봉양하는 것이다. '모시다'라는 표현에는 '동거, 수발, 공양, 제사행위'를 포함한다. 특히 노인들은 동료나 가까운 친족, 직계 자손의 죽음 등을 경험하면서 자신이 죽음을 예감한다. 조상과 함께하는 제사와 초상을 비롯한 죽음의 의례들은 노인이 죽음에 대한 준비를 하게 도와주는 돌봄의 차원을 지닌다. 두 번째는 노인의 인격에 대한 존경과 존중을 표현한다. 항상 노인의 마음을 헤아려 그의 의사를 존중하며 공경하는 태도인 것이다. 세 번째는 사후세계의 영혼의 평안을 도모하기 위한 돌봄이다. 이것은 사후의 삶을 대비하기 위한 자리와 옷, 물질을 준비해 주는 것이다.[3] 이러한 전통사회에서 노인 돌봄에 대한 경험적 연구를 통해 드러난 노인 돌봄의 원칙은 무엇보다도 진심에서 우러난 존중과 공경하는 마음이 중요하며 돌봄 담당자의 의지가 아닌 노인의 뜻에 따라 지극정성으로 모시며 정을 표현하고, 특히 조상에 대한 제사 등의 예(禮)를 지킴으로서 사후의 영혼의 안락을 기원하는 것이다. 이러한 노인 돌봄에는 효의 개념에 기초한 부모에 대한 봉양, 보호, 존중, 가르침에 대한 배움, 인내, 조화, 헤아림, 정, 관심, 기원(사후세계)등이 포함되는 것이다.

또한 오늘날 우리 사회의 노인들은 잘 늙어가는 것을 신체적으로 건강하고 가족과 친밀한 관계를 유지하고 다른 사람과의 인간관계 속에서 서로를 지지하는 것으로 생각한다. 서구사회에서는 자아 및 현실 수용, 생산성, 생산적 참여, 봉사활동, 높은 수준의 인지적 기능, 목표의식이 중요한 반면, 한국 사회에서는 특히 경제적 준비와 경제적인 안정을 통해서 자신이나 타인에게 짐이 되지 않는 것, 존경과 대접을 받는 삶, 자식이 잘 커서 성공하고 자녀성공을 통해 만족하는 것, 역할을 완수하고 욕심을 버리는 삶이 노년에 잘 사는 삶인 것이다. 또한 오늘날 노인들은 건강과 경제력, 배우자나 친구, 일을 갖는 것이야말로 자신을 가치 있는 존재로 인정받는 것이라고 한다. 스스로 자기를 통제하고 스스로 결정하고 이에 대한 책임을 지며, 자기 몸을 관리할 수 있는 독립성이 중요하지만, 노인에게 무엇보다도 중요한 것은 서로에게 의지하면서 인간관계의 정을 느끼는 것이라는 것이다. 노인들은 스스로 가족이나 사회적 인간관계 속에서 서로 의지하면서 산다는 것은 오히려 '인생의 이치이자, 자연의 순리이며, 인간관계의 정이며, 인생에 있어서 보람이며, 사회의 정의' 라고 생각한다. 그래서 사람 사는 정이 그립고 따뜻한 정이 그리운 노인들이 가족이나 사회에 의존하는 것은 마치 부모가 자식을 양육했듯이, 자식이 부모에게 할 도리를 다하는 것이며, 또한 사회가 노인을 돌보는 것은 정의의 차원에서 '노약자에 대한 사회의 의무'를 다하는 것이라고 생각한다.

우리사회의 돌봄의 문화가 지닌 특징은 바로 남녀노소가 서로 의존적인 관계 속에서 정(情)을 나누며 돌봄을 대물림 받고 살아가는 삶의 방식에 있는 것이다. 또한 이것은 가족이나 사회적 인간관계 속에서의 자기 가치와 역할을 인정받고 존중 받는 것이 노인에게 무엇보다 중요함을 보여준다. 따라서 오늘날 한국사회에서 노인의 삶에서 거주의 의미는 자신이 몸담고 살아온 처소에서 주위의 세계와 친밀한 인간관계 속에서의 정을 나누며 자신의 역할과 가치를 상호의존적 관계 속에서 인정받고 존중받는 삶의 방식에 있는 것이다.

4. 거주로서의 노인 돌봄의 의미

1) 거주로서 자기 돌봄

인간에게서 자기 돌봄(cura sui)은 삶의 기술이며 자기 삶을 꾸려나가는 기본 방식이라고 말할 수 있다. 그렇다면 생활세계에 거주할 수 있는 인간의 자기의 돌봄이란 무엇인가. 유한한 신체를 지닌 인간의 존재방식으로서의 '자기 돌봄'에 대한 사유는 특히 하이데거의 철학에서 발견할 수 있다. 그에게서 인간의 거기 있음, 즉 죽을 자로서(der Sterbliche) 대지위에 거주하는 인간 현존재의 특징은 보살핌(Sorge, cura)이다.[4] 보살핌이란 어떤 것을 자신의 본질 속에 있게 하고, 어떤 것을 자신의 본질 안으로 되돌려 감추게 하고 그것을 손상으로부터 지키며 보호하고 지키는 것이다. 보살핌이란 자신에게 맡겨진 존재를 지키고, 감시하고, 존재가까이서 체류하고 숙고하고 염려하는 것으로서 인간의 현존재의 방식인 것이다. 돌봄은 무엇보다는 자신의 본질 속에 있게 하고, 그것을 본질 안으로 되돌려 간직하게 하고, 자신의 본질로부터 멀어지는 것으로부터 혹은 해침으로 보호하는 것이다. 따라서 인간이 자기를 돌본다는 것은 '죽음으로 가는 존재'로서 자기의 존재가능성에 대해 늘 관심을 가지며 이해하고 결정하며 실존하는 것을 의미한다. 특히 하이데거는 자신의 후기 사유에서 존재의 근원적인 진리가 발생되는 '터(Ort)'에 '거주함(Wohnen)'으로서의 보살핌이라는 의미를 강조한다. 즉 인간이 자신의 '터'에서 자신을 보살피면서 사는 방식이 '거주함'인 것이다. 인간이 자신이 몸담고 있는 터에 거주한다는 것은 '인간이 하늘 아래, 땅 위에서 사물들 곁에 친숙하게 머물면서 사물들을 모으면서, 만물의 보호자'로 존재하는 것을 의미한다. 따라서 지상에 거주하는 자로서 '인간은 사방세계를 소중히 아끼고 돌보며, 이러한 사방세계의 사물들을 참답게 보살피는 자이다'[5] 여기서 사방세계란, '대지와 하늘, 신적인 것, 이웃으로서의 죽을 자들'을 말한다. 따라서 거주함이란 '죽을 자들'로서 인간들이 하늘 아래에서 이 땅 위에서 존재하는 방식, 즉 자신을 돌보는 방식인 것이다. 이것은 이 세상을 살면서 자신을 에워싸고 있는 사방세계와 참된 관계를 맺는 것이며, 동시에 삶의 자리를 짓는 행위인 것이다. 이것은 곧 유한한 죽을 자들로서의 인간들이 서로 상생의 관계 속에 더불어 살고 있음을 의미하는 것이다. 인간이 자신의 '터'로서의 생활세계에 거주한다는 것은 자신을 에워싸고 있는 주위 이웃과 사물들, 그리고 신적인 것들을 받아들이며 그 사물들 곁에 체류하는 것이다. 그래서 저마다 자신의 구체적인 삶의 자리를 자신을 에워싸는 사방세계와 더불어 죽을 자로서의 자신을 이해하며 이 세계 안에서 거주하는 방식이 잘 사는 것(well being), 자기 보살핌의 방식인 것이다.

이러한 자기 자신을 보살피는 삶의 방식으로서 거주한다는 것은 유한한 현존재가 바로 이 세계와 참된 관계를 맺으며 살아가는 방식이다. 이러한 '거주함'의 의미는 특히 말년의 삶에서 자기 돌봄의 방식에 중요한 의미를 부여한다. 우리의 삶에서 '터'란 자기 존재의 근원적 진실성이 발생하는 곳이다. 그 '터'에 거주함이란 바로 자신의 삶의 친숙함이 배여 있는 주위 세계와 친밀한 관계를 맺으며 죽음을 향해 자기 자신 속에 머무는 방식이다. 특히 노인의 삶에서 거주의 의미는 자신이 몸담고 살아온 자기 삶의 진실성이 배어있는 처소에서 주위세계와 친밀한 관계를 맺으며 죽을 자와 더불어 자신을 유지하고 지키며 사는 방식인 것이다.

2) 거주로서 노인 돌봄

인생의 말년에는 지금까지 자기가 살아온 삶의 친숙한 '터'에 거주하는 자기 돌봄의 방식이 요구된다. 그 터에 거주하도록 하는 돌봄이란 자기 관심, 생활습관, 가치관 등의 의미가 육화된 자기 몸의 능력을 보존하고 보호해 주어 자기 돌봄이 지속될 수 있도록 도와주는 것이다. 특히 일상적으로 반복되는 생활세계에서의 삶의 리듬에 적응하고 거기서 자신의 역할에 철저하게 몰두할 수 있는 능력을 유지하는 것은 자기 주위의 세계와 가족이나 사회라는 인간관계 속에서 서로 상호 의존하여 서로에 대한 보살핌을 주고받을 때 가능한 것이다. 말년의 삶에서 자신과 관계를 맺고 있는 주위세계의 사람들과 사물들과의 관계 속에서 자신의 삶의 의미와 가치를 부여받으며, 이러한 상생의 관계를 통해서 자기다운 삶의 결실이 일어나는 것이다. 말년의 삶에서 있어서 자기 거주의 위협은 자기가 관계 맺고 있는 사방세계로부터 자신의 존재의 의미가 상실되는 실존적 경험이다. 그래서 곧 죽을 자로서 자기를 보살핀다는 것은 주위 세계에 자신을 개방하고 사물과 인간관계 속에서 친밀성을 나누며 자기 진실성 속에 머무는 거주의 방식인 것이다.

인간이 자기를 돌본다는 것은 '죽음으로 가는 존재'로서 자기의 존재가능성에 대해 늘 관심을 가지며 이해하고 결정하며 실존하는 것을 의미한다. 인간은 보통 이 세상에 몰두하면서 존재의 불안이라는 고통으로부터 도망치며 죽음을 망각하고 억압하며 살고 있지만, 인생의 말년에는 '죽을 자'로서의 자기 실존의 자각에 부딪히는 한계 상황에 대한 경험을 하게 된다. 특히 하이데거가 말한 자신의 '터'에 거주함이란 '죽을 자들'로서 인간이 하늘 아래에서 이 땅 위에서 자신을 돌보는 방식인 것이다. 인간은 떠나는 자의 죽음의 순간을 자신의 실존의 자각의 계기로 삼을 수 있으며 자신의 실존적 자각의 계기로 삼을 수 있으며, 다가오는 죽음의 가능성을 자기 삶의 실존적 과제로 받아들이는 것이다. 따라서 거주로서의 돌봄은 죽을 자로서 인식하면서 자신을 에워싸고 있는 사방세계와 참된 관계를 맺는 것이며, 동시에 삶의 자리를 짓는 행위가 삶의 자리를 짓는 행위인 것이다. 이것은 곧 인간이 관계적 존재로서 죽을 자들과의 상생의 관계 속에 더불어 살고 있음을 의미하는 것이다. 인간이 자신의 '터'로서의 생활세계에 거주한다는 것은 자신을 에워싸고 있는 주위 이웃과 사물들, 그리고 신적인 것들을 받아들이며 그 사물들 곁에 체류하는 것이다. 그래서 말년의 삶에서 각자가 구체적인 삶의 자리를 에워싸는 사방세계와 더불어 죽을 자로서의 자신을 이해하며 이 세계 안에서 거주하는 방식이 자기 보살핌의 방식인 것이다.

특히 노인의 삶에서 거주의 의미는 자신이 몸담고 살아온 자기 삶의 진실성이 배어있는 처소에서 주위세계와 사물과 친밀한 관계를 맺으며 죽을 자들로서의 이웃과 더불어 자신을 유지하고 지키며 사는 방식인 것이다. 이러한 거주의 방식으로서 자기 돌봄은 특히 우리사회의 전통적인 노인 돌봄 문화에서 중요한 의미를 지닌다. 우리의 전통사회에서 노인에 대한 돌봄 행위는 가족과 그 가족이 속한 지역사회에서 이루어진다. 가정에서 자손은 부모에 대한 은공의 보답으로서 노인의 신체적 영적 정서적 측면을 총체적으로 보살핀다. 또한 마을에 사는 친족이나 친구들의 돌봄은 가족에서 충족시킬 수 없는 사회적 소속감과 연대감을 통해 친밀한 인간관계속에서 삶의 안정감을 얻게 한다. 특히 노인 돌봄에서 중요한 것은 사후세계의 영혼의 평안을 도모하기 위한 돌봄이다.

이렇듯 우리사회의 돌봄의 문화가 지닌 특징은 바로 가족과 이웃이 서로 의존적인 관계 속에서 정(情)을 나누며 돌봄을 대물림 받고 살아가는 삶의 방식에 있는 것이다. 이것은 노인의 삶에서 거주의 의미는 자신이 몸담고 살아온 처소에서 자기의 삶의 진실성이 배어있는 주위의 세계와 친밀한 인간관계 속에서의 정을 나누는 상호의존적 관계 속에서 인정받고 존중받는 자기 돌봄의 삶의 방식에 있음을 보여준다. 특히 하이데거의 사방세계로서 대지를 구원하고, 하늘을 받아들이고, 신성을 기다리며 죽을 자들의 곁에서 이웃들과 사물들을 가까이 모으면서 자신을 지키고 보호하고 사는 거주의 방식이 전통적인 돌봄의 문화 속에서 실천되고 있음을 보여주고 있는 것이다. 왜냐하면 노인을 '모시다'라는 표현에는 '동거, 수발, 공양, 제사행위'를 포함한다. 조상과 함께 하는 생활공간의 구조, 제사와 초상을 비롯한 죽음의 의례들은 노인이 죽음에 대한 준비를 하게 도와주는 돌봄의 차원을 지닌다. 특히 하이데거의 사방세계, '하늘, 땅, 신적인 것들과 사멸하는 것들'에 대한 돌봄, 즉 사물들 곁에 친숙히 거주하며 성스러운 것을 받아들이며, 자신의 터에 거주하는 삶의 방식과 관련해서 사고해 볼 수 있는 것이다.

이러한 우리 전통사회에서 돌봄의 문화는 자기가 살던 처소에서 땅을 구원하고 하늘을 받아들이며 조상을 섬기고 남녀노소가 서로 의존적인 관계 속에서 정(情)을 나누며 주위를 에워싼 사방세계를 받아들이며 사는 삶이다. 특히 사물과 이웃을 가까이 모으면서 열린 사방세계와의 상생의 관계 속에서 자기 존재의 의미를 보호받고 존중받으며 자기를 지키며 살아가는 방식이 특히 죽음에 다가가는 말년의 삶에서 중요한 자기 돌봄의 방식인 것이다.

5. 자기답게 사는 말년

죽음에 다가가는 말년의 삶은 자기를 되돌아보는 성찰의 시간이기도 하다. 우리는 지나온 삶을 뒤돌아보면서 자기가 추구해 왔던 삶의 무수한 이야기를 탄생시킨다. 과연 나는 원하는 삶을 살아 왔는가? 나는 이 세상에 태어나서 지금까지의 자기다운 좋은 삶을 살아왔는가? 이것은 결국 자신이 내 삶의 이야기를 어떻게 만들어 왔으며, 어떻게 만들어 나갈 것인가에 대한 질문일 것이다. 위에서 언급했듯이 우리 인생의 말년에 다른 사람에게 의존할 수밖에 없는 일상생활에서 경험하는 몸 습관의 변화는 자기 정체성에 위협을 가져온다. 나는 어떻게 이 불편한 몸을 가지고 남은 생을 살아갈 것인가? 이러한 말년의 삶에서는 특히 정년이나 퇴직 등으로 인해 사회적 의사소통의 순환과정에서 점차 자신의 능력과 역할을 잃어가는 과정을 체험하기도 한다. 자식들의 분가, 결혼 등으로 가족관계가 해체되거나 사별 등으로 인한 인간관계의 소외경험은 극심한 자기 정체성의 혼란을 가져다주기도 한다. 우리는 자신이 추구했던 삶의 가치나 목표의 실현이 신체적으로 병약하여 뜻대로 움직일 수 없고, 또한 자신의 능력이 사회적 역할로부터 소외될 때, 그래서 더 이상 삶을 기획하고 희망할 수 없다는 체험은 우리의 삶의 말기를 더 없이 허무하게 만드는 것이다.

그러면 인생의 말기에 자기다운 삶을 어떻게 유지하며 살아갈 수 있는가? 지금까지 살아온 자기 삶이 종합이 되고 자기의 정체성을 확인하게 되는 말년의 삶은 바로 저자로서의 자기 삶의 이야기가 통합 되는 시기이다. 자기다운 삶의 이야기가 지속이 되기 위해서는 우선 자신의 신체적 능력에 맞게 일상생활에 적응할 수 있는 몸 습관 만들기와 자신이 할 수 있는 역할을 통해 자기 존중을 지속시킬 수 있어야 한다. 특히 일상생활의 리듬에 적응하는 몸 습관을 유지하며 우리가 원하는 역할에 철저하게 몰두할 수 있는 능력을 유지하는 것은 가족, 사회라는 인간관계 속에서 서로 의존하여 보살핌을 주고받을 때 가능한 것이다. 자신의 삶속에 다른 사람들의 이야기와 다른 사람의 삶속에 내 삶의 이야기가 서로 상호 영향을 주고 의미를 부여하듯이, 가족과 사회적 인간관계 속에서 더불어 공동의 이야기를 만들어 나갈 때, 우리의 말년의 삶에서 자기존중은 지속될 수 있다고 여겨진다.

인생의 말년에 경험하게 되는 자기 존중능력의 상실, 자기 정체성에 대한 혼란은 바로 자신의 존재가 다른 사람, 가족들, 친구와 사회적 관계에 있는 사람들에게 어떤 존재로서 살아왔는지에 대한 물음에서 비롯된다.

자기능력을 다른 사람으로부터 존중받지 못할 때 겪는 자기 존재가치에 대한 상실감은 결국 지금까지 살아오면서 형성해온 자기 삶의 정체성에 대한 회의를 느끼게 한다. 따라서 말년의 삶에서 자기 정체성이란 결국 나와 관계를 맺고 있는 다른 사람들과의 관계 속에서의 나는 누구이며 어떤 의미와 가치를 지니며 어떠한 역할을 하며 어떠한 이야기를 함께 만들 수 있는 가에 대한 것이다. 자기 삶의 이야기 속에 다른 사람들의 이야기가 들어오고 다른 사람들의 이야기 속에 나의 이야기가 서로 엮어져서 만들어진다. 이것이 바로 인생의 말년에 성찰해 볼 수 있는 자기 삶에 대한 이야기이다. 자기 삶의 중심이 다른 사람의 삶의 중심으로 옮아간다. 그리고 다른 사람들이 자기 삶 속에 들어오고 자기 삶이 다른 사람의 삶에 의미와 가치를 부여하는 관계적 삶에 대한 상호 보살핌을 통해서 자기다운 삶의 결실이 일어난다고 여겨진다. 마치 우리 인생의 말년에는 자녀들과 주위사람들의 보살핌을 받고, 어린아이는 부모와 주위 사람들로부터의 보살핌이 필요하듯이 사람은 이 세상에서 태어나서 죽을 때까지 서로의 보살핌을 대물림하고 어울려 사는 것이다.

따라서 말년의 삶에서 있어서 자기 정체성에 대한 위협은 자신의 몸의 한계에 대한 실존적 체험뿐만이 아니라 인간상호관계로부터 고립되는 상황에 대한 체험이기도 할 것이다. 자기 삶에 의미와 가치와 역할을 부여했던 인간관계의 그물망으로부터 이탈되는 경험은 특히 개인의 실존적 의미보다 관계적 자아로서의 자기 정체성의 의미가 강한 우리의 문화적 상황에서 더욱 중요한 의미를 지닌다. 우리의 전통사회에서 노인은 언제나 가정이나 사회에서 극진한 돌봄과 존경을 받으며, 가족이나 마을에서 의사소통의 중심에 서서 문제를 조정하고 해결하는 역할을 하면서 서로의 의존적 관계를 유지해 왔다. 즉 전통사회에서 노인들에 대한 돌봄은 가정에서는 몸을 편안하게 하며, 그 몸이 생활하기에 편안한 환경을 만들며, 사회적으로는 정서적 유대를 통해서 귀속의식을 강화시키고 그의 능력에 대한 존중의 뜻을 표하여 사회적 행위를 하도록 하였다. 이러한 노인에 대한 돌봄은 바로 개인과 가족, 그리고 사회와의 관계라는 삶의 순환 속에서 서로 의존적 역할을 인정하고 자기 자신을 유지하며 사는 방식인 것이다. 그러나 오늘날 노인이 더 이상 가족의 중심에 있지 않고 자신의 의견이 영향력을 지니지 않으며, 또한 어떠한 사회적 역할도 부여받지 못한다는 소외감 등은 말년의 삶을 더욱 외롭게 한다. 즉 자신의 삶에 의미를 부여했던 가족이나 사회적 관계망으로부터 존중과 보호를 받지 못할 때 자기존중이 상실되는 자기 정체성에 대한 위기를 경험하게 되는 것이다.

궁극적으로 우리인생의 말년에서 자기다운 삶을 이룬다는 것은 좋은 죽음을 향해 준비하는 우리 자신의 실존적 자세일 것이다. 결국 죽음이 나의 인생의 끝이듯 나의 죽음으로 나의 이야기는 종말인가? 내 삶의 이야기 속에서 담겨있는 자기 성격과 의도 그리고 삶의 기획이 과연 여기서 끝이 나는가? 죽음을 끝으로 내 삶의 이야기는 망각되는가? 내 개인의 죽음은 무의미하지만, 가족을 위해 사회를 위해 헌신한 자기 삶의 의미는 살아남은 가족과 사회적 삶의 이야기 속에 대를 이어 영원히 기억되고 보존될 수 있는가? 자기됨의 실현이 결국 다른 사람과의 관계 속에서 다른 사람을 위한 삶 속에서 실현된다면, 자기 삶의 이야기는 이 세상에 남겨진 다른 사람들의 이야기 속에서 엮이며 죽음을 넘어서 영원히 이어져 나갈 수 있을 것이다. 이것이 말년에 죽음을 향한 이 땅에서의 인생의 과제일 것이다.

레비나스는 죽음을 향한 나의 존재가 타자를 위한 존재로 바뀔 때 죽음의 무의미성과 비극성은 극복된다고 말한다.[6] 이때 죽음은 삶의 마지막 지평이 아니다. 왜냐하면 나의 존재의 의미는 내 자신 속에 있는 것이 아니라 다른 사람들의 미래에 있기 때문인 것이다. 다가오는 자신의 죽음을 준비하는 내가 미래의 세대들에게 남기고 가는 이야기가 무엇이며 이 세상을 넘는 초월의 세계에 대해서 과연 나는 무엇을 희망할 수 있는가라는 물음을 던질 수 있다.

6. 죽음에 다가가는 좋은 삶

철학자인 가다머는 자신이 100살 되던 해에 하이델베르그 의과대학 정형외과 강연에서 삶의 과제로서의 고통에 대한 해석학적 질문을 던졌다. 그는 인간 생명이 이 세상과 처음 만나는 기력의 폭발로서 아이의 울음이라는 최초의 고통의 의미에 대해 말했다.[7] 그 첫 울음은 고통이다. 어떤 고통인가? 그것은 죽음에 대한 불안이라는 것이다. 과연 인간이 이 세상에 태어나자마자 첫 세상과의 만남에서 터뜨리는 울음이 언젠가 죽을 수밖에 없는 연약한 존재의 호소란 말인가? 인간은 시간이 흐르면서 이 존재의 불안이라는 고통으로부터 도망치며 죽음을 망각하고 억압하며 살고 있다. 그러나 인생의 말년에 체험하는 조용하나 지속적인 통증을 지닌 신체적 허약함, 사회적인 직업의 세계, 친구, 가족으로부터 고립되어가는 사회적 상실감 등은 더 이상 의지대로 자기 삶을 계획할 수 없고 실현시킬 수 없는 한계상황으로 다가 온다. 그리고 운명처럼 다가오는 죽을 수밖에 없는 존재로서의 자기 실존의 한계에 부딪히게 되는 것이다. 이 세상에 막 태어난 순간이나 이 세상을 떠나가는 순간을 자신은 기억할 수 없다. 그러나 그 탄생을 지켜보던 부모의 삶 속에 그 기억이 보존되듯이, 보내는 자는 떠나는 자의 죽음의 순간의 기억을 자신의 실존적 자각의 계기로 삼을 수 있는 것이다. 우리는 삶에서 직면하는 죽음과 관련해서 느끼는 근원적인 불안을 인식하고 받아들일 수밖에 없다. 죽음에 대한 불안을 인식할 수는 있지만, 그 죽음은 파악될 수 없는 것이다. 그 파악될 수 없는 죽음에 대한 불안을 인식하면서 인간은 자신의 죽음의 가능성을 자기 삶의 실존적 과제로 받아들이는 것이다.

우리의 삶에서 죽음의 위협은 항상 연기되어있고 지금 당장 죽음을 경험하지 않기 때문에 죽음의 비극성을 잊고 살 수 있다. 그러나 다른 사람에 대한 고통과 죽음에 대한 경험을 통해서 자신의 죽음의 가능성을 경험한다. 인생의 말년에 우리에게 치닫는 신체적인 쇠약함, 그리고 사회적 관계로부터의 고립, 사랑하는 사람과의 사별에 대한 고통 등은 우리 자신을 소외시키고 무력하게 만드는 철저하게 수동적인, 그야말로 당할 수밖에 없는 경험이다. 특히 타인의 죽음에 대한 고통스런 경험은 자신의 죽음의 예감으로 다가온다. 이것은 모든 가능성을 불가능하게 하는, 아무것도 할 수 없고 철저히 수동적이며 무력한 자기 능력의 한계에 대한 경험이다. 또한 이 고통은 바로 유한하고 무력한, 자신의 삶의 주도권을 상실하는 부자유에 대한 경험인 것이다. 우리 말년에 닥칠 죽음이란 본질적으로 알 수 없는, 절대적인 타자성으로서 나를 지배하는 미래에 올 사건인 것이다. 그러나 이러한 불안 속에 드러나는 죽음에 대한 예감 속에서 인간은 과연 자신의 삶의 무의미성, 비극성을 극복할 수 없는가?

그리스의 의사인 알크마이온이 말하길, '우리 인간은 죽을 수밖에 없다. 왜냐하면 종말을 시작에 다시 연결시키는 법을 배우지 못했기 때문이다. 그리고 이것은 결코 우리가 이룰 수 없는 일 중의 하나이다.'[8]라고 했다.

죽음이란 그저 인간 삶의 종말일 뿐인가? 내 존재의 의미가 죽음으로서 끝난다면 지금의 삶조차 무슨 의미가 있을까? 그러나 내 존재의 의미가 자신만을 위해서가 아니라, 다른 사람과 더불어서 다른 사람을 위한 삶 속에 있을 때, 내 존재의 의미는 죽음으로 끝나는 것이 아닐 것이다. 특히 우리 주위에서 흔히 경험하는 가족, 자식을 위해 헌신한 삶은 자신의 죽음이 삶의 마지막 지평일 수는 없는 것이다. 왜냐하면 내 존재의미는 내 죽음으로 끝나는 것이라 남아 있는 다른 사람의 삶, 미래로 대속되어지는 삶 속으로 이어진다고 믿기 때문인 것이다. 그래서 죽음의 의미는 한 개인이 겪는 실존적 한계상황을 넘어선다. 오랜 인류의 역사를 통하여 이어져 온 죽음의 의식은 함께 더불어 살아온 사람들과 미래의 자손들을 위해 죽음의 의미를 부여했음을 보여준다. 세상 사람들이 죽음을 영원의 세계로 가는 통과의례라고 생각하고 죽음이 더 이상 이 세상에 속하지 않는다는 사실을 원하지도 않고 수용할 수도 없었던 것이다. 죽음의 의식은 어쩌면 종교적 피안이나 최소한 영혼의 불멸을 믿고 싶은 욕구, 그리고 사후의 재결합을 믿고 싶은 심층적인 동기에서 비롯된 것일 수도 있다. 이 세상에 남은 자들은 죽은 자를 기리는 의식을 통해 죽은 자를 기억과 존경 속에 보존하여 대대로 이어가고 싶어 한다. 그래서 살아남은 사람들에게 마지막 작별을 요구하는 의식은 어쩌면 그들의 의식과 기억 속에서 간직되어 있는 죽은 자의 모습을 영원히 보존하고, 그것을 생산적이고 긍정적인 형태로 재구성하기 위한 것이었을 것이다. 그리고 이것을 계기로 모든 인간의 참된 연대성, 즉 살아가는 사람은 누구나 죽음을 받아들일 수밖에 없다는 진리, 우리는 모두 이 세상과 저 세상의 경계를 넘어가는 사람들이라는 진리에 공감하는 것이다.

그러나 우리의 현대사회에서 죽음에 대한 숭고한 이미지가 점차 퇴색되어가고 있다. 가다머는 이것을 제2의 계몽주의라고 일컫는다. 죽음의 탈신화이다. 오늘날 죽음은 산업사회의 기술적 비즈니스가 되었고, 현대의 경제생활에서 무수한 생산과정의 하나가 되었다. 병원 병상에서의 운명, 그에 뒤이은 영안실 차림, 장의차의 기다란 행렬, 출상, 포크레인에 의한 산역 등 거기엔 영원, 내세, 미래를 더불어 말하는 것이 아니라, 무엇보다도 산자들에게 상품화되고 노동이 되어버린 죽음들이 도처에 있다. 죽은 자를 위한 의식이 아니라, 산자들의 의식인 것이다. 우리 사회에서는 전통적으로 죽음의 확인을 거쳐 습과 염의 절차를 밟으면 일상적 삶의 질서가 모두 중단된다. 일상적 삶의 리듬이 중단된 죽음의 의식을 통해서 세상에 남은 자들은 이승에서의 마지막 작별인사를 하면서 가족공동체의 연대감을 체험하고 서로 간에 지속되었던 유대를 다시 재건하고 삶의 위기를 극복했다. 그리고 이 의식은 죽음이 망자가 영원의 세계로 가기 위한 통과의례라는 초월적 믿음을 주었다. 이승에서 저승에로 가는 마지막 작별인사를 나누며 가족들은 삶의 위기를 경험하기도 하고 그 위기를 관리하고 극복하여 다시 세상의 삶을 영위해 나가는 삶의 지혜를 배우는 것이다. 그러나 오늘날 죽음의 의식은 점점 가벼워지고 간소화되어간다. 죽음은 살아있는 사람들의 기억 속에서 빨리 지워져야 하고, 영원한 세계로 가는 통로는 폐쇄되고 소각된다. 오늘의 현대인들은 간소화된 죽음의 의식을 통해서 망자를 빨리 잊고 중단되었던 속세의 리듬 속으로 빨리 편입되어야 하는 것이다. 살아남은 사람들은 자신의 기억에서 죽은 이의 삶의 이야기를 지우고 또한 죽음을 통해 영혼 불멸한 내세에 대한 희망이나 해후에 대한 바람조차 억압한 채 빠른 속도로 세속의 삶의 질서 속으로 복귀해야 한다. 살아있는 자들의 기억에서 죽음은 영원한 세계로 가는 통로를 잃은 채 죽어가고 있는 것이다.

　그러면 우리의 말년의 삶에서 다른 사람들의 죽음을 경험하면서 우리는 죽음에 대해서 어떻게 성찰해 볼 수 있는가? 우리의 말년의 삶에서 불가피하게 직면하는 다른 사람의 죽음에 대한 경험은 지금까지의 살아온 생애 동안 망각하고 억압해 온 유한한 인간 존재의 근원적인 불안을 일깨운다. 특히 죽어가는 자를 지켜보는 우리는 결국 모든 인간의 참된 연대성, 즉 인간의 연약함과 사멸성에 대한 진리에 공감하게 된다. 그래서 그 경험은 지금까지 살아온 자기의 삶의 끝이 죽음이 아닌 것이 되려면 남은 자들에게 어떤 의미로 어떤 이야기로 기억되어 남을 것인가라는 삶의 과제를 부여받는 것이다. 특히 가족과 사랑하는 사람들에 대한 죽음의 경험을 통해서, 자기의 삶이 이 세상에서 영원히 기억될 수 있는 이야기를 만들고 초월적 세상에 대한 믿음의 순간을 예비할 수 있는 것이다. 우리의 삶이 마치 잠에서 깨어나는 순간을 반복하듯이 자신의 삶에서 깨어나는 죽음의 의미와의 지속적인 만남을 통해서 우리는 말년에 다가서고 있다고 여겨진다. 특히 사랑하는 사람의 죽음과의 만남은 그가 두고 간 삶의 이야기를 기억하고 추모하면서 저 세상에서의 만남을 기약하는 초월적 믿음을 위해 과연 좋은 삶을 향한 나의 이야기를 어떻게 만들어야 하는 가에 대한 반성을 하게 하는 것이다.

7. 맺는 말

오늘날 우리사회에서 인생의 말년에 이른다는 것은 노인이 된다는 것을 의미한다. 즉 늙어간다는 것은 몸 상태의 급격한 변화에 따라 쇠약해지고 일상생활이 힘들어지며, 특히 치매, 중풍 등 노인성 만성 질환에 노출되기 쉽고, 그래서 노년은 자기 돌봄을 가족이나 사회에 의존해서 살 수 밖에 없는 시기이기도 하다. 우리 사회에서 노인의 삶은 근대라는 자본주의의 소용돌이 속에서 질병과 가난, 그리고 고독을 달고 다니는 취약집단이며, 사회적 이익과 효용 가치를 충족시킬 수 없는 비효율적인 삶, 이탈된 삶이라는 인식이 강하다. 우리 사회가 오히려 점점 노인의 사회적 역할을 뺏음으로써 결과적으로 의존을 강화시키고 사회가 노인을 쓸모없고 힘없게 만들고 노인들을 의존적으로 몰아가는 경향이 있다는 것이다. 특히 가족관계의 지지와 보살핌으로부터 빗겨나간 노인들은 공공요양 기관이나 시설에 맡겨져 친숙한 자기 거주의 '터'를 잃어버리고 낯선 체험으로 둘러싸인 사회적으로 소외된 삶으로 내몰리고 있다. 또한 2008년도부터 장기요양보험제도가 실시됨에 따라 자기가 거주하던 가정으로부터 제도적 차원에서 요양시설이나 요양병원에 맡겨지는 노년의 삶이 증가하고 있다. 그러나 이러한 추세가 노인을 가족과 사회와의 인간관계의 정과 의사소통으로부터 고립시켜 오히려 의존적이며 쓸모없는 존재로 내몰고 있다는 우려의 목소리도 커지고 있다.

이렇듯 우리 사회에서의 늙어감에 대한 소외의 체험은 특히 노인 돌봄 문화의 변화와 관계한다. 전통적으로 가부장적 가족 질서 내에서 여성을 중심으로 끈끈한 인간관계의 유대를 통해 대물림 해 오던 돌봄의 문화가 해체되어가고, 점점 법적으로 제도화된 사회적 시설 속에서 노인 돌봄이 이루어지고 있다. 특히 한국사회의 노인 돌봄의 문화에서 '거주'의 의미는 자신이 몸담고 살아온 친숙한 '터'인 가족과 지역사회에서 자신의 역할과 가치를 상호의존적 관계 속에서 인정받고 존중받는 삶의 방식이었다. 이러한 노인에 대한 보살핌은 전통적으로 우리사회에서는 '동거', '수발', '공양', '제사' 등의 행위를 포함하는 큰 어른으로서 '지극정성으로 모신다'라는 의미를 가지고 오늘날까지 이어져 왔다. 그러나 근대문명의 산물인 의료기술과 의료산업이 급속이 발달함에 따라 노인 돌봄의 문화는 점점 질병 치료를 위한 의료산업문화로 바뀌어가고 있다. 노인들은 사회적 인간관계의 역할로부터 소외된 채 온갖 만성질환이나 우울증에 시달리는 환자가 되어가고 있다. 따라서 결국 그들은 질병치료를 받아야만 하는 환자가 되어 의료 기술과 약물에 의존해서 살아가는 의료소비시장의 주요고객이 되고 있다. 특히 첨단 의료장비와 의료 기술에 둘러싸여 죽어가는 육신은 더 이상 그 오랜 인생의 여정이 배어있는 육화된 몸이 아니며, 죽음의 순간은 이제 치료가 불가능한 불치의 결과로서 비인격적 순간이 되어 버렸다. 전통사회에서 중시되었던 복잡한 상례절차나 제사와 같은 망자의 죽음을 돌보는 문화는 산 자의 관심에 따라 점점 간소화되고 편리해졌다. 가족공동체의 연대감을 체험하고 서로 간에 지속되었던 유대를 다시 재건하고 자기 삶을 돌아보는 계기가 되었던 죽음의 의례나 준비과정은 그 숭고성을 잃게 되었다.

노인 돌봄은 각자 늙어가는 우리자신의 삶의 과제이며, 동시에 우리사회의 과제이다. 이글은 인생의 말년에서 늙어간다는 의미와 그리고 자기 돌봄으로서 생활세계에 거주한다는 의미를 통해 노인 돌봄의 진정한 의미를 고찰해 보고자 하였다. 진정한 노인 돌봄이 결국 자기 삶의 진실성이 배여 있는 처소에서 주위세계와 친밀한 관계를 맺으면서 죽음을 향해 자기답게 거주할 수 있도록 하는 데에 있다. 그러나 오늘날 죽음의 과정은 자신이 거주하던 가정에서 이루어지는 것이 아니라 중환자실, 요양병원이나 시설 등 낯선 환경 속에서 이루어진다. 따라서 좋은 죽음을 준비하고 맞이하기 위한 노인 돌봄은 가정과 같은 친숙한 생활세계 속에서 지금까지 이어져 왔던 삶의 단절이 일어나지 않고 자기 거주가 지속되도록 도와주는 것이다. 따라서 이러한 노인의 돌봄은 자기 거주를 도와주는 돌봄의 손길을 통해 세상과의 소통을 감지하게 하고 자기가 거주한 친밀한 환경 속에서 마지막 세상과의 이별을 준비하도록 하는 데 그 의미가 있다.

〈참고문헌〉

가다머, 한스 게오르그, 공병혜 역, 『고통-의학적, 철학적, 치유적 관점에서
        본 고통』, 철학과 현실사, 2005.
가다머, 한스 게오르그, 이유선 역, 『철학자 가다머 현대의학을 말하다』, 몸
        과 마음, 2002.
강영안, 『타인의 얼굴, 레비나스의 철학』, 문학과 지성사, 2005.
고성희 외, 『실버를 골드로-고령화시대의 아름다운 노년 맞이 방안』, 하나
        출판사, 2006.
공병혜, 「한국사회에서 노인 돌봄」, 『한국 여성철학』 제13집, 2010.
_____, 「한국사회와 말년의 철학적 의미」, 『오늘의 문예비평』, 산지니,
        2008.
최영희 외, 『간호와 한국문화』, 수문사, 2005.

Heidegger, M., *Sein und Zeit, Max Niemeyer*, Tuebingen, 1984.
_____, *Vortraege und Aufsaetze*, Pfullingen, 1985.

좋은
죽음을
위한
안내

2부

좋은 죽음을 위한
실질적 준비

좋은 죽음의 사회적 확산을 위한 간호학적 접근*

김춘길

1. 좋은 죽음 이해의 필요성

인간은 출생 후 죽음을 향해 가는 존재로 매일 죽음을 생각하면서 살아가지는 않지만 좋지 않은 죽음보다는 좋은 죽음(good death, 善終)을 원한다. 그러나 좋은 죽음의 특성은 상당히 개별적이며 사회와 문화에 따라 차이가 있고 속성과 의미 등에 있어 그 요소들도 다양하다.[1] 결국 인간은 좋은 죽음을 원하지만 좋은 죽음에 대한 의미는 특정 문화, 사회, 환경 속에서 개인의 인식 혹은 해석에 따라 차이를 보이게 된다. 이에 따라 좋은 죽음을 이해하기 위해서는 생물학적 측면은 물론 사회적, 심리적, 영적 및 문화적 측면 등 다차원적인 죽음의 시스템을 이해하여야 한다.

한편, 죽음이 인간에게 어떠한 삶을 살아가게 할지를 결정하기도 하지만 대부분의 경우, 인간은 죽음에 대해 불안해하고 부정적인 반응을 보여 삶에서 큰 위협이 될 뿐만 아니라 도전이 된다. 또한 이러한 죽음 부정에

---

* 본 내용은 2017년도 한림대학교 제7회 생사학연구소 학술대회 발표내용을 보완하여 제시한 것임.

대한 문제는 죽음 인식을 억압하고 우울, 스트레스, 갈등과 같은 증상으로 발현하거나 이로 인해 말기질환, 사별문제 등의 생활사건을 일으킬 수도 있다. 따라서 인간의 죽음에 대한 부정적인 반응을 죽음 수용으로, 나아가 좋은 죽음으로 인식하도록 돕는 일은 중요하다. 이를 위해 먼저 좋은 죽음에 대한 바른 이해가 필요하며 이의 인식 고취와 실행이 가능하도록 노력을 다각적으로 기울여야 한다. 특히, 다양한 대상자들의 죽음을 흔히 접하게 되는 간호 인력들은 죽음을 앞 둔 대상자들의 말기 간호를 잘 계획하고 합당한 돌봄을 제공하기 위해 복합적인 죽음에 대한 이해와 상호작용을 통해 좋은 죽음으로 이끌 수 있어야 한다. 이에 본고에서는 좋은 죽음에 대해 고찰을 한 후 좋은 죽음의 사회적 인식을 높이고 실천을 향상시킬 수 있는 방안들을 간호학적 측면에서 제시하고자 한다.

2. 현 사회에서의 좋은 죽음 이해

1) 죽음에 대한 인식의 변화

죽음의 경험은 죽어가는 사람이 할 수 있는 것은 아니며 그들은 죽어가는 경험만을 하게 된다. 따라서 개인의 죽음에 대한 경험은 현 삶에서의 경험이라기보다는 삶에서의 경험이 끝나는 순간에 해당되며 타인의 죽음에 대한 경험을 통해서 하게 된다. 그러나 개인의 죽음에 대한 이해도 이해의 한 종류이며 죽음 이후의 삶을 믿는 사람들에겐 죽음도 하나의 경험이 될 수 있다. 그러므로 인간의 죽음을 이해하려 할 때에는 그 사람의 종교와 같은 개별적 특성은 물론 그를 둘러싼 사회 및 조직과 같은 공동체

내에서의 경험도 고려해야 한다. 결국 죽음은 개인의 것이기도 하지만 살아있는 모든 사람의 것이며 나아가 공동체의 문화와 의식일 뿐 아니라 규범의 문제이기도 하다.

산업화와 도시화가 본격적으로 진행되기 이전에 죽음은 친숙한 자연현상이었으며 죽어가는 자가 자신의 죽음에 대한 주도권을 갖고 이를 받아들였다. 그러나 19세기 후반부터 죽음은 불쾌와 혐오의 대상으로 변화하며 일종의 질병으로 간주되기 시작하였다. 이후 죽음을 극복하고 은폐하는 공간으로 병원이 등장하여 죽음의 의료화가 진행되기 시작하였고 사람들은 자신의 죽음으로부터 소외되었다.[2] 이러한 변화에 따라 호스피스와 완화의료 운동이 확산되었고 좋은 죽음에 대한 사고가 중요개념으로 대두되었다.

좋은 죽음에 대한 생각은 호스피스와 완화적 돌봄에서 중심이었다.[3] 현대 과학과 의학이 발전하지 않은 중세에, 서양에서의 좋은 죽음은 종교 중심이었다. 잘 죽는다는 것은 하느님의 평화 안에서 가까운 사람들에 둘러싸여 죽는 것이었고 다음 세상(내세)에 이르는 것을 알게 되는 것은 추가적인 보너스였다. 침상 가에 있던 가족과 친구들이 죽은 자가 내세로 간 것을 사실화 하거나 죽는 자의 궁극적 영적 승리에 대한 증인이 되기도 하였다. 이때에 고통은 견디어 내는 것이었고 특히, 로만 가톨릭 문화에서는 더욱 그러하였다.

근대에 이르러 의학이 발전하고 병원에서의 죽음이 생겨나기 시작하면서, 죽는 방법에도 변화가 생겼다. 근대이후 현대에 이르기까지 죽음에 대한 태도나 인식에서는 큰 변화가 없었으나 1970년대에 심리학이 강화되면서 정신분석자의 소리가 커졌다. 이는 Ernest Becker의 『죽음의 부정(the

Denial of Death)』이라는 책을 통해 더욱 두드러져, 인간은 자신의 상황을 기반으로 하는 죽음의 두려움에 억압된다고 보았다. 이후 현대 문헌에서 죽음에 대해 불만족함을 제시하는 경우가 있었으며 삶을 의미 있게 하기 위해서 죽음의 견해를 가질 필요성이 제기되었다.

2) 죽음에 대한 개인의 선택

후기 근대인 21세기에 이르러 죽음에 대한 견해는 급진적으로 변화하게 되었다. 개인의 통제 하에 죽음과 우리의 통제 하에 죽음이 그것이다.

개인의 통제 하에 죽음에서는 죽음을 터부시하지 않게 되었으며 의학에서는 완화적 돌봄의 영향으로 죽을 권리, 안락사에 대한 논쟁이 시작되었다. 이에 따라 좋은 죽음에 대해 공개적으로 논의하게 되었으며 죽음을 삶의 한 부분으로 수용하게 되었다. 좋은 죽음은 잘 죽는 것이고 이로 죽을 권리가 보다 설득력을 갖게 되었으며 신체적 질병이 심각해졌을 때 통증조절 약제를 제공하게 되었다.

우리의 통제 하에 죽음은 죽음의 과정을 통제하려는 움직임으로 완화 및 보완적 돌봄을 제시하였다. 그러나 이 완화적 돌봄, 즉 호스피스 운동에서는 최대한 증상을 조절하지만 죽음의 시기(때)를 조절하지는 않는다. 여기에서 좋은 죽음의 딜레마는 '신체적 고통을 줄인다고 해도 심리적, 사회적, 영적 고통을 어떻게 경감할 것인가? 에 대한 것이었다. 이로 인해 환자의 개별적 자율성과 환자가 죽음을 어떻게(언제 죽을지가 아님) 선택할 것인가? 에 대한 설득력이 필요하게 되었다. 또 이때 완화적 돌봄이 능동적 안락사에 대한 공적인 대안이라 할지라도 어떻게 살고 어떻게 죽을 것인가는 개인의 선택이다. 결국 죽음에서는 두 가지 패러다임이 있게

된다. 한 가지는 그리스의 철학자 플라톤(BC 427년-347년)의 『대화편
(Phaedo, 파이돈)』에서와 같이 죽음에 대한 이원론으로 영혼은 불사한다는
것이고 다른 것은 예수의 죽음과 같이 부활에 대한 희망이다. 따라서 좋은
죽음의 의미에 대한 개인의 철학적 개념화에는 이들을 고려해야 한다. 더
불어 죽음에 대한 투쟁적 개념은 평온으로 대체될 수 있으며 통합성과
정직성이 죽음에 대한 겉치레의 대안이라는 점을 간과해서는 안 될 것
이다.

3) 죽음에 대한 다양한 이해

살아있는 것은 모두 죽게 되며 자신의 삶이 죽음에 가닿지 않으리라
생각하는 사람은 없지만 사람들은 그런 사실을 드러내려 하지 않고 애써
가리려 한다. 죽음을 향한 존재이면서도 죽음을 승인하고 싶지 않은 이
역설은 지금의 삶이 죽음보다 더 나은 것이라고 믿거나 죽음이란 가능성
의 닫힘, 꿈의 사라짐, 사랑하고 아끼는 사람들과의 되 만남이 불가능한
별리라는 인식, 그리고 전혀 알지 못하고 알 수도 없는 그런데 왠지 견디기
힘들만큼 고통스럽고 칙칙하고 우울할 것 같은 죽음과 죽음 이후에 대한
두려움 때문 일 수 있다. 이에 따라 죽음을 설명하는 많은 문화가 있게
된다. 죽음은 금기로 함부로 말하지도 건드리지도 말아야 하는 것으로 전
제하고 죽음을 신비나 초월의 영역에서 비롯된 것으로 여기며 수용할 수
밖에 없는 '운명'으로 개념화하는 죽음이해가 그 하나이다. 또 제각기 자기
문화-역사적인 정황에서 죽음을 설명하는 견해로 삶의 현실에 진실할 때
죽음의 문제는 자연스럽게 삶의 현실 속에 수용된다는 것이다. 다른 죽음
의 이해로는 그릇된 실존이 초래한 징벌로 온전한 존재가 되기 위해 '죽어

다시 사는 것'이 종국적으로 죽음에 이르는 삶을 넘어서는 일이라는 것과 죽음 이후를 '소멸하는 시간'과는 다른 개념으로 죽음이 없는 시간으로 개념화하는 것이다. 이러한 담론들은 죽음의 금기를 깨뜨리고 죽음 문제를 터놓고 이야기 할 수 있게 하였다. 반면, 죽음을 자율적으로 선택할 수 있고 죽음에 대해 스스로 책임을 져야하는 실제로 보기도 한다. 이는 개인을 죽음주체의 책임행위로 규정하는 것이며 죽음주체를 사회적 존재로서의 개인에 대한 자의식으로 전제하는 것이다. 이에 반해 죽음에 대해 자연스러운 승인보다는 비장한 체념의 수용태도로 보기도 하며 설명할 수 없는 불가항력적인 죽음의 사실을 인간의 한계로 묘사하기도 한다. 여기서 분명한 것은 죽음 담론의 원천은 자신의 문화 안에 내장되어 있다는 것이다. 물론 이 순간에도 죽음 논의가 완결되던지 미완의 것이든가에 상관없이 죽음은 끊이지 않고 일어나며 삶을 어떻게 마무리 할 것인가를 결정하는 것은 개인의 책무이다. 그러므로 인간은 삶을 스스로 책임지듯이 죽음에 대해서도 주체이면서 죽음을 책임질 수밖에 없고, 죽음은 엄연한 삶의 현실이 된다.[4]

특히, 현재 우리나라에서는 '죽음학(thanatology)' 과 관련된 연구와 활동이 상·장례 문화의 변화, 무의미한 연명치료 중단 중심의 존엄사 문제, 사전의료의향서 작성, 호스피스·완화의료 활동 등 임상중심이나 구체적인 사안별로 이루어지고 있는 실정이다. 또한 사회적 실천에서는 죽어가는 과정과 죽음 후의 문제에 집중되고 있어 죽음에 대한 성찰을 통해 삶의 태도 변화를 이끌어 내기는 버거운 상황이다. 더욱이 '죽음의 의료화 현상' 하에 병원에서의 죽음은 의료행위의 실패로 여겨지고 있으며 이어지는 애도과정은 형식적이어서 인간의 존엄성에 근본적인 의문을 제기하게 되었다.

죽음 뒤 남겨진 자는 슬픔의 표현과 감정을 추스를 틈도 없이 일상으로 돌아가길 강요받는 등 유가족들에게 치유 과정이 생략됨에 따라, 죽음은 더욱 부정적인 형태로 남게 되었다.[5] 이것이 인간과 사회로부터 죽음을 추방한 우리의 현실이다.

이러한 죽음 현실 속에서 죽음의 의미는 시대의 사회문화, 개인의 가치관과 철학, 삶의 경험과 태도에 의해 영향을 받는다는 것을 감안할 때, 죽음을 이해하기 위해서는 죽어가는 이의 여러 요인을 그들의 표현을 기반으로 알아볼 필요가 있다. 아울러 한국사회에서 죽음의 표현은 직설적이라기보다 간접적으로 완곡하게 하는 경우가 많으며 언어적 표현도 다양할 수 있음[6]을 고려하고 죽어가는 이와 원활한 소통을 도모하는 것이 현사회에서 인간의 죽음을 보다 잘 이해할 수 있을 것이다.

3. 좋은 죽음의 의미

좋은 죽음의 의미는 개인에 따라 차이를 보일 수 있다. 연구에서 보고된 인간의 좋은 죽음 속성들은 존엄성, 자기조절감, 편안함, 최적의 관계, 적절한 돌봄, 죽음의 순서와 수명에 대한 적절성, 죽음 준비, 부담 감소 등이었다.[7] 한편, 의료인들은 통증과 증상의 관리, 명확한 의사소통, 죽음에 대한 준비, 성취나 완성, 타인에게 기여하기, 총체적 인간으로 공감하기 등을 좋은 죽음의 요소로 꼽았다.[8] 암환자의 가족들에게 좋은 죽음이란 통증과 신체적 스트레스가 없는 것이었고 통증완화와 환자의 삶의 질 증진과는 유의한 상관관계를 보였다.[9] 직접 환자를 접하는 미국 너싱홈 직원 707명에게 좋은 죽음과 관련하여 죽어가는 환자의 돌봄 경험을 개방형 질문으로 알아 본 결과, 그 주제들은 긍정적 경험과 부정적 경험이 공존하였다. 긍정적인 경험은 친밀한 유대관계 형성, 좋은 환자 돌봄, 호스피스에 개입, 준비된 상태, 원활한 의사소통이었으며 부정적 경험은 돌봄에 대한 도전, 인정받지 못하는 죽음, 무력감, 불확실성, 가족부재, 고통스런 감정, 가정불화 등이었다.[10] 반면, 말기환자들에게 좋은 죽음은 의식을 유지하기, 죽음을 수용하기, 의사소통의 가능, 임종까지 스스로 생활하기, 자신의 마지막 임무를 완수하기, 적절하게 감정을 처리하기[11]로 나타났다.

우리나라에서 좋은 죽음은 종종 호상(好喪)의 개념으로 표현해 왔으나 호상이란 복을 누리며 오래 살았던 사람의 죽은 상사(喪死)로 추상적이고 타자의 입장에서 정의한 것이므로 타자가 아닌 당사자의 입장에서는 좋은 죽음을 사용함이 타당하며, 노인의 좋은 죽음에 대한 인식은 사망 시기, 임종 기간, 임종기간 동안의 독립성과 자율성, 유언 남기기, 의료비 등에서 성인과 차이가 있음이 제기되었다.[12] 좋은 죽음에 대해 노인들은 '고통 없이 평화롭게 죽는 것(수면사)', '영적 준비 후 죽는 것(절대자와의 만남과 영생을 바라는 죽음, 종교의식)', '오래 앓지 않고 죽는 것', '삶의 마무리나 정리 후 죽는 것', '가족이나 남은 자에게 부담을 주지 않는 죽음', '가족이나 의미 있는 자와 함께하는 죽음', '순리에 따른 죽음', '천수를 누리지만 너무 오래 살지 않는 것', '자녀를 앞세우지 않는 것', '인위적 처치 없는 자연사', '죽음 준비 후 죽는 것', '유언 남기기', '죄의 용서 후 죽음', '죽음 공포에서 벗어나기', '깨끗하게 죽는 것'의 순으로 기술하였다.[13] 반면, 성인들은 좋은 죽음으로 평등한 죽음, 준비하는 죽음, 기대하는 죽음, 관계속의 죽음과 죽음을 거부하고 삶에 애착을 갖는 것으로 제시하였다.[14] 또한 젊은이들의 좋은 죽음에 대한 인지도는 삶의 의미에 영향을 미친 요인이었으며 자아존중감, 생활 만족도, 부모와의 관계 등과 함께 삶의 의미에 대한 설명력이 61.0%이었던 결과, 그리고 삶의 의미가 죽음에 대한 걱정과는 부적 상관관계를 보였고 좋은 죽음과는 정적 상관관계를 보였던 점[15)으로 미루어 볼 때, 좋은 죽음의 의미를 찾기 위해서는 젊었을 때부터 삶의 의미에 관심을 기울여야 할 것이다.

흔히 연구에서 좋은 죽음의 주된 관심사는 개인이 죽어가는 동안 그의 삶의 질에 대한 것이었다. 이러한 관점에서 볼 때, 자신이 죽는다는 사실을 모르는 채 갑작스럽게 죽는 급사는 죽음에 있어서 주권을 빼앗기는 일로 엄청난 박탈이며 두려움과 치욕이 함께하는 죽음으로 간주될 수 있다. 한편, 자연스럽고 친숙한 죽음에는 '공개성'이 따르게 된다. 이러한 관점에서, 죽음의 의료화와 주변 사람들과의 관계 변화로 죽음을 은폐하고 죽음을 드러내놓을 수 없는 상황에서의 죽음(예. 병원에서의 죽음)은 예전의 치욕스러운 죽음이었던 급사와 다르지 않게 되었다. 반면, 일반적으로 죽음을 능동적으로 받아들이는 이들은 삶을 적극적으로 살아갈 수 있게 되며 죽음을 두려워 할 경우 삶은 불안하게 되므로, 사람들은 죽음에 대한 생각을 역설적으로 삶에 대한 생각으로 전환할 필요가 있다. 왜냐하면 떠나갈 때를 알고 삶의 시간을 의식하며 소중하게 보낸 사람들의 삶은 충분히 길어질 수 있기 때문이다.[16)

복고적인 측면에서 좋은 죽음은 집에서 가족에 둘러싸여 계획되고 평화로우며 존엄한 죽음으로 간주되므로 어떠한 장소에서 죽음을 맞이하는 경우라도 이를 최대한 반영할 필요가 있다. 이는 장기요양서비스 제공자들이 인지한 좋은 죽음이란 완성된 죽음(하고 싶은 것을 다해 본 후 맞는 죽음, 영적 요구가 충족된 죽음), 준비된 죽음(희망에 따른 죽음, 임종이 오기 전에 미리 임종과 관련된 사항 준비), 편안한 죽음(가정과 같은 환경에서 편안히 맞이하는 죽음, 가족과 함께 맞이하는 죽음, 최소한의 의료서비스를 받고 자연스러우며 고통 없이 맞이하는 죽음)과 죽음에 대한 지원이었던 점[17]과 상통된다. 아울러 좋은 죽음에 대한 1992년-2014년의 질적 연구를 분석한 결과, 사람들은 죽음과 관련된 시기, 장소, 신체적 증상, 사회적 관계 등을 통제하였다고 볼 때를 좋은 죽음으로 생각하지만 실제에서는 많은 이들이 죽음을 수용하지 못하거나 부정하고 있었다.[18]

이와 같이 좋은 죽음의 의미는 삶의 의미와 관련이 있으며 역동적이고 개인에 따라 차이를 보일 뿐 아니라 그 속성과 요소도 다양함을 알 수 있다. 따라서 좋은 죽음의 의미를 발견하기 위해서는 개인이 삶의 의미를 찾고 죽음 준비를 통해 그들의 속성과 요소들을 고려하여 죽음을 수용하도록 여러 측면에서 노력을 기울여야 할 것이다.

4. 좋은 죽음 향상 방안

좋은 죽음은 존엄사, 품위 있는 죽음, 웰다잉과 혼용되어 사용하고 있으나 일반적으로 볼 때 좋은 죽음은 세상에서 해야 할 일을 다 하고 원 없이 맞이하는 죽음을 의미한다. 한편 한국인의 전통적 죽음관은 유교, 불교, 도교, 그리고 샤머니즘의 영향을 깊게 받아 왔다. 죽음에 대해 유교는 모든 생명이 겪는 자연스러운 운명으로 죽음을 고민하기보다는 현세의 삶에 충실할 것을, 도교에서는 삶과 죽음이 크게 다르지 않으므로 죽음에 순응하며 살아갈 것을, 불교에서는 삶과 죽음이 모두 허상임을 깨달을 때 궁극적인 진리에 도달하여 죽음을 극복한다고 보며, 샤머니즘에서는 기본적으로 사람들이 살아가는 이승과 영적 존재들이 사는 저승을 구분하고 이 두 세계가 서로 영향을 주고받는다고 보고 있다. 즉 샤머니즘의 경우, 이승 사람들의 길흉화복이 저승의 영적 존재들에게 달려있기 때문에 이 둘을 매개하여 영적 존재들을 달래고 화를 막고 복을 빌어야 한다는 것이다.[19] 이에 따라 한국인의 죽음과정을 돌볼 때에는 대상자의 종교와 관련된 믿음을 고려하여야 한다.

반면에 문헌연구에서 제시한 나쁜 죽음은 지역사회 세팅보다는 병원에서 좀 더 흔하고 나쁜 죽음의 가장 흔한 요소는 해결되지 않는 통증이었다. 또한 제시된 문헌의 반수에서 완화적 돌봄을 실시하지 않음이 보고[20]되어 좋은 죽음을 위해서는 통증 조절을 포함한 완화적 돌봄을 제공할 필요가 있다. 한편, 중환자실 간호사는 환자의 좋은 죽음 요소로 합당한 의사소통, 개별행동의 조절, 적절한 돌봄 환경, 편안하게 끝내기를 꼽았으며 정서적 측면에서 판별과 슬픔을 뜻하는 말을 많이 하는 것이 좋은 죽음에 도움이 된다고 하였다.[21] 이와 더불어 간호사는 환자 및 가족과 말기 돌봄 경험을 나누는 것으로 보상을 받고 자부심이 생김[22]을 함께 고려할 때 좋은 죽음을 향상시키기 위해서는 신체적 돌봄 뿐 아니라 정서적 돌봄도 이루어져야 함을 알 수 있다.

좋은 죽음의 측정을 위해 영국의 시사주간지 이코노미스트 산하 연구기관인 이코노미스트 인텔리전스 유닛(EIU · Economist Intelligence Unit)에서는 죽음의 질 지수(quality of death index)를 개발하였다. 이 지수는 임종을 앞둔 환자의 통증과 그 가족의 심리적 고통을 덜어줄 수 있는 의료 시스템(완화의료 정책)이 얼마나 발달했는지를 평가하는 지표이다. 지수를 개발한 영국은 2008년 국가 차원에서 좋은 삶을 누릴 권리처럼 좋은 죽음 또한 모든 국민이 동등하게 누려야 할 권리로, '좋은 죽음'의 개념을 정립한 바 있으며 온 국민이 좋은 죽음을 맞이할 수 있도록 생애말기 치료의 방법과, 호스피스 제도에 중점을 두었다. 이 지수에서 영국은 2015년, 100점 만점에 93.9점을 받아 1위를 차지하였으며 한국은 73.7점으로 18위이었다.[23] 이 지표에 따른 평가로 완화의료에서 호스피스가 좋은 죽음의 한 가지 대안이라는 근거를 마련하였다고 볼 수 있다.

호스피스 · 완화의료는 치료가 어려운 말기질환을 가진 환자와 가족을 대상으로 통증 및 신체적, 심리적, 사회적, 영적 고통을 완화하여 삶의 질을 향상시키는 전문적인 의료서비스이다. 우리나라에서는 2010년부터 암관리법에 의해 암 질환을 말기질환으로 제한하고 암환자에 국한하여 국가적 지원을 하였으나 연명의료결정법[24]이 2016년 2월 3일에 제정되고 2017년 8월 4일부터 시행됨에 따라 타 질환자(후천성면역결핍증, 만성폐쇄성 호흡기질환, 만성간경화, 그 밖에 보건복지부령으로 정하는 질환)의 말기 돌봄에도 국가지원이 가능해 졌다. 특히, 이 법은 호스피스 · 완화의료나 임종과정에 있는 환자의 연명의료와 연명의료중단 등의 결정 및 그 이행에 필요한 사항을 규정함으로써 환자에게 최선의 이익을 보장하였다. 또한 환자의 자기결정을 존중하여 인간으로서의 존엄과 가치를 보호하고 있다. 따라서 좋은 죽음의 향상방안에서 이 법의 제정과 시행은 중요한 의미를 갖게 되므로 이를 합당하게 적용하여야 할 것이다.

한편, 좋은 호스피스 · 완화의료의 제공을 위해서는 돌봄의 질을 지속적으로 평가하는 것이 필수적이다. 이 주기적인 질 평가의 주요 항목들은 신체적인 증상 조절을 위한 선별평가, 윤리적/법적 문제들, 포괄적 평가 과정, 영적 문제들, 환자와 가족의 평가 등이다.[25] 종종 호스피스·완화의료에서는 좋은 죽음을 바람직한 삶의 마무리로 본다. 이때 바람직한 삶의 마무리를 위해서는 종교, 문화예술, 학계, 언론, 시민단체, 정부, 국회 등의 동참이 필요하며 이를 위해 공동체적 노력이 요구된다. 일반인들의 좋은 죽음을 위해 공동체적 노력에서 중요한 것은 다른 사람에게 부담을 주지 않음(27.8%), 가족이나 의미 있는 사람과 함께 있는 것(26.0%), 주변정리가 마무리 되는 것(17.4%), 통증으로부터 해방된 상태(8.3%) 등이었다. 이와 더불어 정부의 역할에 대해서는 말기환자에 대한 재정지원(29.8%), 호스피스서비스에 대한 보험인정(16.5%), 호스피스제도 정착을 위한 교육 및 홍보강화(15.9%), 말기질환관리를 위한 의료의 질 향상(13.8%) 등이 중요하다고 하였다. 따라서 좋은 죽음을 위한 호스피스·완화의료에서는 이들을 감안하여야 할 것이며 더불어 좋은 죽음을 위한 공동체적 노력으로 바람직한 삶의 마무리에 대한 사회적 합의, 행정적 뒷받침, 범국민적 '웰빙, 웰다잉' 문화운동으로 승화시키는 일 등[26]이 이루어져야 할 것이다.

죽음을 눈앞에 둔 말기환자들은 극심한 신체적 통증, 신체 조절능력의 상실, 사회적 관계와의 고립으로부터 오는 소외감과 두려움 등으로 고통을 당하게 된다. 이때 통합적 완화 돌봄 중재가 환자의 삶의 질, 영적 안녕과 불안에 효과적임이 메타분석연구에서 입증되었음을 간과하지 말아야 한다. 이 메타분석에서 통합적 완화 돌봄 중재는 평균 6.5주(2-16주), 5.6세션(2-8세션)으로 대부분 개인별로 이루어졌으며 일 세션 당 평균 47.8분(30-60분)이 소요되었으므로 완화적 돌봄 중재에서 이를 고려해야 할 것이다. 통합적 완화 돌봄은 첨단 의료기술과 생의학적 접근을 통한 질병치료

보다는 신체적 영역과 심리적, 정신적, 그리고 감성적 영역이 모두 서로 균형을 이루도록 돕는데 초점을 둔다. 이는 대상자를 몸-마음-영성을 지닌 통합적인 전인격체로 인식하고, 섬세한 접촉과 감성을 사용하여 환자 중심적 접근을 중요시하는 새로운 지역사회 기반 건강관리 접근법[27]이다. 따라서 통합적 완화 돌봄을 말기환자 및 가족에게 적용함은 좋은 죽음 확산을 위해 간호 실무에서 우선적이 되어야 할 것이다.

반면에 2013년 의료인의 호스피스·완화의료에 대한 인식과 지식 연구[28]에서, 우리나라 의사와 간호사들은 호스피스·완화의료에 대해 대부분(96.4%, 91.3%) 들어본 적이 있고 현 상황에서 적합한 호스피스 유형은 '병원에서 운영'하는 것이며 호스피스·완화의료가 활발하게 시행되지 못하는 이유로는 '병원의 경제성 고려 때문에'와 '호스피스는 인식하되 필요성을 느끼지 못하므로'를 제시하였다. 그러나 2010년도 암 관리법이 실시된 이후 호스피스·완화의료에 대한 국가적 지원이 확산되었고 2018년 2월 4일 연명의료결정법이 국내에서도 시행됨에 따라 병원 등의 기관은 물론 지역사회에서도 호스피스·완화의료가 확산될 것으로 본다. 그러므로 호스피스·완화의료에 대한 지식과 인식이 낮았던 의료인들을 위해 그에 대한 인식 및 지식의 향상 그리고 죽음에 대한 태도 정립을 도울 수 있는 교육지침을 개발하고 적용할 필요가 있다.

아울러 우리나라에서 무의미한 연명치료의 중단에 대한 찬성은 반대보다 그 비율이 높았다. 중단을 찬성하는 비율은 72.3%이었고 찬성이유로는 가족들의 고통(69.4%), 고통만 주는 치료(65.8%), 경제적인 부담(60.2%), 환자의 요구(45.2%) 등 이었으며 반대하는 비율은 27.7%였고 그 이유로는 생명 존엄성 훼손(54.5%), 신의 영역(21.7%), 남용위험(18.4%) 등 이었다.[29] 따라서 좋은 죽음의 확산을 위해서는 무의미한 연명치료의 중단에 대해 찬성의견은 물론 반대 이유까지도 신중하게 검토를 해야 할 것이다. 좋은 삶이 개인의 성장배경과 능력, 위치 등의 구체적인 상황에 따라 그 의미에 대한 반응이 달라지듯이 죽음의 의미도 맥락을 같이 하기 때문이다. 이는 연명의료결정에서 자기결정을 존중하며 죽음의 선호에 대한 환자의 의사표시 등을 지속적으로 확인하고 충족시킬 뿐 아니라 절차과정에 대한 관리감독이 필요함을 의미한다.

이상에서 제시된 내용을 통하여 호스피스·완화의료(이하 호스피스로 명기함)가 좋은 죽음의 확산을 위한 구체적인 방안으로 보고 그 돌봄의 향상을 위해 다음과 같은 방법과 제언을 하고자 한다.

첫째, 호스피스는 총체적인 돌봄이므로 이 돌봄을 통합적 완화 돌봄의 목적에 적합한 방법으로 적용할 필요가 있다. 이를 위해 호스피스의 여러 세팅에서 대상자인 환자와 가족에게 좋은 죽음의 속성이나 요소들을 고려하여 거부하고 싶은 죽음이 아니라 준비된 수용적 죽음과 관계속의 죽음이 되도록 노력하여야 한다.

둘째, 호스피스 대상자인 환자와 가족의 요구를 명료화하고 그 요구에 깔린 근본적 원인을 알아본 다음 돌봄을 통해 대상자를 안심시키며 나아가 사회적, 재정적으로 도울 수 있어야 한다. 이 도움에는 환자의 요구에 대한 구체적 내용과 원인 규명은 물론 가족의 사별에 대한 돌봄도 포함되어야 한다.

셋째, 좋은 죽음의 확산을 위한 공동체적 대응방법으로 말기질환자를 암환자 이외의 환자들로 확대하여 연명의료계획(사전의료계획)의 결정, 행정적 지원 대책, 웰빙 및 웰다잉 문화운동의 전개가 필요하다〈표 1. 한국인의 웰다잉 가이드라인[30] 참고). 이와 관련하여 치매질환자의 말기 돌봄에서도 호스피스 돌봄이 필요하고 적용 가능함이 제시[31]되었으므로 추후 다양한 말기 질환자에서도 호스피스 돌봄의 적용 가능성을 검토하여야할 것이다.

넷째, 말기 질환자들은 말기를 가정에서 보내기 원하므로 이를 호스피스에서 고려해야 하며 호스피스 돌봄은 법적 근거에 준하고 다학제 간의 협력을 통하여 말기 환자와 가족을 대상으로 실시하여야 한다. 아울러 최근 노인인구의 증가에 따라 노인 말기 질환자가 너싱홈과 같은 시설에 많으므로 일반병원 뿐만 아니라 이들 시설에서도 호스피스 돌봄이 실시되어야 할 것이다.

다섯째, 호스피스에서 다학제적 돌봄의 훈련, 제공 및 평가를 위한 표준을 개발하고 이 표준 지침에 따른 교육과 실무제공이 이루어져야 한다. 또한 돌봄의 질 측정을 통하여 표준 지침에 대한 평가가 지속적으로 이루어져야 한다.

여섯째, 이 돌봄에 대한 사회적 합의를 위해 대중에게 홍보가 이루어져야 하며 말기질환자의 통증조절을 위한 마약사용의 수용에 대해 의료계[32]를 위시하여 관련 분야에서 이행이 되어야 한다.

일곱째, 이 돌봄을 보다 근거를 기반으로 실무에서 제공하기 위해서 관련 연구들이 이루어져야 하며 이에 대한 지원정책이 다학제적으로 보다 확대되어야 한다.

마지막으로, 희망의 치료적 가치를 고려하여 호스피스에서 희망을 제고하여야 한다. 대부분의 말기환자들은 위엄 유지, 스트레스에 대처, 고통에 적응, 그리고 삶의 질 증진을 위해 희망을 필요로 한다. 희망은 생명을 위협하는 환자를 도울 수 있는 필수적인 자원이다.[33] 따라서 호스피스에서는 대상자들의 희망요인들을 규명(예. 개인과 신과의 관계, 삶의 철학과 의미를 포함하는 긍정적 속성들, 치료 시 그 효과에 대한 인지 등)하고 그를 조장하는 중재들(예. 규명된 요인에 대한 중재, 불확실성 감소, 자아존중감 증진, 무력감 감소, 자원을 통한 환자 지지 등)을 제공하여야 한다.

〈표 1〉 한국인의 웰다잉 가이드라인[34]

가이드라인	내 용
죽음의 준비, 병의 말기 진단 전에 해야 할 일	• 유언장 작성 - 민법 제1066조의 5가지 필수요건 충족: 내용, 날짜, 주소, 성명, 날인 - 내용: 임종 방식, 시신 기증이나 장기기증 여부, 임종 시 사전의료의 향여부, 장례방식, 유산, 금융정보, 남기고 싶은 이야기 등을 직접 작성 • 사전의료의향서 작성 - 내용: 심폐소생술을 비롯한 연명치료 실시여부, 진통제 치료나 인공 투석과 같은 연명치료에서 자신이 원하는 항목
말기질환 사실을 알리는 바람직한 방법	• 긍정적이고 적극적으로 죽음과 죽어감을 받아들이기 - 말기질환자가 죽는다는 사실을 알게 되는 양상의 고려(폐쇄형, 의심형, 외면형) - 의료진이 먼저 환자를 안정시켜야 함 - 의료진은 환자가 이해하고 받아들일 때까지 설명해 줄 의무가 있음 - 의료진은 환자나 가족이 보이는 격렬한 반응이 정상적이라는 것을 당사자에게 알려줄 의무가 있음 - 의료진은 환자 스스로 낙담하고 자책하지 않도록 충분히 배려함 - 의료진은 환자의 남은 수명(시간)을 성급하게 단정해서는 안 됨 - 의료진은 환자와 가족에게 호스피스 병동이나 임종간호를 권할 수 있음 - 의료진은 가족 없이 홀로 말기질환 선고를 듣게 되는 환자를 충분히 배려해야함

가이드라인	내 용 〈표1. 계속〉
말기질환 판정을 받은 환자에게 도움을 주는 방법	• 죽음을 삶의 한 과정으로 받아들이기 - 죽음을 준비하는 아름다운 마음 갖기
말기환자를 돌보는 가족에게 도움을 주는 방법	• 살아온 삶의 의미와 가치 나누기 : 환자와 마지막 시간을 보내는 가족이 해야 할 일 - 환자가 편하고 아름다운 죽음을 맞이하도록 많은 이야기를 나누기 - 환자 곁에 끝까지 함께 있을 것이라는 확신 심어주기 - 임종 뒤에도 종교의례 등으로 고인을 계속 기억할 것이라고 약속하기 - 환자가 자괴감이나 수치심, 죄의식 등을 갖지 않게끔 세심하게 주의 - 환자에게 좋은 구절이 있는 경전을 읽어 주거나 평화와 안식의 기도를 자주 해주기 - 환자가 좋아하는 책의 문장을 읽어주거나 평소에 좋아하는 음악을 들려주기 - 환자의 몸이 깨끗하게 유지될 수 있도록 지속적으로 관리하기 - 환자의 작은 바람도 간과하지 말고 성의 있게 들어주기
임종 직전 죽음이 가까웠을 때의 증상	• 삶의 마지막을 편안하게 준비하기 - 임종이 가까웠을 때 나타나는 변화들: 음식이나 음료 섭취가 줄어듦, 잠자는 시간이 많아지거나 의식을 자주 잃음, 반복적인 불안행동, 허공에다 혼자 말하기, 소변의 양 감소와 진한 색깔, 호흡이 가빠지고 불규칙함, 가래 끓는 소리, 검거나 푸른색의 피부 색깔 변화 등
떠나는 것 받아들이기와 작별인사	• 따뜻하고 편안한 마음으로 작별하기 - 마지막 순간에 편안하게 보내기 - 충분한 작별의 시간 갖기 - 임종직후에 유족이 할 일: 고인의 몸 청결유지, 평소 좋아하던 옷으로 갈아입히기, 머리빗기기와 턱받이, 자세 바르게 해주기, 마지막 인사와 종교 의례 등
망자보내기, 장례	• 장례장소의 결정, 장법의 결정, 장례 상담, 장례절차 • 장례 후에 할 일 - 삼우제, 매장신고, 사망신고 등

가이드라인	내 용 〈표1. 계속〉
고인을 보낸 이의 슬픔을 치유하는데 도움이 되는 방법	• 슬퍼할 만큼 슬퍼하기 • 감정을 있는 그대로 받아들이기 • 마음의 고통을 가까운 사람과 나누기 • 단순한 일상생활의 패턴유지와 규칙적인 생활 • 고인과의 행복한 추억 떠올리기 • 영적인 활동에 관심을 기울이기 • 새로운 에너지로 새로운 생활에 도전

고인을 보낸 이가 슬픔의 단계를 충분히 겪으며 일상으로 돌아오기	• 사별*초기단계: 충격과 좌절 단계(보통 몇 주에서 1-2개월)
	  - 우선 현실을 수용, 고인의 죽음을 사실로 받아들이기
	  - 몸과 마음에 생기는 이상증상들을 정상적으로 받아들이기: 자연스럽고 임시적 현상
	  - 단순하게 몸이 시키는 대로 맡기기: 피곤하면 자고, 울고 싶으면 울고, 먹고 싶으면 먹는 것이 좋음
	• 사별중간단계: 고독과 우울 단계
	  - 사람들과의 접촉을 피하지 말고 누군가의 도움이 필요함을 인정
	  - 평소 믿고 지내는 가까운 친구에게 자신의 감정을 표현(이해와 교감)
	  - 가사문제나 유품정리 등의 실질적인 도움 받기
	• 사별극복단계: 수용과 적응단계
	  - 사별을 충격적인 사건에서 '삶과 죽음의 긍정적인 의미', '자신과 타인과의 관계', '참 자신 혹은 신은 무엇인가'와 같은 근본적인 질문을 통해 성숙과 성장의 계기 마련

* 사별기간(죽음의 사실을 받아들이고 수용하는 단계까지)은 일반적으로 1년으로 보지만 평생 지속되기도 함.

인간의 죽음에서 좋은 죽음에 대한 논의는 쉬운 일이 아니다. 말기 상태, 죽음에 가까운 사람이 대상일 경우에는 서두를 필요가 없을 수 있고 의식이 있으면서 고통이 있다면 고통을 가능한 줄여주어 도움을 줄 수 있다. 일부 사람들은 말기환자가 죽을 때까지 기다리면 된다는 의견도 있다. 그러나 보편적으로 좋은 죽음, 존엄사란 타인을 생각하며 자연스럽게 죽는 것을 내가 선택하는 행위에 해당된다. 여기서 좋은 죽음을 확산시키는 우선적인 방안은 '무의미한 연명치료'를 지속하지 않는 것이다. 살아있는 기간이 길어진다고 해서 꼭 좋은 것이 아닐 수도 있고 짧은 여명이라도 기쁘고 평안할 수도 있기 때문이다.

물론 고통 중에 있는 죽어가는 이의 좋은 죽음을 위해서는 고통경감이 중요하다. 약물 등을 이용한 신체적 고통경감 그리고 부담감의 완화나 가치관의 변화 등을 통한 정신적, 영적 고통의 완화가 필요하다. 무엇보다 극심한 고통 속에서 죽음을 맞이하는 환자와 가족들을 존엄하게 죽도록 돕는 좋은 죽음의 실천방안을 형식, 규범에 따라 무시하거나 간과해서는 안 될 것이다. 이를 위해서는 성숙한 생명과 죽음 이해가 필요하다.[35]

한편, 완화적 돌봄 측면에서 볼 때 죽음 수용에 대한 문헌이 부족하였으므로 이에 대한 연구가 보다 필요하다. 또한 죽음의 수용을 생산적이며 바람직한 것으로 보고 환자의 심리적, 영적 만족감을 통하여 훈련시키는 것과 죽음에 참여하도록 격려하는 것 등[36]을 통해 죽음을 수용할 수 있도록 적극적으로 중재할 필요가 있다.

특히, 호스피스병동에서 말기암환자를 돌보는 가족들은 '호스피스를 좋은 죽음으로 선택하였음'[37]을 간과해서는 안 될 것이다. 아울러 좋은 죽음에서는 이타적 존엄성이나 공동체적 존엄성이 강조되어야 한다. 죽음의 고통, 불안, 고독, 분노, 자기상실, 체념, 절망 등에 둘러 싸여 있는 환자들에게 근본적으로 필요한 것은 우정, 자비 그리고 이웃 사랑에 기본을 두는 위로나 따뜻한 대화 등과 같은 좋은 죽음의 동반행위임을 재인식하여야 하며 이는 호스피스의 실천과 확산의 바람직한 방책이 된다. 이에 따라 존엄하고 아름다운, 좋은 죽음을 원하는 우리는 호스피스를 좋은 죽음과 연계하여 함께 실천할 수 있도록 노력을 기울여야 할 것이다.

〈참고문헌〉

권복규, 「한국인의 전통 죽음관」, 『한국호스피스·완화의료학회지』, 16(3), 2013. 155-165.

권수현, 「생물학적 죽음에서 인간적 죽음으로-죽음의 자유와 도덕」, 『사회와 철학연구회논문집』 30, 2015. 199-224.

김계숙, 「호스피스 병동 말기 암환자 가족의 돌봄 경험에 관한 현상학적 연구」, 『한국가족복지학』 52, 2016. 35-66.

김신미·이윤정·김순이, 「노인과 성인이 인식하는 '좋은 죽음'에 대한 연구」, 『한국노년학』, 23(3), 2003. 95-110.

김춘길, 「대학생의 죽음에 대한 인지도와 자아존중감이 삶의 의미에 미치는 영향」, 『보건간호학회지』, 27(3), 2013. 539-550.

_____, 「재가노인의 좋은 죽음에 대한 인지도와 가족지지의 영향」, 『한국호스피스·완화의료학회지』, 17(3), 2014. 151-160.

김춘길·이영희, 「간호사의 치매노인 말기 돌봄에 대한 경험」, 『성인간호학회지』, 29(2), 2017. 119-130.

김현숙·홍영선, 「한국 호스피스 완화의료: 과거, 현재 그리고 미래」, 『호스피스·완화의료학회지』, 19(2), 2016. 99-108.

보건복지부, 「호스피스·완화의료 및 임종과정에 있는 환자의 연명의료결정에 관한 법률」, 보건복지부, 2016.

오소연, 「호스피스완화의료 팀 구성 및 관리」, 『2015년 5월 10일 한국호스피스·완화의료학회 연수강좌 자료집』, 2015. 35-42.

오지현, 「좋은 죽음의 의미」, 석사학위논문, 한양대학교, 2009.

윤영호, 「좋은 죽음과 공동체 대응」, 『2016년 9월 1일 제 5차 서울연구원 미래서울 네트워크 포럼 자료』, 2016.

_____, 「삶의 바람직한 마무리를 위한 공동체의 역할」, 『아산재단 창립 33주년 기념 심포지움 보고서』, 2010. 117-131.

이경주·황경혜·라정란·홍정아·박재순, 「좋은 죽음의 개념분석」, 『호스피스교육연구소지』 10, 2006. 23-29.

이영은 · 최은정 · 박정숙 · 신성훈, 「호스피스 · 완화의료에 대한 인식 및 지식 그리고 죽음에 대한 태도: 일개 지역에서의 의료인을 대상으로」, 『한국호스피스 · 완화의료학회지』, 16(4), 2013. 242-252.

전병술, 「한국에서의 죽음학」, 『동양철학』 44, 2015. 55-73.

정진홍, 「삶으로서의 죽음」, 『아산재단 창립 33주년 기념 심포지엄 보고서』, 2010. 7-26.

조계화 · 김균무, 「한국 의료인의 죽음에 대한 이해」, 『한국의료윤리학회지』, 16(1), 2013. 124-138.

조계화 · 박애란 · 이진주, 「통합적 완화 돌봄 중재가 말기암환자의 삶의 질에 미치는 효과: 메타분석」, 『호스피스 · 완화의료학회지』, 18(2), 2015. 136-147.

한국죽음학회, 『한국인의 웰다잉 가이드라인』, 대화문화아카데미, 2011. 15-117.

한림대학교 생사학연구소, 『죽음의 풍경을 그리다: 한국적 생사학을 위하여』, 도서출판 모시는 사람들, 2015. 236-240.

한은정 · 박명화 · 이미현 · 이정석, 「장기요양서비스 서비스제공자가 인식하는 '좋은 죽음' 의미탐색」, 『한국사회정책』, 23(4), 2016. 177-203.

Alidina K · Tettero I, "Exploring the therapeutic value of hope in palliative nursing", *Palliative and Supportive Care*, 8, 2010. 353-358.

Cagle JG · Unroe KT · Bunting M · Bernard BL · Miller SC, "Caring for dying patients in the nursing home: voices from frontline nursing home staff", *Journal of Pain Symptom Management*, 53(2), 2017. 198-207.

Cottrell L · Duggleby W, "The "good death": an integrative literature review", *Palliative and Supportive Care*, 14, 2016. 686-712.

Endacott R et al., "Perceptions of a good death: a qualitative study in intensive care units in England and Israel", *Intensive and Critical*

Care Nursing, 36, 2016. 8-16.

Gagnon J · Duggleby W, "The provision of end-of-life care by medical-surgical nurses working in acute care: a literature review", *Palliative and Supportive Care*, 12, 2014. 393-408.

Goldsteen M · Houtepen R · Proot IM · Abu-Saad HH · Spreeuwenberg C · Widdershoven G, "What is a good death? Terminally ill patients dealing with normativeexpectations around death and dying", *Patient Education and Counseling*, 64, 2006. 378-386.

KBS, 〈KBS 시사기획 창〉, "웰다잉 '죽음의 질' 1위 비결은?", 2016.

McNamara B, "Good enough death: autonomy and choice in Australian palliative care", *Social Science & Medicine*, 58, 2004. 929-938.

Shinjo T et al., "Why people accept opioids: role of general attitudes toward drugs, experience as a bereaved family, information from medical professionals, and personal beliefs regarding a good death", *Journal of Pain and Symptom Management*, 49(1), 2015. 45-54.

Steinhauser KE · Clipp EC · McNeilly M · Christakis NA · McIntyre LM · Tulsky JA, "In search of a good death: observations of patients, families, and providers", *Annals of Internal Medicine*, 132(10), 2000. 825-832.

Walters G, "Is there such a thing as a good death?", *Palliative Medicine*, 18, 2004. 404-408.

Wilson DM, "A scoping research literature review to assess the state of existing evidence on the "bad" death", *Palliative and Supportive Care*, 2017. 1-17.

Zimmerman C, "Acceptance of dying: a discourse analysis of palliative care literature", *Social Science & Medicine*, 75, 2012. 217-224.

좋은
죽음을
위한
안내

02 의료적 관점에서의 좋은 죽음

고수진

1. 좋은 죽음(Good Death)이란?

국내 사망원인의 첫 번째는 암이며, 암의 발생율은 지속적으로 증가하고 있다. 암으로 진단을 받은 후 항암치료를 받고 재발하여 말기에 이르기까지 환자들은 신체적 측면뿐만 아니라 심리적, 사회적, 영적으로 고통을 경험하게 되므로 모든 과정에서 환자들에게 돌봄을 제공하는 것이 필요하다. 특히, 임종기에 좋은 죽음(Good Death)을 위한 돌봄을 제공하는 것은 환자 자신은 물론 환자의 가족들에게도 매우 중요하다. 이 글에서는 의료적 관점에서 좋은 죽음에 대한 정의와 함께, 죽음을 대하는 환자와 가족 그리고 의료진이 좋은 죽음을 어떻게 인식하는지, 또 좋은 죽음을 위한 환자의 권리는 어떠한 것이 있으며 이를 위해 의료진이 할 수 있는 역할은 무엇인지 정리하고자 한다. 또 좋은 죽음을 위한 임종 돌봄의 제공과정과 의료시스템에 관하여 간략하게 정리하고 차후 의료시스템에서 좋은 죽음에 대한 사회적 인지도 향상과 질적 관리, 전문인력 교육의 필요성에 대해 말해보고자 한다.

1) 일반적인 원칙

노년층의 노인복지에 관계하는 영국 최대의 자선단체인 AGE CONCERN[1]은 인구구조의 변화가 미치는 영향에 대한 연구를 5가지 분야로 진행했다. 그 가운데 하나인 『건강과 돌봄 그룹(Health and Care Group)』의 『건강과 노년의 미래에 관한 최종보고서(The Future of Health and Care of Older People)』에서 '좋은 죽음의 원칙적 요소'를 아래와 같은 내용의 12가지 항목으로 정리하여 발표하였다.[2]

(1) 임종의 시기를 알고, 어떤 과정이 나타나는지 예상하고 이해하기

(2) 앞으로 일어날 일에 대해 통제력을 유지하기

(3) 존엄성과 사생활을 유지하기

(4) 통증이 완화되고 다른 증상을 조절할 수 있기

(5) 어디에서 (집 또는 다른 곳) 임종을 맞이할지 선택할 수 있기

(6) 모든 종류의 필요한 정보 및 전문적 지식을 접할 수 있기

(7) 모든 영적 혹은 정서적 지원을 받을 수 있기

(8) 병원뿐만 아니라 어느 장소에서도 호스피스 돌봄을 받을 수 있기

(9) 현재 지내는 사람들과 마지막을 함께 할 사람들을 정하기

(10) 내가 원하는 것이 존중되고 보장되도록 사전의료의향서를 작성하기

(11) 작별 인사를 하고 다른 부분을 조절할 수 있는 시간을 가지기

(12) 세상을 떠나야 할 시기에 임종을 맞이하고, 삶을 무의미하게 연장하지 않기

위의 내용을 정리하면, 임종기 환자는 존엄성과 존중을 가진 인간으로

서 대우 받는 것, 고통과 다른 증상을 최소화 하는 것, 자신과 친숙한 환경에 있는 것, 가까운 가족이나 친구들과 함께 있는 것으로 요약할 수 있다.

2) 좋은 죽음에 대한 환자, 가족 및 의료진의 인식

좋은 죽음에 대한 생각은 사람들마다 또는 의료진, 환자, 가족들 사이에 차이를 보이고 있다. 최근에 환자, 환자의 가족, 의료진을 대상으로 좋은 죽음에 관해 조사한 다양한 문헌들을 검토해본 결과 11가지의 핵심 주제를 찾을 수 있었으며 자세한 내용을 아래의 〈표 1〉에 제시하였다.

〈표 1〉 좋은 죽음과 관련된 핵심 주제 및 하위 주제

핵심 주제	하위 주제
임종과정의 선택	임종 현장 (어떻게, 누가, 어디, 언제) 수면 중 임종 임종 준비 (예, 사전 의료 지시서, 장례 절차)
통증이 없는 상태	무통증 통증 및 증상 관리
정서적 안녕	정서적 지지 심리적 안정 임종의 의미에 관한 의견을 나누는 기회
가족	가족의 지지 임종에 대한 가족의 수용 임종을 준비하는 가족 가족에게 부과되지 않는 부담감
존엄성 유지	한 개인으로서의 존중 독립성

핵심 주제	하위 주제
삶의 마무리	작별 인사 좋았던 삶 임종의 수용
종교성/영성	종교적/영적 위로 믿음 성직자와의 만남
치료의 선택	무의미하게 연장되지 않는 삶 가능한 모든 치료를 사용했다는 믿음 치료방법에 관한 통제 안락사/의사의 도움에 의한 자의적 임종
삶의 질	평상시와 같은 삶 희망, 기쁨, 감사의 유지 살아갈 가치가 있는 삶
의료진과의 관계	의사/간호사로부터의 신뢰/지지/위로 임종/죽음을 편하게 생각하는 의사 영적인 신념/두려움을 의사와 의논하기
기타	문화 인식 스킨쉽 애완동물과 함께하기 의료 서비스 비용

특히, 환자, 가족, 의료진 3개 그룹 모두에게 중요한 부분은 임종과정의 선택(94%), 통증이 없는 상태(81%), 정서적 안녕(64%) 이었다. 하지만 세 그룹 간에 다르게 나타나는 부분도 있다. 가족들의 관점에서는 삶의 마무리(80%), 삶의 질(70%), 존엄성 유지(70%), 가족(70%)이 중요하다고 생각한 반면, 환자들은 이러한 부분들이 상대적으로 덜 중요하다(35%~55%)고 여기고 있었다. 한편, 종교성/영성은 가족들보다 환자들의 관점에서 보다

중요한 요소(50% vs. 65%)로 생각되었다. 좋은 죽음을 위한 돌봄에서 종교성/영성에 대한 안내와 지지가 환자들의 입장에서 중요하다는 점은 돌봄자들이 주목할 필요가 있는 지점이다.

3) 임종의 장소

좋은 죽음에서 중요한 부분 중 하나는 임종의 장소를 선택하는 것이다. 2011년 Melanie가 120명을 대상으로 환자가 원하는 임종장소와 수락이 가능한 임종장소에 대하여 연구한 결과, 선호하는 임종장소로 44.2%(53명)가 본인이 살아왔던 가정을 원하였다. 32.5%(39명)는 호스피스, 11.7%(14명)는 병원(종양전문센터, 일반병원), 그리고 10.8%(13명)는 미확정으로 응답하였다. 또한, 수락 가능한 임종 장소로는 선호도에 따라 (1)호스피스 (2)가정 (3)종양전문센터 (4)일반병원 (5)요양기관/요양병원(nursing home)으로 나타났다. 가정과 호스피스가 환자들이 선호하는 임종 장소라는 점이 눈에 띄는 점이다.

말기 암환자들이 돌봄과 임종을 받을 수 있는 장소는 크게 가정, 호스피스, 병원(일반병원, 종양전문센터), 요양병원 등 총 4가지로 요약될 수 있다. 현재 우리나라에서 이용 가능한 돌봄의 장소에 대하여 그 특성들을 살펴보면, 많은 암환자들이 가정에서 돌봄과 임종을 원하며, 환자 외에 가족, 의사, 기타 돌봄자들도 모두 가정에서의 돌봄과 임종을 긍정적으로 인식하는 논문 결과들이 많으며, 특히 가족이 옆에서 돌볼 수 있을 경우가 더욱 선호되며, 비용 절감 등 경제적인 측면도 있다. 호스피스는 가정 다음으로 선호되는 장소이며, 일반 병원보다 암환자에게 더 나은 돌봄(통증 완화 및 기타 증상 조절 등)을 제공 받을 수 있는 장점이 있다. 병원(일반

병원, 종양전문센터)은 현재 우리나라에서 돌봄과 임종이 가장 많이 이루어지고 있는 장소이며, 모든 치료가 적극적으로 가능하다는 면이 있지만 전문적인 돌봄을 제공하기는 어렵다. 마지막으로 요양기관이나 요양병원은 고령의 암환자의 경우 돌보는 가족이 없고, 의료비용에 대한 부담이 있는 경우 선택할 수 있는 말기 돌봄 및 임종의 장소이다.

4) 좋은 죽음에 대한 동아시아 문화 연구

동아시아의 주요 국가인 한국, 대만, 일본에서 좋은 죽음에 대한 차이를 연구한 결과를 통해 각 나라의 특징을 비교할 수 있었다.

(1) 말기 및 임종에 대한 설명

의사들을 대상으로 인식을 조사한 결과 환자들에게 말기나 임종에 대한 설명을 한국은 59%, 대만은 70%의 의사들이 꺼려한다고 응답하였다. 일본 의사들을 대상으로는 결과가 없었다.

(2) 임종에 대한 가족의 역할

한국과 대만은 80%가 임종 시 가족의 역할이 중요하다고 응답하였으며, 일본도 50%정도는 중요하다고 하였으나, 일본은 한국과 대만에 비해서는 상대적으로 낮게 나타났다.

(3) 임종의 장소

가정에서의 임종하는 비율이 한국과 일본은 5% 이었으나, 대만은 50% 정도로 큰 차이가 나타났다.

(4) 임종 시기의 종교인 방문

연구에서 대만과 일본은 대다수가 불교를 믿는 반면에 한국은 40%가 불교였으며, 임종 시기에 종교인의 방문에 대하여 한국과 대만 모두 긍정적으로 인식하였다.

2. 좋은 죽음을 위한 환자의 권리와 의료진의 역할

좋은 죽음을 위한 환자의 권리와 환자들에게 좋은 죽음을 제공하기 위한 의료진의 역할을 다음과 같이 정리할 수 있다.

1) 환자는 개인적인 욕구와 선호도를 논의 할 수 있는 기회를 가져야 한다. 돌봄 계획 단계에서 환자는 임종기의 요구와 선택을 의료진과 논의하고 기록해두어야 하며, 환자의 선호도와 선택 사항은 가능한 한 어디서나 고려되고 수용되어야 한다.
(1) 임종 돌봄과 관련해서 모든 의사, 간호사, 사회복지사는 의사소통 훈련을 받아야 한다.
(2) 의사, 간호사, 사회복지사는 환자와 보호자의 필요성을 평가하고 필요한 경우 다른 요건을 조율할 수 있도록 훈련을 받아야 한다.
(3) 돌봄 계획에는 모든 환자와 보호자에게 필요한 서비스를 제공하여, 그들의 욕구와 선호도를 충족시킬 수 있도록 보장해야 한다.

2) 환자의 임종기 돌봄 요구를 만족시키기 위해, 환자에게 돌봄 서비스를

제공하는 사람이 누구인지에 관계없이, 돌봄과 지지는 조정되어야 한다.

(1) 임종돌봄 서비스를 제공하는 모든 기관은 임종돌봄 지침을 토대로 임종과정 동안 돌봄을 체계적으로 제공해야 한다.

(2) 지역 내 임종돌봄을 조정하는 센터를 두어 관련 기관들이 임종돌봄 서비스를 상호 협력하고 조정할 수 있도록 해야 한다.

3) 환자가 어느 곳에 있든지 전문 인력의 신속한 상담과 의료적 돌봄을 받아야 한다.

(1) 환자와 보호자는 24시간 핫라인 서비스와 신속한 가정 돌봄 서비스를 제공 받아야 한다.

(2) 어느 장소에서나 완화의료 돌봄 서비스가 실행되어야 한다.

4) 환자는 말기와 임종기에 양질의 돌봄과 지지를 받아야 한다.

(1) 의료기관은 임종 돌봄 프로토콜이나 매뉴얼을 사용하여 돌봄을 제공해야 한다.

(2) 의료기관에서는 임종기 환자를 돌보기를 원하는 가족과 보호자를 위한 시설이 제공 되어야 한다.

5) 환자는 임종 전과 후에 인간으로서의 존엄성을 유지하고 존중을 받는 서비스를 제공받아야 한다.

(1) 임종 돌봄 서비스를 제공하는 의료진과 사회복지사는 환자의 존엄성을 제공하기 위한 교육과 훈련을 받아야 한다.

6) 돌봄의 모든 단계에서 환자의 보호자에게 적절한 상담과 지지가 제공되어야 한다.

7) 환자의 상태와 환경에 상관없이, 환자가 원할 때 마다 돌봄 서비스를 보장 받을 수 있도록, 임종 돌봄 서비스는 잘 계획되고 조정되어야 하며, 환자의 선택을 존중하고 고려해야 한다.
(1) 완화의료팀은 서비스를 제공하는 환자의 필요성에 기초하여, 임종 돌봄을 위한 포괄적이고 전략적인 돌봄 계획을 세워야 한다.

8) 높은 수준으로 양질의 서비스를 제공할 수 있도록 보장해야 한다.
(1) 모든 임종 돌봄 서비스 제공자를 아우르는 돌봄의 질적 기준을 개발하고 정립해야 한다.

9) 돌봄의 질을 보장하기 위해 임종 돌봄의 상태를 평가하고 모니터링해야 한다.
(1) 양질의 돌봄 서비스를 제공하기 위하여 돌봄 제공에 관한 자료를 수집, 분석, 게시하기 위한 국가 정보망이 구축되어야 한다.
(2) 다양한 전문가로 구성된 국가적 차원의 완화의료 위원회와 돌봄 제공자들이 협력하여 돌봄 제공의 행태를 파악하고 발전시켜 나가야 한다.

10) 비슷한 상황에 처해 있는 다른 환자들의 경험에 대한 정보를 사전에 제공 받거나, 자신의 경험을 통해 다른 환자들에게 임종 돌봄에 관

해 도움이 되는 정보를 주어서 시간이 지남에 따라 질적 향상이 이어지도록 해야 한다.

(1) 사별가족 및 보호자를 대상으로 설문 조사를 시행한다.

(2) 임종과 관련된 불만 사항에 대하여 종합적인 분석을 시행한다.

(3) 국가적인 차원의 임종 돌봄 연구계획을 시행하여 이를 통해 어떻게 우리가 최선의 방법으로 임종을 맞이하는 사람들을 돌보며 보호자들을 도울 수 있는지 개선하도록 한다.

3. 좋은 죽음을 위한 임종 돌봄 제공 과정

환자 각 개인을 위한 임종 돌봄 제공 과정에는 다음과 같은 단계를 포함해야 한다.

(1) 임종을 맞이하는 환자를 평가하고, 임종 돌봄에 관한 선호도에 대해 논의

(2) 임종 대상자의 요구와 선호도를 확인하여 문서로 작성하기(연명의료계획서)

(3) 신속한 돌봄의 접근

(4) 모든 장소에서 양질의 돌봄 서비스 제공

(5) 마지막 임종기 전/후 돌봄

(6) 임종 대상자의 보호자를 포함시키고 지지하기

1) 임종을 맞이하는 당사자 파악하기

임종을 맞이하는 당사자를 돌보는 것이 임종 돌봄에서 가장 중요한 단계이며, 돌봄 과정의 핵심이다. 임종 돌봄이 의료진들에게도 정서적인 어려움을 동반하지만, 전문직원이 돌봄에 관한 필수적인 지식과 기술, 태도를 가지고 있으면, 충분히 할 수 있는 일이다. 다양한 의료인들에게 임종 돌봄을 위해 필요한 역량을 교육해야 하며, 특히 의사소통 기술 훈련 프로그램이 포함되어야 한다. 이를 위해 학회 차원에서의 교육이 필요하다.

2) 임종 대상자의 요구과 선호도를 문서로 작성

임종기를 맞이하는 대상자들은 그들의 요구를 평가하고, 희망사항과 선호도를 논의하고, 돌봄 계획에 자신들의 선택을 반영하는 모든 과정에 참여해야 한다. 어떤 경우에는, 사람들은 미래에 의료적인 결정을 내릴 수 있는 능력이 부족할 때를 대비하여, 연명치료를 거부하기 위한 연명의료 계획에 대한 결정을 내리고 싶어 할 수도 있다.

또 다른 사람들은 어떤 종류의 돌봄을 받고 싶은지, 어느 장소에서 임종을 맞이하고 싶은지에 대한 일반적인 희망사항과 선호도를 확립하고 싶어 할지도 모르기 때문에 이러한 내용들을 돌봄 계획에 반영하여 문서로 작성해야 한다. 돌봄 계획은 환자의 상태와, 희망사항 및 변경 사항이 생길 때 마다 다양한 팀, 환자 및 보호자가 수시로 검토 할 수 있어야 한다.

3) 신속한 돌봄의 접근

임종 대상자의 상태가 급격하게 변화되기 때문에, 돌봄 제공자는 지체 없이 돌봄 서비스를 제공해야 한다. 만약 어떤 대상자는 예후가 단지 몇

주 또는 며칠만 남아 있을 수 있기 때문에 매 시간이 중요해진다. 임종 대상자는 입원형, 가정형, 자문형 호스피스 완화의료전문기관을 통해 지체 없이, 의료, 간호 및 개인 돌봄과 보호자 지지 서비스를 지역 사회에서 연중 무휴 24시간 제공할 수 있도록 보장하는 방법을 고려해야 한다.

4) 모든 장소에서 양질의 돌봄 서비스 제공

입원형, 가정형, 자문형 호스피스 완화의료전문기관뿐만 아니라 다양한 형태의 의료기관에서 임종 돌봄을 받을 수 있어야 한다. 각 의료기관마다 임종 돌봄을 위한 프로토콜과 매뉴얼을 가지고 돌봄을 제공할 수 있어야 한다.

5) 마지막 임종기 전/후 돌봄

임종 돌봄을 위한 지침에 따라서 의료인과 사회복지사는 임종 돌봄을 제공해야 한다. 임종기 증상 조절뿐만 아니라 심리적, 사회적, 영적 돌봄을 제공해야 한다. 특히 임종 대상자에게 충분한 상담과 교육을 제공하는 것이 필요하며, 이를 위해 의료진은 임종 돌봄에 대한 충분한 지식과 상담 기술을 가지고 있어야 한다.

6) 임종 대상자의 보호자를 포함시키고 지지

임종 대상자의 가족, 자녀, 친한 친구 및 보호자들은 임종 돌봄 제공에 있어서 필수적인 역할을 담당한다. 보호자들은 그들 또한 자신들의 욕구가 있음을 인식하여, 의사결정 과정에 밀접하게 참여해야 한다.

많은 사람들에게 있어서, 그들이 돌보는 사람이 임종기에 들어가고 있다는 것이 처음일 경우가 많기 때문에 보호자들은 임종 대상자의 상태 진행 사항과 돌봄 서비스에 관한 정보들이 필요하다. 또한 보호자에게도 임종 대상자가 생존해 있을 때와 사별 이후에도 실질적이고 정서적인 돌봄이 필요하다. 보호자들의 요구를 평가하고, 자신들의 돌봄 계획을 검토할 수 있어야 한다.

4. 좋은 죽음을 위한 의료 시스템

체계적인 임종 돌봄을 제공하기 위해서는 총체적인 시스템과 임종 돌봄 서비스 제공 단계가 필요하다. 특히, 호스피스 완화의료에 대한 보다 적극적인 접근이 의료기관과 함께 정부의 공동노력이 절실하다고 하겠다. 미국의 경우, 1970년에 3개소에 불과했던 호스피스가 1982년에 400여개, 1996년 2,700여개, 2013년에 5,300개소로 폭발적인 증가세를 보이고 있는 반면, 우리나라의 경우 2015년에 총 56개의 완화의료 전문기관이 있었고, 2017년 초 현재 기준으로도 겨우 88개 의료기관이 별도의 호스피스 병동을 개설해 운용하고 있는 실정이다.

생을 마감하는 일은 참으로 중요한 일이라 할 것이다. 임종을 앞두고 마지막 수주간, 며칠, 혹은 단 몇 시간 동안 임종환자를 어떻게 돌보고 대우하는가 하는 문제는 더욱 중요한 일이다. 이와 관련하여 미국 국립호스피스완화의료 위원회(the National Council for Hospice and Specialist Palliative Care)의 아래 가이드라인을 보면 이를 보다 더 명확하게 이해할 수 있다.

"죽음이란 매우 중요한 한 개인의 사건으로 이는 의료적 결과는 물론 엄청난 심리적 문제이기도 하다. 만약, 임종 환자의 심각한 증상이 적절히 통제되지 않고 있다고 환자가 인식하게 된다면, 환자의 정신적 고통은 훨씬 더 심화될 것이다. 환자의 가족들 또한 자신들이 사랑하는 사람이 적절한 돌봄을 받지 못하는 가운데 곧 타계할 것이란 생각으로 심대한 영향을 받게 될 것이다. 만약, 환자의 신체적 고통이 완화되지 못하게 된다면 환자와 가족의 비통이 정신적 외상을 초래할 정도로 더욱 심화될 것이다. 완화 치료는 환자와 가족들을 위한 생의 최상의 질을 성취시켜 주는 것이다."

1) 임종 돌봄 사회적 인지도 높이기

먼저 호스피스완화의료에 대한 인식을 향상시키기 위하여 지역 사회와 연계해서 임종 돌봄의 사회적 인지도를 향상시켜야 한다. 이를 위해 의료 기관, 학교, 종교 단체, 장례 지도사, 요양원, 호스피스완화의료 기관 및 자원봉사 단체와 연계하여 효율적으로 인식을 개선시킬 수 있다.

또한 국가적인 단계에서도 임종 돌봄의 사회적 인지도 향상과 사회에서의 죽음에 관한 인식 변화를 바꾸기 위하여 보건복지부의 중앙호스피스센터가 협력하여 개선시켜나가는 것이 중요하다.

2) 호스피스완화의료 제공 체계

다양한 의료기관들이 연계하여 호스피스완화의료 서비스를 체계적으로 제공할 수 있도록 중앙 및 지역 호스피스완화의료센터를 건립해야 한다. 지역 내 호스피스완화의료 기관의 연계가 이루어질 수 있도록 병동형, 가정형, 자문형 등 다양한 성격의 호스피스완화의료기관이 협력하고 정보를 공유할 수 있도록 해야 한다.

3) 호스피스완화의료 질 관리

의료기관에서 제공되는 임종 돌봄과 사회적으로 이루어지는 돌봄에 대한 서비스의 평가와 감독이 전반적으로 이루어져야 한다. 국가적 차원에서 임종 돌봄 서비스를 평가하고 감독하기 위하여 다양한 위원들로 구성된 독립적인 위원회를 구성하여 체계적인 관리가 이루어지도록 해야 한다.

4) 지속적인 돌봄 전문인력을 위한 교육과 훈련

의료진 및 사회복지사가 임종 대상자를 잘 돌보기 위해서 필수적인 지식과 기술 및 태도를 항상 유지하는 것은 성공적인 임종 돌봄을 위해 핵심적이다. 하지만, 많은 의료진과 사회복지사들이 임종기를 맞이하는 사람들을 파악하는데 충분한 훈련이 되어 있지 않고, 임종 대상자와 소통하고 그들에게 최적의 돌봄을 제공하는데 어려움을 가지고 있다.

따라서, 모든 전문 인력에게 임종 돌봄과 관련하여 다양한 훈련 프로그램이 실시되어야 한다. 이런 문제를 해결하기 위해서, 임종을 맞이하는 당사자들을 돌보는 일이 돌봄을 제공하는 전문인력들에게 가장 중요한 일이라는 것에 중점을 두면서, 임종 돌봄 주요 인력 개발 계획안의 수립이 필요하다.

임종 돌봄과 관련하여 의료진을 세 가지 광범위한 그룹으로 나눌 수 있다. 첫 번째 그룹은 임종을 맞이하는 사람들에게 업무의 모든 시간을 제공하여 전문적인 임종 돌봄을 제공하는 완화의료전문인 그룹, 두 번째 그룹은 그들의 업무 중 일환으로서 임종 돌봄을 자주 다루는 그룹, 세 번째 그룹은 임종 대상자를 드물게 돌보는 그룹이다. 각각의 그룹에 대한 임종 돌봄을 위한 핵심 역량을 개발하고 필요한 돌봄을 제공할 수 있도록 교육해야 한다.

5. 의료적 관점에서의 좋은 죽음

이상 의료적 관점에서의 좋은 죽음을 간략하게 정리해 보았다. 의료적 관점이라고 하여 존엄한 생명과 존엄한 죽음에 대한 해석이 달라질 수 없을 것이다. 비록, 죽음에 대해 종교적 혹은 철학적인 접근의 형이상학적 추론이 아닌 과학적 접근이 중요한 것이기는 하지만, 존엄한 생을 영위해 온 한 인간의 마지막 임종을 앞두고, 이를 가족과 함께 지켜보며 임종인에게 최상의 의료서비스와 돌봄을 주려는 노력은 그것 자체가 임종인에게 매우 중요한 인생의 마지막 장을 존엄하게 장식하는 일이 될 것이다.

〈참고문헌〉

Cheng SY et. al., "A Cross-Cultural Study on Behaviors When Death Is Approaching in East Asian Countries: What Are the Physician-Perceived Common Beliefs and Practices?", *Medicine(Baltimore)*, 2015 Sep;94(39):e1573.

Emily A, "Defining a Good Death(Successful Dying): Literature Review and a Call for Research and Public Dialogue", *Am J Geriatr Psychiatry*, 2016 April;24(4):261–71.

Fowell, A., et al. "End of Life Care Strategy: Promoting high quality care for all adults at the end of life." *UK Department of Health*, July 2008.

Smith R. "A good death. An important aim for health services and for us all", *BM*, 2000 Jan 15;320(7228):129-30.

Steinhauser KE et al., "Factors considered important at the end of life by patients, family, physicians, and other care providers", *JAMA*, 2000 Nov 15;284(19):2476-82.

Waghorn M et. al., "Opinions of patients with cancer on the relative importance of place of death in the context of a 'good death'", *BMJ Support Palliat Care*, 2011 Dec;1(3):310-4.

좋은
죽음을
위한
안내

호스피스 돌봄

조계화

1. 호스피스란 무엇인가?

1) 호스피스에 대한 정의

호스피스는 가족들이 집이나 가정과 비슷한 곳에서 생활하면서 안정을 찾으며 말기 환자들의 고통을 경감시키고 치료적 목표에 도달하기 위해 증상을 통제하며 신체, 심리 사회적, 영적 고통을 이해하고 경감시키는 팀 단위의 총체적 돌봄 프로그램이다. 호스피스는 죽음이 삶의 자연스러운 일부로 받아들여질 수 있게 만드는 돌봄 철학이며 죽음을 서둘러 수용하거나 연장시키지도 않는다. 또한 호스피스 돌봄은 환자가 고통이나 외로움에 대한 통제를 잃지 않으면서 진심으로 그들이 죽을 때 까지 살 수 있도록 도와준다. 환자에게 주어지는 호스피스는 개인의 요구에 알맞는 돌봄 계획에 따라 지속적으로 제공된다.

우리나라에서는 1965년 강릉 갈바리 의원을 통해 최초로 호스피스 개념이 도입된 이래 약 40여 년 간 종교단체에서 운영하는 병원이나 시설을 중심으로 호스피스 완화의료의 맥을 이어오고 있다. 2003년 암 관리법이 제정되면서 암환자에 대한 호스피스 예산지원 사업을 시작하였고, 2015년

말기 암환자의 호스피스 완화의료에 대한 건강보험 수가가 적용되어 환자와 가족의 경제적 부담을 완화하는 정책이 시행되었다. 2016년에는 17개 기관을 대상으로 의료진과 사회복지사 등이 정기적으로 가정을 방문하여 호스피스 완화의료 서비스를 제공하는 가정형 호스피스도 시범적으로 운영되고 있다. 또한 호스피스 완화의료 및 임종과정에 있는 환자의 연명의료 결정에 관한 법률을 제정하여 2017년 8월부터 시행하고 있다.

우리나라 호스피스 완화의료 대상은 적극적인 치료에도 불구하고 회복 가능성이 없고, 증상이 점차 악화되어 몇 개월 내에 사망할 것으로 예상되는 암환자이다. 호스피스 완화의료는 통증 등의 신체적 증상을 적극적으로 조절하고, 환자와 가족의 심리, 사회, 영적 어려움을 경감시키며, 환자의 삶의 질을 향상시키기 위해 시행되는 제도로서, 간호사와 의사, 사회복지사 등의 완화의료 전문가가 팀을 이루어 암환자와 그 가족에게 서비스를 제공한다. 그러나 우리나라 호스피스 완화정책은 아직 '말기환자'에 대한 사회적 합의에 이르지 못하고 있으며, 급여체계는 입원형의 수가적용에 이어, 가정형과 자문형의 시범사업을 시행 중이나 다양한 호스피스 모델의 활성화를 위한 안정적 재원전달체계 방안이 마련되어야 할 것이다.

죽음에 대한 위엄을 갖추게 된 계기를 가져온 호스피스의 성장은 참으로 기쁘고 다행스러운 일이다. 어떤 서비스와 마찬가지로 전문화된 돌봄 수준의 증가는 비용적인 문제만이 아니라 인간적이고, 경제적인 측면이 동시에 관련된다. 이러한 측면에서 볼 때, 우리 사회는 병원체제에서 이뤄지는 고비용의 돌봄 시스템뿐 아니라 가정에서의 돌봄에 대해 민감성과 융통성을 유지해야할 것이다. 그리고 이상적으로 호스피스 서비스는 책임감을 가지고 더욱 환자나 그 가족들의 요구에 유동적으로 대처하여 모든 건강 돌봄 체계의 모델이 되기를 기대한다.

2) 호스피스에서 하는 일

호스피스 철학은 인간존엄성에 바탕을 두고 있으며, 인간을 이해하는 총체주의 즉 인간은 여러 부분의 합(合, sum) 이상이라는 사상을 기반으로 호스피스 이론과 실제가 발전되어왔다. 또한 연민(compassion)으로 표현되는 사랑이 호스피스 돌봄에 깊이 내재되어 있다. 호스피스는 첫째, 환자와 가족 중심적이다. 말기환자와 그 가족의 안녕을 주목적으로 돌보고 지지한다. 둘째, 총체적이다. 환자와 가족의 신체, 정서, 사회, 영적문제들에 관심을 기울인다. 셋째, 지속적이다. 말기질환의 전 과정과 환자가 사망한 뒤 사별시기까지 환자와 가족의 요구를 파악하고 충족한다. 넷째, 종합적이다. 호스피스는 여러 전문가들로 구성된 팀 요원에 의해서 제공 되므로 이들이 한 자리에 모여 정기적으로 환자와 가족의 안녕을 위한 회합을 갖는다. 다섯째, 사랑으로 돌본다. 죽음을 맞이하는 환자로 하여금 소외된 채 외롭게 죽음을 맞이하지 않고, 마지막 순간까지 인간답게 가치 있는 삶을 살 수 있도록 사랑으로 돌보는 것이다.

즉 호스피스에서는 환자를 개별적으로 돌보며 증상관리를 위한 치료만 제공하고 개인의 요구에 따라 필요한 경우 마약성 진통제를 사용하여 통증을 조절한다. 호스피스는 삶을 단축시키거나 연장시키지 않고 죽음도 삶의 한 과정으로 생각하면서 환자와 가족이 남은 삶을 충만히 살 수 있도록 돕고 격려한다. 또한 모두가 환자를 위해 무엇인가 더 할 수 있음을 강조하고 새로운 삶에 대한 희망을 갖게 한다. 사별 이후에도 계속적인 프로그램을 운영하여 가족을 지지하고 돕는다. 이외에도 호스피스는 환자가 원하는 곳에서 가족과 함께 하며, 지속적이고 일관성 있게 환자를 돌보고, 자원봉사자를 활용하여 자유로운 분위기 속에서 인격적인 의사소통과 지지를 제공할 수 있다.

호스피스의 유형은 다양한 형태로 구분된다. 첫째, 독립형 호스피스는 호스피스만 독립적으로 운영하는 형태로서 누구든지 환자 의뢰를 할 수 있다. 둘째, 병원 내 산재형 호스피스는 병원 내에 호스피스 팀이 구성되어 돌봄을 제공하며 주로 내과나 암 병동에 호스피스 환자들이 병실 내의 다른 환자들과 함께 입원하여 호스피스 서비스를 받는다. 셋째, 병원 내의 병동 호스피스는 병원 내에 확보된 병동에서 호스피스 활동을 하는 유형으로 의료시스템이나 의료 인력을 활용할 수 있는 장점이 있으나 사람들이 호스피스 병동을 죽음의 장소로 보는 부정적 측면도 있다. 넷째, 가정 호스피스는 호스피스 요원이 가정을 방문하여 돌봄을 제공하는 형태로 보편적인 유형이다. 장점은 집이라는 편안한 환경에서 돌봄을 제공받을 수 있고, 경비가 적게 든다는 점이나 가족의 부담이 크다는 단점도 있다. 다섯째, 시설 호스피스는 병원에 입원하기도 어렵고 가정에 있을 수도 없는 환자를 위하여 가정과 같은 분위기에서 호스피스를 제공한다. 여섯째, 혼합형 호스피스는 이상의 유형 중 2가지 이상을 혼합 운영하는 경우이며 병원 내 호스피스 병동을 운영하면서 가정 호스피스 사업을 병행하는 경우 등 다양한 형태가 있다.

2. 임종자의 고통

1) 환자의 고통과 통증 완화

인간은 수명의 한계성 때문에 죽을 수밖에 없는데, 죽음을 눈앞에 둔 말기 암환자들은 극심한 신체적 통증, 신체 조절 능력의 상실, 사회적인 관계와의 고립으로부터 오는 소외감과 두려움 등으로 고통당하게 된다. 병은 건강과는 반대로 갑자기 들이닥친 위험이고 지친 상태로 나타나는 아픔이 우선적으로 존재한다. 말기 암환자를 간호해 본 경험이 있는 사람은 고통(suffering)이 얼마나 심각한 문제를 제기하는지에 대해 접해보았을 것이다. 고통을 앞지르는 것보다 고통을 쫓아가는 것이 훨씬 어렵다. 그것은 무슨 의미인가? 만약 약을 먹기 전 고통이 나타나기를 기다린다면 환자는 불필요한 괴로움을 겪을 것이다. 그러나 신체적 통증이 해결되었다 해도 호스피스의 성장으로 인해 많은 사람들이 통증관리만을 목적으로 병원에 입원하지는 않는다. 그러므로 말기 암환자의 신체, 심리, 사회, 영적고통을 이해하고 적절한 도움을 주는 전인적 돌봄이 필요하다.

특히 임종을 앞둔 말기환자는 위의 네 가지 영역에서 취약한 사람이라 할 수 있다. 자기 강점과 신체기능의 상실, 고통과 두려움을 조절하는 능력의 상실은 참기 힘든 부담이며 그들이 경험하고 있는 모든 것과 미래에 대한 희망을 뒤흔들어버리는 심오한 인식체계의 대전환을 경험하게 된다. 이러한 전환은 환자가 완전히 다른 렌즈로 세상을 보도록 하고 환자의 세계관을 변화시킬 수 있기에 극심한 고통에 이르게 된다. 비록 개개인이 느끼는 삶의 의미는 다르지만 질병으로 인한 정신적, 영적 부담감 속에서 미래에 대한 방향성이나 지향점의 결여를 느끼는 것은 최악의 고통을 만들어 낼 수 있다. 현대사회의 치료의학적 풍토 속에서 우리는 환자로 하여금 인생의 마침표를 아름답게 찍을 수 있도록 어떻게 도울 수 있겠는가?

고통과의 싸움은 환자뿐 아니라 가족과 의료인의 과제이다. 그러므로 고통이 개인의 고유한 인격적 파괴나 해체의 기회가 아니라 오히려 인격의 온전함을 지각할 수 있는 잠재력이 활성화되도록 도와주어야 한다. 고통의 경험은 일반적으로 인간에게 가장 원초적이며 기본적인 경험이며 부정의 경험이다. 고통 속에서의 감성은 아무런 방어나 보호 없이 노출되어 있다는 의미에서 수동적이며 능동적 활동을 박탈당한 상실의 경험이기도 하다. 이러한 고통의 경험은 주관적이며 사적인 경험이기 때문에 어떤 현상보다도 언어로 객관화되는 것을 거부한다.[1]

신체적 통증은 호스피스 환자들이 겪는 가장 대표적인 증상이다. 불충분한 통증 관리는 의학의 부끄러운 점이라고 불린다. 통증은 복잡한 것이며 다면적인 현상으로 통증의 종류와 심각성은 중요한 진단의 도구가 된다. 통증은 크게 두 가지 종류로 구분되는데, 찌르는 듯한 통증은 잠재적인 상처범위에 대한 본질적, 생체적 신호이다. 이는 통증을 느끼는 이로 하여금 그것으로부터 벗어나게 하려고 한다는 점에서 일종의 방어기제이다. 만성적인 통증은 때때로 3~6개월 이상 지속되는 통증에서 정의된다. 통증이 이정도로 지속되면 그 기관은 생물학적 기능을 상실한다. 만성 통증은 수면장애, 식욕감퇴, 체중감소, 성욕감소 및 우울증을 동반한다. 통증 관리는 그 심각성과 장소, 성질, 지속시간 그리고 과정에 염두를 두는 것이 필요하다. 다른 요소들로는 환자에게 통증이 어떠한 의미를 가지는가를 확인하는 것도 필요하다. 암 환자의 경우, 임박한 죽음에 대한 두려움과 기능의 상실이 통증에 주는 영향도 크다.

2) 환자의 심리 상태

퀴블로 로스(Kubler-Ross, 1968)는 죽음에 대한 심리상태를 5단계로 설명하고 있다. 자신의 병이 치유될 수 없다는 사실을 알게 되면서 이를 죽음과 연관시키며 "믿을 수 없어, 진단이 잘못되었어."라는 표현을 하게 되는 부정의 단계, "왜 하필 나에게 이런 일이 일어나지?"라고 하면서 주위 사람들에게 분노하는 단계, 불가피한 사실을 연기하려는 시도로 절대자와 타협하거나 맹세하는 단계, 증상이 더욱 악화되어 극도로 상실감을 겪게 되면서 심한 우울증에 빠지는 단계, 마지막으로 자신의 운명을 받아들이는 수용의 단계를 거치게 된다.[2] 그러나 이것도 어디까지나 연구결과를 바탕으로 일반화한 것일 뿐 모든 사람이 이런 단계를 똑같이 일방향적으로 경험하는 것은 아니다.

호스피스 환자는 다가올 자신의 죽음을 예견하면서 미리 슬퍼하는 예비적 슬픔 단계를 거친다. 지금 보고, 만지고, 느끼는 모든 것이 조만간에 사라져버릴 것임을 생각하며 깊은 상실감과 슬픔을 경험한다. 이 시기의 환자반응은 거의 말이 없다. 불안은 개인에 따라 다르나 자아붕괴에 이르는 극도의 다양한 양상으로 나타난다. 즉 죽음이 미지라는데 대한 두려움, 고독에 대한 두려움, 가족친지의 상실에 대한 두려움, 신체상실에 대한 두려움, 자기조절능력 상실에 대한 두려움, 고통에 대한 두려움, 정체성 상실에 대한 두려움, 퇴행에 대한 두려움, 이외에도 죄의식, 수치심, 적개심 등의 심리반응이 나타날 수 있으며 퇴행, 의존, 억압, 부정 등의 심리적 기전이 흔히 나타난다. 또한 글레이저와 스트라우스(Glaser & Strauss, 1965)는 호스피스 환자가 자기 상태를 인지하는 수준을 크게 4가지로 구분하였다. 자신의 병이나 진행 상태에 대해 전혀 알지 못하고 있는 폐쇄적인 수준,

자신의 병이나 상태가 이제는 가망이 없어 죽음과 관련된 예후에 대해 의심하는 수준, 환자가 자신의 병이나 상태의 심각성을 알고 있으나 가족이나 의료진이 말하지 않은 가식적인 수준, 그리고 가족, 의료진 및 주위사람이 모두 환자의 상태에 대해 바로 알고 있고 죽음에 대해 알리고 함께 의논하는 개방적 수준이다. 개방적 인식은 죽음을 쉽게 받아들이게 하지는 못할지라도, 적어도 그 질병에 대해 어느 정도 지각이 있는 다른 지지그룹과의 정보공유를 가능하게 한다.[3]

3) 환자의 영적 상태

인간에게는 생의 의미와 목적에 대한 요구, 사랑하고 사랑받고자 하는 요구, 용서하고 용서받고자 하는 요구가 있다. 생의 마지막 순간에 있는 환자가 자기 자신과 화해하고 이웃과 화해하며 절대자인 신과 화해하고자 하는 마음을 영적 요구라 할 수 있다. 그러나 모든 호스피스 환자가 이러한 영적 요구를 똑같은 양상으로 경험하는 것은 아니며, 사람마다 차이가 있다. 영적 요구를 구체적으로 살펴보면 사람은 누구나 의미 있는 죽음을 맞이하고 싶고 죽음에 대한 두려움을 극복하고 미지의 세계에 대한 갈망과 삶의 가치를 확인하고자 하는 요구와 고통의 의미를 이해하고자 한다. 그래서 많은 호스피스 환자들이 '왜?'라는 질문을 자주하게 된다. 지난 세월을 돌이켜 보며 자신의 잘못을 용서받고 싶어 하고, 타인의 잘못을 용서하려는 마음을 갖게 된다. 이때 용서받음을 느끼거나 확인하게 되면 좀 더 평화롭게 죽음을 맞을 수 있다. 또한 임종이 가까워지면 사랑하는 이와 가족, 친지들을 그리워하고 만나서 인사를 나누고 싶어 한다. 이 시기에 거의 모든 호스피스 환자들은 '혹시나'하는 희망을 가진다. '혹시 새로운 약이 개발되어서, 기적이 일어나서 완치되지 않을까하는 희망이다. 이러한 희망을 꺾을 이유는 없지만 부추기는 것은 의미가 없다. 혹시 환자가 다음 세상에 대한 희망을 간직하게 된다면 그야말로 의미 있는 희망이 될 것이다.

위의 영적요구와 더불어 호스피스 환자에서 볼 수 있는 영적고통이 있다. 영적 고통의 원인은 종교적, 문화적 결속으로부터의 분리와 믿음 및 가치체계에 대한 도전으로 볼 수 있다. 호스피스 환자들이 경험하는 영적 고통은 흔히 삶과 죽음의 의미, 믿음에 대한 관심의 표현, 고통의 의미에 대한 질문, 자신의 존재 의미에 대한 의문, 믿음에 대한 내적 갈등의 표현, 질병과 죽음을 잘못에 대한 벌로 생각하고 자기 비난에 빠지는 등의 특징을 나타낸다. 그러나 영적 고통이 해소되고 필요한 영적 요구가 채워지면 인간은 영적 안녕 상태에 있게 된다.

호스피스 대상자의 영적인 상태는 영적 고통에서 영적 안녕에 이르는 연속선상에서 굴곡을 나타낸다. 그러므로 호스피스 팀은 임종자의 영적 상태에 따라 나타나는 행위들을 이해하고, 특히 임종자의 영적 문제에 접근할 때 독특하고 다양한 개인의 영성을 수용함으로써 행위의 특성이 의미하는 바를 이해하고 영적 상태에 어떠한 영향을 미치는지를 알아야 한다. 죽음에 직면하고 있는 환자와 가족들은 어떤 상황에서보다 심각한 영적 고통을 경험하게 되며 이에 따른 영적요구를 가지게 된다. 따라서 영적 돌봄은 영적고통 및 요구와 관련된 문제를 이해하고 해결하려는 노력을 통하여 죽음의 과정에서 신, 자신, 이웃, 환경과의 올바른 관계를 유지하고 내세에 대한 희망 속에서 평온한 죽음을 맞이하도록 도와주어야 한다.

호스피스 환자의 이러한 신체 심리, 영적 특성을 고려하여 아무 말 없이 옆에 있으면서 시간을 보내 주는 것 자체가 환자에게는 자신이 가치 있는 사람이라는 느낌을 갖게 해 준다. 호스피스 환자의 말에 귀를 기울이고 임종이 가까워 의사소통이 어려울 때는 환자를 바라보며 손을 잡아줄 수 있다. 또한 환자의 감정에 초점을 맞추어 환자의 말 이면에 감추어진 감정을 알아차리도록 하며 환자를 이해하려고 노력한다. 진정한 돌봄은 추상적인 생각이나, 철학, 이데올로기가 아니라 실제 상황 안에서 고통을 직면하는 구체적인 일이라고 볼 때, 고통을 경험하는 환자와 가장 가까이에서 문제를 해결하고자 하는 가족이나 의료인의 고통경험 역시 간과해서는 안 될 것이다.

3. 돌보는 이의 자세

호스피스 환자를 돌보는 이들은 환자의 정서와 반응을 잘 살피고 인간에 대한 감수성과 수용능력을 키워야 한다. 환자와의 진정한 유대관계와 의미 있는 의사소통은 환자로 하여금 고독하다고 느끼게 하지 않을 것이고 가치 없는 존재로 느끼게 하지도 않을 것이다. 이때 환자는 자신의 병과 홀로 싸워야 하는 것이 아니라 죽음조차도 낙관적이고 초월적인 의미를 지니게 된다. 가족들의 염려와 달리, 대부분의 말기 암환자는 자신에게 주어진 시간이 어느 정도인지 알기를 원한다. 질병이 더 악화되어 정신이 혼미한 상태가 됐을 때 자신의 상태를 알게 되면 삶을 마무리하는 시간이 부족하기 때문이다. 또한 시간이 있어야 치료를 선택할 수 있고, 죽음을 현실적으로 바라보는 연습을 통해 남은 삶을 알차게 보낼 수 있으므로,

환자에게 진실을 말하는 것이 더 낫다고 전문가들은 말한다. 말기 환자를 돌보는 이는 진실해야 할 의무가 있고 분별력과 유머를 갖추어야 한다. 진실을 말해줘야 하지만, 그렇다고 숨김없이 있는 그대로 사실을 다 말해줘야 한다는 뜻은 아니다. 사랑과 친절한 마음으로 할 수 있어야 한다.

위협에 처해 있는 말기환자를 돕는 일은 현실적이고 정서적인 도움을 수반해야 한다. 때로는 그 도움이 몇 년간 떨어져 지내 왔던 가족들의 단결심을 가져올 수도 있다. 죽음을 직면한 상태에서 환자에게 가장 큰 충격은 감정적인 것이다. 이런 상황에서 환자에게 실제적인 도움은 서둘러 무엇인가 하려고 하지 말고, 조심스레 내가 어떤 부분에서 가장 큰 도움이 되겠는가를 찾아야 한다. 환자의 기분과 사고방식은 날마다 변할 수 있다. 이것은 누구의 잘못도 아니다. 미리 이 점을 알고 있으면 이런 일이 생겨도 균형을 잃지 않을 것이다. 정신적 고통과 싸우는 사람은 우울감 속에서 계속 맴돌며 그 안에 갇혀서 나오기를 꺼려한다. 이때 할 수 있으면 동행하는 것이 좋다. 이미 짜인 계획에 따라 환자를 돕기보다는 환자의 상태에 따라 계획을 수립하는 것이 좋다. 환자에게 무엇인가를 해야 한다고 단순하게 생각하고 치유기도, 이완요법, 식이요법 등의 계획을 가지고 방문을 하는 것은 도움이 안 된다. 계획을 진행하기에 앞서 환자가 이미 무엇을 하고 있는지를 관찰할 필요도 있다. 많은 경우 환자를 위해 하는 일이 도움이 되지만, 때로는 그렇지 않은 경우도 있다. 그러므로 돌보는 이의 활동과 도우는 일을 혼동하지 말아야 한다.

예를 들어, 친구가 항암치료로 인해 탈모 되어 몹시 우울해 있다면 실질적인 차원에서 그가 가발을 구하는 데 도움을 줄 수 있다. 그러나 접근방법을 찾기 전에 먼저 중요한 고민이 무엇이고, 그 중에 간단히 해결할 수 있는 것이 무엇인지 알아야 한다. 실질적으로 신체적 도움은 꼭 필요하고 많은 경우 고맙다는 말을 듣지만, 정신적 차원에서는 일이 힘들어진다. 말기 상황에서 환자는 계속 치료를 받아야 하는지, 아니면 다른 방법을 택해야 하는지, 희박한 가능성을 위해 부작용을 견뎌야 하는지 등을 결정해야 한다. 불확실성 앞에 놓인 환자는 돌보는 이에게 도와달라고 요청할 수 있다. 그러나 환자 스스로 결정할 권리가 있다는 것을 인정하는 것도 중요하다. 득과 실을 따져 도움을 주되, 환자에게도 선택권이 있다는 것을 깨우쳐 줄 수 있다.

치료 중에 환자는 가끔 깊은 공포와 분노를 드러내는 말을 한다. 때로는 자신이 겁을 먹고 있다는 것을 인정할 수가 없어서 용감한 척하기도 한다. '차라리 죽겠다.'는 말은 '죽음이 무섭지 않다.'는 뜻인데, 실제로는 죽음의 공포 때문에 애써 아닌 척하도록 만든다. 차라리 죽겠다는 말을 글자 그대로 해석하면 절망을 표현하는 것이라고 할 수도 있으나, 환자는 아마도 죽기를 원하지 않고 있다는 사실을 알 수 있다. 이런 상황에서 환자의 감정을 정확히 알아내면 도움을 줄 수 있다. 환자가 말한 의미를 같이 이야기해 보고 가까이서 환자를 격려하다 보면, 처음에는 전혀 접근할 수 없다고 생각한 화제의 이면에 숨겨진 환자의 진실을 알 수 있을 것이다. 그래서 환자가 진실로 원하고 의미하는 것이 무엇인지 찾아내는 것이 중요하다.

마지막이 가까이 다가왔다는 것을 알면, 자연스럽게 슬픔과 비통함이 찾아오고, 그것이 마음의 아픔을 치유하는 효과를 보일 때도 있다. 그러나 마지막이 다가왔음을 모를 때도 아주 많다. 가족과 친척들은 목숨을 연장하도록, 아니면 죽음을 받아들이도록 도울 것인지 진퇴양난에 빠진다. 의사가 이제는 병을 적극적으로 치료하는 것이 불가능하고 다만 증상조절을 위한 완화의료 차원의 돌봄만 취할 뿐이라고 이야기하면, 환자를 염려하는 사람들이 죽음을 받아들이기가 쉬워진다. 그런데 피할 수 없는 죽음에 의심을 품고 있으면 어려움이 생긴다. 필자의 임상경험에 의하면 일찍 죽음을 받아들이는 것보다 처절하게 투쟁하는 것이 더 많은 고통을 유발한다. 필사적으로 병이 낫는 데만 매달렸다가 화가 나 있는 사람도 있었고 상당히 낙관하는 사람도 있었지만, 모두들 평화롭지는 못했다. 가족과 사랑을 나누며 용서와 화해를 위해 시간을 보내는 사람은 드물었다. 그러므로 말기 상황을 받아들이기 전에 어떻게 환자를 도울 수 있는지에 대해 돌보는 이는 진실을 말해야 할 때와 장소를 포착하는 민감성을 길러야 한다. 왜냐하면 돌보는 이의 사랑과 친교를 통해 환자는 죽음을 직시하고 수용하며 그가 살아 있음을 느끼게 해줄 것이기 때문이다.

4. 호스피스 돌봄과 완화요법

1) 암치료와 약물요법

오늘날 의학 기술이 발달하면서 암 치료 선택의 폭은 급격하게 변하였다. 일반적인 용어로 '암'은 우리 몸에서 성장하면서 정상 통제기전을 벗어나는 성장을 한다. 어떤 암은 수술, 방사선 요법, 화학 요법 등을 포함한 혼합요법에 잘 반응을 할 수 있으나 한 종류의 암에 성공적인 치료요법이 다른 것에는 소용이 없을 수 있으며, 치료의 부작용을 없애기 위해 보조적 요법이 요구된다. 치료가 불가능하다면 증상을 완화시켜 삶의 질을 향상시켜야 한다. 치료법에 대해 결정을 내리기에 앞서 환자는 그 위험성과 치료로 인해 선행되는 이득, 또는 다른 조치를 취할 수도 있다는 것을 명확하게 이해해야 한다.

수술은 암치료법 중 가장 오래되었지만 효율적인 방법으로 어떤 암은 초기에 수술만으로도 치료가 가능하다. 수술이 성공적으로 이루어졌더라도 부작용은 신체 이미지의 손상, 기능 손상 등을 포함한다. 방사선 요법은 이온화된 방사선을 사용하며 빠르게 분열하는 세포를 파괴하는 능력이 있어 전립선암, 유방암과 같은 암의 증상을 줄이기 위한 완화요법으로 사용된다. 방사선 요법의 부작용은 어느 부위에 얼마만큼 조사하였느냐에 따라 다르다. 부작용으로는 오심, 구토, 피로, 전신 허약 등이 있다. 방사능의 양은 질병의 병기에 기초하며 환자가 부작용을 얼마나 견딜 수 있느냐에 따라서도 결정된다. 항암화학요법은 암세포를 죽이기 위해 독성 약물을 사용한다. 화학요법 제제들은 독성이 강하여 정상세포와 악성세포 모두 빠르게 분열되는 세포를 공격한다. 따라서 여러 제제들의 사용 시 예방책과 금기는 환자의 치료 전 상태, 질병의 단계, 치료에 대한 반응, 과민반응이나 민감성을 고려한다. 화학요법은 부작용을 야기하는데, 그 예로 모발 손실, 오심, 불면증, 설염, 구강염, 궤양, 위 장관출혈, 소화 문제 등 여러 가지 독성작용을 유발할 수 있다.

통증은 독특한 개인적 체험이고 통증의 종류와 심각성은 중요한 진단도구가 된다. 통증 관리는 통증의 심각성과 장소, 성질, 지속시간 그리고 과정에 중점을 두어야 한다. 암환자의 통증은 단계적인 절차로 관리되며 처음에는 아편이 첨가되지 않은 기본적인 진통제로 시작하여 코데인이나 모르핀 같은 강력한 아편성 약물로 이동한다. 모르핀은 극심한 암의 고통에 가장 흔하게 사용되는 약물이다. 이것은 통증의 인지와 감정적인 반응

모두에 작용한다. 모르핀은 통증을 통제하는 데 효과적으로 작용하며, 이는 환자 체내의 고통 완화 체계, 즉 신경전달계(모르핀과 화학적으로 유사한 동종)에 영향을 주기 때문이다. 통증관리 기술은 경막외 마취법이나 척추 내에 직접 약물을 주입하는 것, 신경 차단, 신경다발의 전기충격, 침술, 신경수술 등이 있다. 통증 측정은 말기에는 어려우며, 많은 경우 환자는 언어적인 의사소통을 할 수 없다. 그러므로 통증관리 약물은 환자가 의식이 있든지 없든지 간에 지속적으로 사용되어야 한다.

2) 심신의학적 치료 : 완화요법

암 환자를 위한 완화요법은 인간을 몸, 마음, 그리고 영적인 요소로 통합된 존재로 보는 이론체계를 수용한다. 전인적, 총체적으로 인간을 이해하는 것은 대상자의 건강과 관련된 의사결정과 치유과정에 필수적인 요소라 할 수 있다. 이러한 이론체계에 대해서 기계론적 사고에 익숙해져있는 대부분의 사람들은 강한 회의를 제기한다. 신체적 위기상태에 있어서 특히 의식이 없는 경우에는 전적으로 외적인 요소 즉 의료전문가가 주도하는 신체적 요소에 대한 교정이 우선적으로 진행되기 때문이다. 그러나 기초과학과 생명과학의 성과에 힘입은 첨단의료기기와 치료대책의 진행에 따른 문제점이 제기되고 있는 현 시점에서 통합된 존재로서의 인간의 욕구를 보완해 주는 심신의학과 완화 돌봄 중재의 역할이 중요한 의미를 갖는다. 이러한 심신의학적 치료법들은 마음을 이용해 생리적 상태를 변화시킴으로써 건강증진을 도모하고자 한다.

(1) 심신상호작용

완화요법으로 이용되는 심신 상호작용은 마음과 신체가 깊게 연관되어 있으며 서로 영향을 미칠 수 있다는 신념을 기초로 한다. 예를 들면 심리요법, 바이오피드백, 명상, 최면, 춤, 음악요법, 예술요법, 요가, 태극권, 유도된 심상요법, 기도와 정신치유법 등이 있다. 체계 중심 접근법은 관찰과 철학에 기초를 두며 인간의 신체, 정신, 영혼은 서로 상호작용하고, 우주와도 상호작용하고 있다고 본다. 여기에는 인도의 아유르베다, 전통중국의학, 자연요법, 동종요법이 있다. 도수치유법은 실무자가 접촉을 이용하거나 자신의 손을 사용하여 신체를 조절하는 기술이다. 여기에는 카이로프랙틱, 치료적 마사지, 치료적 접촉, 반사학, 롤핑(근육을 깊게 마사지하는 물리요법), 기공, 알렉산더 기법 등이 포함된다. 예를 들어 환자의 통증을 경감시킬 때 도움이 되는 방법들은 심리치료, 명상, 상상력, 생체피드백 등 다른 형태의 신체와 정신의 관계를 중재하는 것들이다.

(2) 행동치료

행동치료는 건강문제를 해결하기 위해 행동의 변화를 이용한다. 행동치료의 방향은 환자역할(sick role) 행위들을 변화시키는 데 맞추어진다. 행동요법으로 기대되는 결과는 실제 행동에서의 변화이다. 흔히 행동요법은 흡연처럼, 원인으로서 어떤 병과 연관되어 있다고 생각되는 행동상의 위험요인들에 초점을 맞춘다. 행동치료가 흔히 인지치료적 접근과 관련이 있고 이완요법, 바이오피드백을 포괄할 수 있다는 사실 때문에, 명쾌한 정의는 간단하지가 않다.

(3) 바이오피드백

바이오피드백은 환자가 정신활동을 통해 생리현상을 조절할 수 있도록 하는 데 목표를 두고 있다. 심리-생리적 자가 조절의 한 형태인 바이오피드백은 시각, 청각적 신호들을 통해 미세한 생리적 변화와 기능에 관한 정보를 환자에게 제공해 준다. 이 신호들은 또 환자에게 기능을 조절, 변화시키려는 노력에 대한 피드백을 준다. 바이오피드백은 근육긴장을 조절하고 혈압, 폐, 혈관질환과 관련된 자율신경 기능 이상에 변화를 주기 위한 목적으로 사용되어 왔으며, 흔히 다른 치료의 보조요법으로 사용된다. 그 외에도 근 긴장도를 측정하는 근전도 바이오피드백(EMG), 피부온도를 측정하는 체온 바이오피드백, 땀 분비 활성의 미세한 변화를 측정하는 피부 전기활성 등이 있다.

(4) 인지치료

인지치료는 인지심리학의 원칙들에 기초를 두고 있다. 인지(cognition)란 사람의 생각, 의학적인 의미에서 구체적으로 말하자면, 몸 상태에 중요한 영향을 미치는 질병들에 대해 사람이 생각하는 방식을 지칭한다. 예를 들면, 분노를 유발하는 것들을 확인한 후 환자는 그들의 의미를 재정의하는 인지적 훈련을 하는데, 반응이 자동으로 일어날 때까지 의식적으로 연습하는 것이다. 이 기법은 환자로 하여금 그 문제 자체와 없어지기를 기대하는 부정적 행동에 대하여 생각하는 방식을 재평가하고 재구성하게 한다. 예를 들어, 위험과 이득을 평가해서 행동에 옮기는 것은 인지적 행동이라 할 수 있다. 한 개인에게서 어떤 사건에 대한 의미를 부여하는 인지의 틀을 확인함으로써, 인지 변화를 위한 치료가 가능해진다. 예를 들어, 앓고 있는 질환을 치명적(절망적)이라고 받아들이는 것은 자기효능감(self-efficacy, 자신이 어떤 문제를 성공적으로 해결할 수 있다고 믿는 기대와 신념)을 약화시킨다. 인지치료는 환자로 하여금 자신의 생각을 감시하고, 문제에 대한 새로운 사고방식을 개발할 수 있는 능력을 강화시켜 감정을 다스리게 된다.

(5) 심상유도요법

심상유도요법은 이완, 스트레스 관리, 증상 완화의 목적으로 특정 이미지(상황, 상태)에 깊은 관심을 두게 하는 방법이다. 암환자가 암에서 완치되는 것을 상상하는 경우처럼 그 이미지는 의학적으로 반드시 진실일 필요는 없으며, 환자의 느낌으로 현실적인 것일 수도 있고 과거에 경험한 내용일 수도 있다. 심상은 시각, 냄새, 촉각, 청각과 같은 단순한 감각일 수도 있다. 심상요법은 마음의 의식 부분을 이용하지만, 무의식이나 낮은 의식의 부분으로 들어가는 수단이 이용되기도 한다.

〈그림 1〉 심상유도요법

(6) 명상

명상은 흔히 '현재 순간에 번뇌나 방황이 없이 깨어있는 상태'를 추구한다. 명상 방법으로는 두 가지 형태가 있다. 첫째는, 마음의 초점을 특정 대상 혹은 호흡이나 자세 같은 행동(요가에서처럼)에 두는 방법이다. 둘째는 통찰명상으로 마음을 비우는(떠오르는 생각을 판단하지 않고 그대로 기록하듯이 두고 관찰하는) 명상기법이다.

〈그림 2〉 명상

어느 한 대상이나 행동으로 제한하는 것이 아니라, 인식의 영역에서 매 순간 일어나는 모든 감각, 지각, 인지, 감정들에 주의를 기울인다. 통찰명상은 몇 가지 명상 방식 중 하나이며, 다른 방식의 하나로 초월명상이 있다. 모든 방식의 명상이 실제 깊은 이완상태를 유도한다. 역사적으로 명상은 종교적, 영적 운동과 연관되어 있었다. 명상을 암환자의 치료와 삶의 질 향상에 적용시키려는 연구는 1970~80년대부터 있었는데, 최근에는 국내 의료기관에서도 활발하게 명상을 암 치료에 접목시키고 있다. 특히 통합의학적으로 암환자들을 돌보고 있는 대학병원의 암센터에서 암환자들에게 명상 요법을 시도하고 있다.

(7) 이완요법

이완요법의 목적은 상상, 호흡운동, 바이오피드백, 요가 등 특정 기법을 이용해 환자가 이완상태에 들어갈 수 있도록 돕는 것이다. 이완은 전체 근육이든 특정 근육 군이든 일차적으로 근육을 대상으로 시행된다. 이완은 몸의 여러 부위에 온기와 같은 물리적 자극을 가함으로써 유도될 수도 있다. 이완요법은, 스트레스를 유발하는 투쟁-회피 반응(fight-or-flight response)과 대비되는, 신체의 자연스런 이완반응의 장점을 이용한다. 사람은 마음의 초점을 바꿈으로써 이완반응을 일으켜, 심박수, 호흡수, 혈압, 신진대사가 감소하는 생리적 변화들을 유발할 수 있다.

5. 임종과정의 돌봄

이와 같은 중재방법에도 불구하고, 말기의 환자들은 장기적이며 서서히 진행되는 육신의 쇠퇴를 경험한다. 죽음의 궤도에는 생명이 서서히 꺼져가지만 그 진행을 막을 수 없는 지연되는 궤도와 이른 죽음이 예상되는 궤도의 두 가지 패턴이 있다. 생의 마지막 단계 동안 환자는 불규칙적인 호흡 혹은 숨 가쁨, 식욕 및 갈증 감소, 구토, 현기증, 요실금, 불안정, 공황,

혼란, 그리고 의식 감소 등을 경험한다. 이러한 증상들은 종종 전문인에 의해서 관리된다. 생의 마지막에는 먹거나 마시지 않는 것이 더욱 편안하기 때문에 먹거나 마시는 것을 강요하는 것은 좋지 않다. 죽음에 가까워서는 식도 근육의 안정과 식도의 분비가 환자의 숨소리를 거칠게 해서 '죽음의 가르랑거리는 소리'라고 알려진 소리를 낸다. 죽음 직전에 환자는 한숨을 쉬거나 전율할 수도 있다. 사후에는 감염성 질환이 없는 한 가족과 친지들의 작별 인사를 위해서 사체와 함께 잠시 동안 머무를 수도 있다. 죽음에 임박한 환자에게 도움을 주는 가장 첫 번째는 가족들에게 지금 일어나고 있는 일에 대한 정보와 어떤 것이 기대되는지를 가르쳐 주는 것이다. 환자나 가족들에게 용서 또는 수용의 치유적인 말을 하도록 도울 수 있다. 이와 같은 일은 살아 있는 사람이 환자에게 할 수 있는 마지막 기회다.

죽음의 궤도에 오른 환자의 일반적 증상으로 마지막 며칠 동안 꿈과 상상력이 증가하고 철회와 위축현상이 나타난다. 이런 반응이 나타날 때에 환자는 사람들에게 거의 말을 하지 않는다. 이것은 임종 과정의 자연스러운 부분이다. 아마도 생의 마침보다는 영원성, 내세를 보는 것일 수 있다. 죽음이 가까운 시기에 환자가 의사소통을 할 수 있고 그렇게 하기를 원한다면, 가족과 그를 사랑하는 사람들은 환자 가까이에 머물면서 도와주어야 하고, 다른 방법으로는 말, 노래, 또는 기도로 적절한 지지를 해주어야 한다. 그러나 임종을 앞둔 환자에게 음식을 강요하는 것은 돌보는 이의 무력함을 간접적으로 나타내는 표현일 수 있다. 연하곤란(삼키기 어려움)이 식욕부진의 원인이 될 경우에 음식을 강요하는 행위는 환자에게 질식을 일으키게 할 수도 있다. 죽음이 다가올수록 환자는 호흡하기 위해 최후의 투쟁을 벌이는 것처럼 보이기도 한다. 여기서 분비물을 흡인하는 것은 삶의 시간이나 질을 연장하지는 않지만, 가족들에게 위안이 될 수는 있다. 청각은 가장 나중에 상실하는 감각이며, 빛에 대한 민감성은 남아 있을 수 있다. 다리에서 시작하여 팔로 진행되는 운동능력은 감소한다. 몸은 움직일 때 뻣뻣하고, 관절에 고통을 준다. 생의 마지막을 유지하는 데는 많은 약을 사용할 필요가 없다. 단지 기본적인 약물로 환자에게 안위를 제공하는 것이 바람직해 보인다.

6. 임종기 환자와 가족의 관계

가족들은 환자의 질병이 진행되는 과정 동안 환자와 함께 감정의 기복을 경험하게 되며 소진된다. 이때 환자에 대한 부담감은 질병으로 야기되는 가족들의 안녕감을 위협하는 것이다. 환자가 의존적이고 움직이지 못하는 상태에 있으면 가족들의 부담감은 더욱 커진다. 환자가 자신의 죽음에 대해 준비가 되어있을수록 환자는 가족에 대해 고마워하고 가족이 쉴 수 있도록 격려하며, 이때 가족의 부담감은 수용 가능할 만해진다. 그러나 환자의 감정 기복이 심하여 바로 옆에서 돌보아 주는 가족에게 분노나 불만을 표출할 수도 있다. 환자가 질병에 대한 인식을 가지고 있는 경우 환자를 돌보는 가족은 환자로부터 격려와 인정으로 덜 지치게 되지만 그렇지 못한 경우 가족은 지치고 심지어 환자의 죽음을 기다리기도 한다.

여기서 모순은 환자의 삶과 죽음이 공존한다는 것이다. 상태가 좋은날 환자들은 앞으로 잘 될 거라고 느끼지만 그렇지 않은 날은 현재의 자기를 포기하게 된다. 대부분 환자들은 포기를 원하지 않지만 동시에 질병과의 싸움에 지치기도 한다. 환자는 가족을 위해서 살아가기를 원하면서도 동시에 빨리 끝나기를 바라기도 한다. 배우자 역시 스스로의 모순된 생각과 씨름한다. 배우자들은 환자를 돌보고 함께 있는 것을 원하면서도 정상적인 삶을 원한다. 환자를 돌보는 중에 자신의 필요에 의해 집을 비우거나 환자 곁을 잠시 떠나는 것에 대해 죄책감도 느끼고 동시에 자신도 휴식이 필요하다는 생각을 한다. 자녀들은 투병중인 부모로 인해 자기 삶의 중요한 부분을 놓치지 않으려하며 쉽게 지친다.

이때 환자는 영적으로 가장 중요하게 연결된 부분으로 내적여행을 하고 자연과 점점 가까워지는 반면 배우자는 환자와의 관계에 집중하게 된다. 어떤 사람은 자신의 영적성장에 집중하고, 어떤 사람은 자신의 종교에 매달리는 반면 어떤 사람들은 현재 상황을 단순히 견디면서 의미를 찾는다. 어떤 부부들에서는 환자가 아프면서 예전보다 더 가까워지고 서로를 사랑하는 방법을 배우게 되기 때문에 질병은 이러한 소중한 것을 가르쳐주는 수업이라고도 할 수 있다. 반면 내적여행을 추구하지 않는 환자와 배우자와의 관계는 더욱 어려워질 수 있다. 이 시기의 중요한 부분은 가족 간의 사랑, 용서, 화해와 같은 것들로 서로의 관계를 정리하는 것인데 이러한 작업을 진행할 수 없기 때문이다. 자녀들도 이러한 과정 속에서 자신들의 삶의 모든 측면들을 재평가하려 한다. 그러면서 인생을 사는 목적이 돈을 많이 가지거나 사회적으로 성공하는 것도 중요하지만 그것들을 위해서 오늘을 희생하지는 않아야겠다는 것을 알게 된다. 환자와 함께 하루하루를 살아가는 가족은 아무런 미래가 없다는 생각으로부터 가장 소중한 시간을 만들 수도 있다는 생각의 변화를 느낀다. 이 시기는 간호사가 개입해서 가족들이 함께 보내는 시간을 가질 수 있도록 도와주어야 한다.

7. 사별가족 돌봄

　죽음준비를 하는 가족을 돕는데 있어서 간호사는 죽음의 과정을 설명하고 가족들이 유언이나 장례를 준비할 수 있도록 하고, 죽음이 불가피하다는 사실을 편안하게 대화해야 한다. 이때 간호사 스스로도 죽음과 죽음과정에 대해 가족들과 대화하는 것이 불편할 수 있다. 그러나 가족들이 얼마나 힘든지를 인정하면서 이러한 대화를 하도록 격려해야 한다. 환자는 실제적이고 세부적인 것, 즉 재산에 대한 유언이나 분배에 대해서 주의를 기울여야 한다. 배우자와 자녀들에게 임종이 다가옴을 알려야 하고 만약 임종을 집에서 맞이하고 싶은 경우 필요한 절차를 알려준다. 이때 주의할 것은 가족들이 걱정하는 부분과 궁금한 부분들을 잘 표현하고 질문할 수 있도록 충분한 기회를 주어야 한다. 성인자녀들이 이럴 때 자신들의 어린 아이들에게 어떤 태도를 보여야 하는지에 대한 정보도 필요시 제공되어야 한다.

　심리학자 워든(Worden, 2001)은 가까운 이를 떠나보내고 남은 이들이 애도하는 동안에 해야 할 일로서 '상실의 현실 받아들이기', '고통스러운 비탄 겪어내기', '변한 환경에 적응하기', 그리고 '마음에서 떠나보내고 계속 살아가기'의 4가지를 들었다. '상실이라는 현실을 받아들이는' 것을 확인할 수 있는 화법상의 증거는 '현재 시제'에서 '과거 시제'로, 즉 '~이다'에서 '~였다'로의 전환이다. 예를 들면 "우리 어머니는 좋은 분이에요."에서 "좋은 분이었어요."로 바뀌면 어느 정도 수용이 이루어졌다고 볼 수 있다. 사별 후 남은 사람이라면 어느 누구도 어느 정도 슬픔을 겪지 않을 수는 없다. 고통을 회피하면 극복의 기간은 더욱 길어지게 된다. 적응해야 할

'변화된 환경'에서는 남은 이가 가구를 재배치하거나 식탁보를 바꾸는 등의 작은 행동들을 하는 것은 상징적 증거일 수 있다. 가장 마지막은 죽은 사람을 사랑하는 것을 잊거나 멈추지는 않았지만, 자신의 마음에 묶어 두었던 매듭을 풀어내고 그가 없는 삶 속에도 사랑할 수 있는 다른 사람들이 있다고 인식하는 것이다.[4]

사별한 사람이 어떤 느낌이라도 가질 수 있고 느낌을 표현하는 것은 남은 이의 극복과 적응을 위해 매우 중요하다. 일반적인 생각으로는 '이미 죽은 사람에게 어떻게 화를 낼 수 있을까?'라고 해도 마음으로는 화를 낼 수 있는 것이다. 예를 들어 아들이 횡단보도를 건너던 중에 부주의한 운전자 때문에 죽었는데, 수도 없이 아들의 사진을 보며 "나쁜 자식! 어떻게 엄마를 두고 이렇게 먼저 가버릴 수가 있어?"하고 분노했다. 남은 이들은 죽은 사람에 대해 극도의 화가 나는 것이 공통적이다. 따라서 이러한 느낌들을 경험하는 것, 죽은 사람에게 화가 나는 것을 느끼는 것, 죽음을 막을 수 없었던 자신에 대해 화를 내는 것을 스스로에게 허락해야 한다. 화뿐만 아니라 모든 종류의 감정에 대해 스스로 허용해야만 한다. 그런 감정을 느끼는 것에 대해 죄책감을 갖거나 자신을 책망해서는 안 된다. 남은 이들을 돕기 위해서는 이런 감정을 표현할 수 있도록 허용하고 도울 필요가 있다. '그렇게 말하지 마세요.'라는 메시지는 절대 금물이다. 어떤 경우이든 그에 대해 가치판단하지 않고 수용하며 경청하는 것이 필요하다.

한편, 죽은 이와 연결의 끈을 놓지 않는 것은 병적인 비탄이 지나치게 오래 지속되는 증거가 될 수도 있다. 죽은 이와 남은 이의 연결이 지속되는 것이 건강한 것인지, 병적인 것인지를 판단할 수 있는 두 개의 기준이 있다. 첫째, 남은 이가 죽음과 상실을 인정하고 수용하고 있는지, 둘째,

남은 이가 자신의 새로운 삶에 적응해 나가고 있는지 여부가 그것이다. 산 사람과 죽은 사람의 관계는 죽음 이전과 같은 것은 아니다. 그 연결은 생전만큼 그렇게 질기고 강렬하지는 않다. 그러나 대부분의 경우에 양자 간의 연결의 끈에는 생전에 비해 더 깊은 사랑과 그리움이 존재한다. 남은 이가 이러한 연결이 정상적인 것이며 생전의 연결에 비해 더 긍정적일 수 있음을 알게 될 때 그들은 보다 건강하게 애도하고, 비탄의 터널을 더 효율적으로 통과할 수 있다.

이야기 상담의 관점에서 보면, 사랑하는 누군가가 죽었을 때 남은 이들은 떠난 이의 인생과 자신의 인생에 대한 이야기를 다시 보고 재구성하게 된다. 이야기 상담 혹은 이야기 치료의 전제에 의하면, 개인이 자신의 인생을 '이야기들'로 바라봄으로써 비탄과 애도에 대해 더욱 넓게 조명할 수 있다. 애도 과정을 도울 때 남은 이의 애도를 이야기(story)로 접근하는 것은 크게 도움이 될 수 있다. 남은 이는 자신의 이야기를 재구성하여 상실에 대처하는 방법을 발견하게 되고, 그렇게 해서 죽은 이를 새로운 방식으로 자신의 삶 속에 통합시키고 전체성을 회복해 나갈 수 있다. 죽은 사람에 관해 이야기하는 것은 사별슬픔에 대처하는 효율적인 한 방법이다. 사별한 이들은 타인들과의 대화를 통해 죽은 사람의 일생에 대해 제대로 평가할 수 있을 뿐만 아니라 자신의 인생도 재평가할 수 있다. 죽은 사람에 관해 자신의 이야기를 하고 다른 사람의 이야기를 들음으로써 슬픔이 자기 목소리를 내게 해주는 것은 사랑하던 사람을 버리지 않고 함께 데리고 현재의 삶으로 돌아갈 수 있게 해준다. "모든 슬픔은 당신이 그것을 이야기로 만들거나 그것들에 관해 이야기 할 수 있다면 견딜 수 있다."[5]

현대의 핵가족 사회에서 장례 절차와 문화는 남은 가족과 친지들에게 당황스럽고 생소한 것이다. 따라서 이런 절차에 대한 안내와 지원은 실질적으로 큰 도움이 된다. 또한 장례식, 사별가족모임 등은 슬픔을 자연스럽게 표출해도 되는 좋은 기회이다. 사별가족모임과 같은 관계망으로 연결해 주는 것 역시 도움이 된다. 이런 자조집단의 구성원들은 유사한 상실을 경험했으므로 함께 모여 서로 이야기하면서 그들의 상실을 삶에 통합시키고, 사별 후의 삶에 도움이 되는 유용한 정보와 지식을 준다. 대부분의 호스피스 프로그램은 사별가족을 돕기 위해 특별히 훈련된 자원봉사자를 두고 있다. 죽은 이에게 작별의 편지를 쓰고, 그 후에 그것을 땅에 묻거나 태워버리는 것, 촛불을 켜고 빈 의자에 떠난 이를 초대하여 남은 이가 생전에 말하지 못한 메시지와 작별인사를 하게하고 다시 떠나보내는 것 등이 그 예다. 마지막으로, 사별을 남은 이 자신이 인간적 성장의 기회로 활용하도록 돕는 것이 필요하다. 사별을 성장을 위한 기회로 보기란 쉽지 않다. 그러나 이러한 관점을 가질 때 죽음이 가져온 상실을 수용하는 쪽으로 이동하도록 촉진시킬 수 있다. 잃어버린 관계는 변화되었을 뿐 끝난 것이 아니기 때문이다.

〈참고문헌〉

공병혜, 「의료영역에서의 고통에 대한 이해」, 『인간연구』 8, 2005. 242-278.

Barney G. Glaser · Anselm L. Strauss, *Awareness of Dying*, Chicago: Aldine, 1965.

Elizabeth Kubler-Ross, *On Death and Dying*, New York: Macmillan, 1968.

Isak Dinesen, *Last tales*, Vintade Books, New York, 1991.

J. W. Worden, *Grief Counseling and Grief Therapy: A Handbook for the Mental Health Professional*, New York: Springer Publishing Co, 2001.

04 치매노인의 돌봄과 고운 마무리

이수인

1. 고령화 사회의 노인 돌봄과 치매

2015년 통계청 자료에 따르면, 현재 우리나라 전체 인구 중 65세 이상의 인구는 13.1%를 차지하고 있다. 고령인구는 평균수명의 연장과 출산율 감소로 인해 지속적으로 증가하여 2030년에는 24.3%, 2050년에는 37.4% 정도로 늘어나 초고령사회에 도달할 것으로 예상된다. 전체 인구의 3분의 1 이상이 노인인 사회가 도래하고 있으며, 이미 농촌에서는 초고령지역이 된 곳도 늘어나고 있는 현실이다.

노년기는 신체의 급격한 노화로 인해 질병에 걸리기 쉽고 신체적 독립성이 떨어짐으로써 가족이나 사회의 돌봄이 필요한 상황에 직면하는 시기이기도 하다. 그런 만큼 노인인구가 많다는 것은 한 사회에서 돌봄이 필요한 사람들이 많음을 의미한다.

우리나라의 고령화 속도는 선진국과 비교해 볼 때도 매우 빠르기 때문에 급격히 증가하는 돌봄 수요에 대비할 시간과 사회경제적 준비가 매우 부족한 상황이다. 돌봄을 필요로 하는 노인은 증가하고 있는데 과거 돌봄을 제공하던 가족성원들의 참여는 점점 어려워지고 있는 형편이다. 전통적으로 우리사회에서 돌봄 담당자는 며느리나 딸들이었는데 오늘날은 이들이 돌봄 제공자가 되기 어려운 조건이 되었다. 여성교육 증대로 인한 여성들의 경제활동 참여와 1인 남성부양자에 기초한 중산층 가족구조가 깨지고 맞벌이가 확대됨으로써 가족 내 돌봄이 어려워지고 있는 것이다.

이러한 현대적 삶의 조건 때문에 고령 노인에 대한 돌봄은 노인 자신은 물론 가족성원들에게도 상당한 부담이 되었고 이제 노인 돌봄은 사적 돌봄이 아닌 공적인 돌봄의 영역에서 해결해야 할 일이 되었다. 더욱이 의료기술의 발달과 의료의 상업화, 병원 간병 제도의 발달 등은 가족과 지역공동체 안에서 돌봄을 제공받으며 자연스럽게 죽음의 과정으로 넘어가는 일을 불가능하게 만들었다. 노인을 품어줄 가족이 해체됨에 따라 애정이나 인간적 의무에 기초한 사적인 돌봄이 제공될 수 없는 조건에서 병원이나 요양시설에 의탁된 노인들은 단지 만성 질환자일 뿐이며 의료기술과 약물에 의존하는 의료시장의 소비자로만 남게 된다. 그 결과 노년의 종말기는 주로 병원이나 전문시설에서 이루어진다. 병원이나 시설에서 맞는 죽음은 오로지 불치의 결과이며 생리의 끝으로서 의사나 전문가들의 진단과 처치에 맡겨지는 비인격적 순간이 되고 말았다.[1] 우리 모두는 필연적으로 노년을 향해 나아가고 있으며 그 노년의 끝에 전적으로 타인의 돌봄이 필요한 종말기에 이를 수밖에 없고, 죽음을 피할 수 없다. 이제 우리사회에서도 전적으로 타인의 돌봄이 필요한 종말기에 들어선 노인들에 대한 개별적이고 인간적이면서도 사회적인 돌봄이 어떻게 가능할 수 있을지 공적인 논의를 시작하고 있다. 그 대표적인 예가 2017년 9월 8일, 문재인 정부가 발표한 '치매 국가책임제' 추진계획이다. 이 발표는 치매환자와 그 가족들의 고통을 국가가 함께 책임지겠다는 큰 그림을 선언한 것이다. 정부가 다른 노인 질병보다 치매에 주목한 것은 그만큼 치매가 환자 본인은 물론 가족의 삶에까지 어려움을 야기하는 질병이기 때문이다.

노화로 인한 생리적 기능의 결핍과 신체 활동의 제약, 신체적 고통 등에 시달리면서 노인들이 자신의 몸을 자유의지에 따라 움직인다는 것이 쉽지 않다. 내 의지대로 내 몸을 움직일 수 없고 내 의지를 내 몸에 구현할 수 없다는 것은 노인들에게 큰 좌절감과 이제까지 살아 온 삶의 지속성에 대한 위협이나 손상으로 경험된다. 더욱이 주인공으로서의 자기 삶의 이야기를 만들어가고 통일시킬 수 있는 능력, 내 삶과 다른 사람들의 이야기를 상호연결하고 의미를 구성하는 능력의 상실은 자기 존재가치에 대한 상실로 이어진다.[2]

이런 맥락에서 본다면 다른 어느 질병을 가진 노인들보다도 치매노인들의 경우 자기존재 가치의 상실감, 자아정체성의 혼란에 불안감과 우울감을 경험할 가능성이 크다. 기억장애로 인해 평범한 일상적인 신체행동에도 제약이 따르고, 기억장애로 과거가 사라진 현재의 시간만을 살아야 하기 때문에 심리적, 정신적으로 큰 타격을 입을 수밖에 없기 때문이다. 인간은 어제는 무엇을 했고 오늘은 무엇을 할 것이고 내일은 무엇을 해야겠다는 '선(線)'의 생활을 영위한다. 이에 비해 치매노인은 어제 어떤 일을 했는지 전혀 기억하지 못하고 현재만 존재하는 '점(點)'의 생활을 하게 되므로 불안감과 피곤감이 더 커질 수밖에 없다.[3]

치매환자는 자신이 생각하거나 말하고자 하는 것을 잃어버리게 되어 실어증이 생기기 쉽다. 여기에 기억력 장애가 겹쳐 현재부터 과거로 지워가는 인생을 살게 되므로 이야기를 들어보면 어떻게 초점을 맞추어야 좋을지 모를 때가 많아, 다른 사람과 의사소통이 힘들게 된다. 거동이 불편하여 자신의 신체를 온전히 돌봄 제공자에게 의존하는 환자들과 달리 신체적 거동능력—거리배회, 수도꼭지 틀어 놓기, 가스밸브 열어 놓기, 물건 이동해 놓기 등과 같은—이 남아 있어, 그것이 오히려 돌봄을 방해하는 문제들을 야기함으로써 돌봄을 더욱 힘겹게 만들기도 한다.

이처럼 힘겨운 치매 노인의 돌봄을 사적인 가족의 문제로만 국한하지 않고 국가적 차원에서 중요한 사회문제로 흡수해 공적인 돌봄 제도를 구축하는 것은 반가운 일이고 꼭 필요한 일이기도 하다. 그러나 공적 제도의 구축에서 유념할 점은 제도나 공적 시설이 모든 문제해결의 만능키가 아니라는 점이다. 제도나 공적 시설의 마련이 각 개인이 자신의 삶의 종말기를 품위 있게 보내고, 세상과 존엄한 이별을 할 수 있는 인간다움을 아우르는 방향에서 이루어지도록 사회적 해법을 모색해야 한다.

이 글은 치매노인 돌봄의 사회적 제도화가 요양보호시설이나 요양병원의 구축뿐만 아니라 가정에서 치매 노인이 자신의 정체성과 가족과의 연대감을 유지하며 좋은 죽음에 이를 수 있는 제도적 지원의 필요성을 부각시키려는 의도를 가지고 있다. 즉, 치매노인 돌봄을 위한 사회적 제도의 강화에는 치매노인이 가정에 머물며 돌봄을 받고 생의 종말에 이르도록 지원하는 구체적이고 다양한 방식들이 포함되어야 한다는 의미이다. 이는 생애 말기의 삶에서 자기가 살던 익숙한 거주지에서의 삶이 노인의 정체성과 존재의미를 유지하게 하고, 인간다운 죽음으로 연결될 것이라는 견해에 공감하기 때문이다.[4]

이런 시각에서 이 글은 가정에서의 치매노인 돌봄에 초점을 맞추어 치매 노인에 대한 구체적인 돌봄 방안들을 소개하고자 한다. 구체적으로 치매의 정의, 치매의 원인과 검사 및 진단, 증상별 돌봄과 일상생활 돌봄,

치매노인의 종말기 증상과 돌봄, 고운 마무리를 위한 돌봄에 대해 살펴볼
것이다.

2. 치매란 무엇인가?

UN보고서는 2020년엔 평균 수명이 80세를 넘는 국가가 31개국으로 크
게 늘어난다고 전망하면서 이러한 현상의 출현을 '호모 헌드레드 시대'로
정의한다. 한국도 호모 헌드레드의 대열에 들 가능성이 높다.[5] 이제 눈앞
에 다가온 100세 시대는 우리 인류에게 과연 축복일 수 있을까? 경제적으
로 풍요롭고 신체적으로 아픈 곳이 없다면, 따뜻한 마음을 나눌 가족과
친구들이 있다면 긴 노년은 축복일 수도 있을 것이다.

그러나 노년기에 대부분의 사람들은 질병을 피해가기 어렵다. 노년기
에 대한 학계의 많은 연구들은 공통적으로 신체적, 정신적 질병이 노년기
삶의 질을 떨어뜨리는 가장 큰 요인이라고 지적한다. 최근 60세 이상의
노인들이 가장 두려워하는 병 1위가 치매라는 조사 결과가 나왔다. 치매는
뇌졸중과 암보다 더 무서운 질병으로 인식되는 관심이 높은 질병이다.[6]

치매란 뇌 질환으로써 대개 만성적이고 서서히 악화되는 진행성으로
기억력, 사고력, 방향을 찾는 지남력, 사물이나 현상을 이해하는 이해력,
계산능력, 낯선 환경으로부터의 학습능력, 언어 및 판단능력 등이 손상되
는 증상을 말한다.[7]

치매유형의 절반 이상을 차지하는 알츠하이머 치매는 1907년 알츠하이
머 의사에 의해 발견된 퇴행성 신경장애로 기억력, 사고력, 학습능력 및

판단력 등의 손상이 점진적으로 나타난다. 두 번째로 높은 빈도를 차지하는 혈관성 치매는 시공간 기능, 언어능력, 기억력 부분에서 알츠하이머 치매 환자와 유사하기도 하지만 언어유창성, 주의력, 집행기능, 계획 및 조절능력의 어려움, 기억과정 중 인출에 장애가 두드러진다고 알려져 있다.[8] 이 밖에 다발성 뇌경색에 의한 치매, 우울증에 의해 생기는 가성 치매, 외상성 치매, 알콜성 치매 등 다양한 치매유형이 존재한다. 치매의 유무를 판단할 때 주의해야 할 점은 지적 능력의 감퇴가 아닌 다른 요인, 즉 정서적 요인인 우울증이나 운동능력 저하, 신체적 허약 등으로 초래되는 현상과의 구분이다. 치매가 진행되어 지적 기능의 감퇴가 뚜렷해지면 식사, 옷 입는 것, 세면, 개인위생, 배뇨 및 배변 등 일상생활에 장애가 생기게 된다. 임상적으로 확실한 치매진단을 받는 경우는 우선 기억력과 사고력이 일상생활에서 활동장애를 일으키기에 충분할 만큼 감퇴되었으면서도 의식은 뚜렷한 경우에 해당한다.[9] 치매 환자들 가운데 가장 많은 비중을 차지하는 것이 알츠하이머 치매이므로 이 글에서는 주로 알츠하이머형 치매를 염두에 두고 논의를 진행하기로 한다.

3. 치매의 원인, 검사와 진단

1) 치매의 원인

치매는 단일한 질병이 아니라 특정 증상들의 집합인 하나의 증후군에 해당한다. 따라서 이 증후군을 야기하는 원인 질환은 대단히 다양할 수밖에 없다. 구체적 원인으로 뇌혈관 장애, 변성질환, 감염성 질환, 뇌종양,

뇌 이외의 오장육부의 악성종양, 경막하혈종, 두부외상후유증, 내분비장애, 교원병, 혈관염, 대사성질환, 중독성질환, 정상압수두증, 비타민 결핍증, 크로이츠펠트-야콥병, 두부외상, 다발성 경색증 등을 들 수 있다. 여기서 뇌혈관 장애란 뇌경색이나 뇌출혈을 말하며, 변성질환이란 알츠하이머형 치매나 피크병, 파킨슨 병을 말한다. 내분비장애는 갑상선 기능 이상을, 대사성질환이란 무산소뇌증, 간부전, 신부전, 전해질 혹은 혈당 이상, 중독성 질환이란 알코올이나 여러 종류의 약제 혹은 일산화탄소중독을 말한다.[10]

치매는 치료법이 존재하는 것과 그렇지 않은 것이 있으므로 치매의 원인을 제대로 인식할 필요가 있다. 치매의 50~60%를 차지하는 알츠하이머병의 경우, 아직까지 그 근본 원인은 밝혀져 있지 않다. 현재까지 알려진 바로는 베타 아밀로이드 단백질이라는 독성물질이 뇌에 축적되면서 뇌신경세포가 점진적으로 소멸되는 병으로 매우 서서히 발병하여 서서히 악화되는 특징을 보인다.[11] 독성 단백질이 쌓임에 따라 뇌신경 세포가 죽게 되고 뇌조직이 기능을 잃으면서 인지기능이 쇠퇴하게 된다.

혈관성 치매는 뇌혈관의 문제로 인해 뇌조직이 손상을 입게 되어 발생하는 치매를 말하며 대표적인 원인이 뇌졸중이다. 고혈압, 당뇨병, 고지혈증, 심장질환 등 뇌졸중의 위험인자를 지닌 경우에 많이 발생한다. 위험인자를 잘 관리하면 예방이 가능하고 조기에 치료하면 더 이상 악화되는 것을 막을 수 있다. 뇌경색 또는 뇌출혈이 발생한 후 기억력 저하 및 인지기능의 저하가 나타나며, 다발성 뇌경색과 같은 뇌혈관 질환이 여러 차례 발생한 후, 병변의 부위가 작거나 일회성이었으나 증상을 보이는 경우 등 여러 종류의 혈관성 이상 증상 및 기전에 의해 발생할 수 있다.[12]

2) 치매의 검사와 진단

치매가 의심되면 함께 신경과에 내원해 보는 것이 우선이다. 신경과에서 실시하는 비교적 간단한 정신상태검사로 치매 여부를 알 수 있는데 이 검사는 집에서도 실시해볼 수 있다. 이 검사에는 지남력, 기억력, 언어능력, 습관, 주의력, 시각능력, 계산력 저하, 성격 및 감정 변화, 문제해결 능력 등이 포함된다. 인지기능검사에서 치매로 진단이 되면 그 원인을 알기 위해 이차적인 검사를 실시한다. 이차검사에는 뇌자기공명영상(MRI), PET 등의 영상검사와 대사성질환, 내분비질환, 감염성질환 등의 원인을 밝히기 위한 혈액검사 등이 있다.[13]

한국판 간이정신상태검사(K-MMSE)는 삼성서울병원 나덕렬 교수팀이 우리나라 실정에 맞게 표준화한 것으로 알려져 있다. 이 검사결과 19점 이하이면 확정적 치매, 20~23점이면 치매 의심으로 진단하고, 24점 이상이면 확정적 정상으로 판정하도록 제안한다.[14] 치매 진단을 위한 최소신경상태 검사는 〈표 1〉과 같다. 이 검사 외에 일본 신경과 의사 하세가와가 변형해 사용한 〈표 2〉의 하세가와법도 선별 검사로 많이 사용되는 것 중의 하나이다.[15]

<h3><표 1> 최소신경상태 검사</h3>

점수	지남력
10점	오늘은 ( )년 ( )월 ( )일, ( )요일, ( )계절이다. (각 1점씩, 총5점)
	- 당신이 살고 있는 나라의 이름은 무엇입니까? (1점)
	- 현재 당신이 살고 있는 도(시)의 이름은 무엇입니까? (1점)
	- 여기는 무엇을 하는 곳입니까?(병원, 가정집, 학교 등) (1점)
	- 현재 있는 곳의 이름은 무엇입니까? (1점)
	- 여기는 몇 층입니까? (1점)
	기억등록
3점	- 먼저 환자의 주의를 집중시킨 후 서로 관계가 없는 세 가지 물건 이름(비행기, 연필, 소나무 또는 나무, 자동차, 모자)을 1초 간격으로 불러주고 따라 말한 개수를 점수로 계산한다. 몇 분 후에 다시 물어볼 테니 잘 기억하라고 주지시킨다. 이 과정이 안 되면 0점으로 하고 6회까지 반복해 숙지시킨다.
	주의집중과 계산
5점	- 100에서 7을 빼게 한 뒤, '93'이라 하면 '거기에서 또 7을 빼시오'하여 피검자가 스스로 뺀 숫자를 기억하면서 5회를 빼게 한다. 이것을 못하든가 하지 않으려 하면 '삼천리강산'을 거꾸로 말하게 한다. 점수계산은 맞게 답할 때마다, 올바른 글자 수마다 1점(예: 93-80-73-65-58 3점, 산천강리삼 2점)
3점	**기억회상**
	- 기억등록 단계에서 불러주었던 단어를 다시 말하게 한다. (각 1점)
	주의집중과 계산
9점	- 두 가지 물건을 보여주고 이름을 말하게 한다(연필, 열쇠). (각 1점)
	- 오른손으로 종이를 집어서 반으로 접은 다음 무릎에 놓기 (반드시 전 문자를 읽어줄 것. 각 1점)
	- '간장 공장 공장장'을 따라하기 (1점)
	- 아무 글이나 원하는 문장을 쓰게 한다.(1점) (문장은 주어와 동사가 있고 의미가 통해야 하며, 철자법은 무시한다)
	- 5각형 두 개를 겹쳐 그리게 한다. (5각형이 두 개이며 10개의 꼭지점이 모두 있고, 5각형의 꼭지점 하나가 서로 겹치면 1점을 준다)

〈표 2〉 하세가와식 치매정도표

1. 당신의 나이가 몇입니까?	0 1
2. 오늘은 몇 년 　　　몇 월 　　　며칠 　　　무슨 요일입니까?	0 1 0 1 0 1 0 1
3. 이곳이 어디입니까?(장소, 이름) 　스스로 대답하면　2점 　암시를 준 후 대답하면　1점	0 1 2
4. 제가 지금부터 세 가지 단어를 말하겠습니다. 잘 기억하셨다가 세 단어 모두 말한 후에 다시 말씀해 주세요. a) 무궁화 b) 고양이 c) 기차	a) 0 1 b) 0 1 c) 0 1
5. 100에서 7빼기(첫 번째 계산에서 막히면 중지) 　100-7=93 　93-7=86	0 1 0 1
6. 제가 지금 몇 개의 숫자를 말씀드리겠습니다. 제가 말한 숫자를 거꾸로 말씀해 주시겠습니까? 　6-8-2 　3-5-2-9	0 1 0 1
7. 제가 조금 전에 기억하라고 했던 세 단어가 무엇이었습니까? 　스스로 대답하면 2점 　암시를 준 후 대답하면 1점 　(식물, 동물, 탈 것 등과 같이 유사성을 암시해준다)	a) 0 1 2 b) 0 1 2 c) 0 1 2
8. 조금 전에 보여드렸던 다섯 가지 물건을 기억해 보세요. (시계, 열쇠, 칫솔, 숟가락, 동전 들이 그려진 카드를 보여준 후 본 것에 대하여 물어본다)	0 1 2 3 4 5
9. 채소 이름을 아는 대로 모두 말씀해 보세요. 　1.　2.　3.　4.　5. 　6.　7.　8.　9.　10. 점수계산: 0~5개: 0점, 6번째부터 옳은 답에 각 1점씩	
총점 30점 중 20점 이상이면 정상이고 그 이하면 치매인 것으로 간주한다. 환자의 교육정도를 반드시 고려한다.	

치매가 진단되면 치매의 원인에 따라 병원에서 처방하는 약을 복용해야 한다. 알츠하이머병의 경우 아직 완치할 수 있는 약은 개발되지 않았으나 증세를 늦출 수 있는 약은 사용되고 있다. 알츠하이머병 환자의 경우 우울증이 흔히 동반되어 우울증 치료제가 처방될 수 있다. 그런데 일부 약제는 알츠하이머병 환자는 물론 정상인에게도 기억력 장애를 가져오는 부작용을 낳기도 한다. 따라서 부작용 여부를 면밀히 관찰하여 복용의 지속여부를 결정해야 한다. 이 밖에 복용 약의 종류에 따라 피로와 무력증, 구토, 설사, 식욕부진, 소화불량증, 위궤양, 상부호흡기 감염, 요로감염 등 다양한 부작용이 나타날 수 있으므로 역시 사용 시 부작용 여부를 관찰하며 복용하여야 한다.

4. 알츠하이머병의 주요 증상

알츠하이머병 환자가 보이는 대표적 증상으로 인지적 장애와 행동심리 장애가 있다. 인지적 장애에는 기억력장애, 식별력장애, 언어장애, 시공기능장애와 실행증, 판단력 저하, 무관심, 체력 약화 등이 포함된다.[16]

(1) 기억력장애는 치매의 초기 증상으로 가장 두드러지게 나타난다. 처음에는 전기불이나 가스불을 켜놓고 끄는 것을 잊어버린다든가 문을 잠그는 것을 잊는데서 시작해, 점차 식사를 한 직후에 바로 다시 식사를 원한다든가, 방금 이야기한 것을 잊어버리는 등 일상생활과 사회생활을 할 수 없을 정도로 병이 진행된다. 특히 치매의 특징은 최근에 있었던 일을 기억

하지 못한다는 점이다. 예를 들면 열쇠, 장갑, 연필 등 일상생활에서 자주 사용하는 물건을 보여주며 잘 기억하도록 당부한 뒤 5분 후 다시 물어보면 잘 기억하지 못한다. 이것이 단기기억 상실이다. 반면에 수십 년 전에 알고 있었던 사물의 이름은 잘 외우고 있어 대조적이다. 치매 초기에 장기기억은 대체로 잘 보존되는 것이다.

그러나 치매가 진행되면서 장기기억도 점차 사라지기 시작한다. 출생지, 나이, 본인의 직업 등과 같은 개인의 신상에 관한 것뿐 아니라 전임대통령의 이름이나 국경일 등과 같이 일반적으로 널리 알려진 사실을 기억하지 못하게 된다. 장기기억 손상을 보이는 환자의 특징 중 하나는 자신이 기억하는 나이까지의 사실만 기억한다는 것이다. 나이를 물어보면 실제로는 여든 살이면서 마흔 살이라고 대답하는 환자가 많다. 또 오래전부터 떨어져 지낸 자녀들을 알아보지 못하는 경우가 있는데, 이것은 환자에게 입력된 기억 속에 자녀의 변한 모습이 없기 때문이다. 모습이 변한 자녀는 치매환자에게는 남인 셈이다.

(2) 식별력이란 시간, 장소, 사람을 구별하는 능력을 말한다. 따라서 식별력장애는 오늘은 며칠이고, 지금 어디 있는지, 누구와 같이 있는지를 모르는 것으로써 치매 초기 단계의 중요한 특징이다. 치매 초기에는 기명력과 기억력의 저하가 약해 정상적인 노화와 치매 초기 증상을 구별하기 어렵다. 그러나 정상적인 노화에는 기명력과 기억력의 저하는 있어도 식별력이 없어지지는 않으므로 정상적인 노화와 치매는 식별력장애가 있느냐 없느냐에 따라 진단이 가능하다. 다시 말해 치매환자를 진단할 때 시간이나 장소를 대답하지 못하는 경우에는 치매가 확실하다.

(3) 언어장애는 말을 표현하는 능력이나 이해하는 능력이 점차 감퇴되는 것으로 초기에는 적절한 단어를 떠올리지 못해 말문이 막히는 정도의 증상을 보이다가 점차 다른 사람이 하는 말을 제대로 이해하지 못해 엉뚱한 대답을 하거나 횡설수설하기도 하며, 말기에 이르면 아예 표현력을 상실하여 말문을 닫는 상태가 되어 버린다. 언어장애에는 명칭실어증과 실인증, 착어증 등이 있다. 명칭실어증은 열쇠를 보여주면서 이름을 물어보면 칼이라고 하는 등 널리 알려진 사물의 이름을 정확히 말하지 못하는 것을 일컫는다. 실인증은 어떤 물건을 보여주면 무엇인지 알아보기는 하지만 그 용도를 정확하게 알지 못하는 것이다. 명칭실어증과 실인증이 심해지면 말의 음운을 틀리게 발음하거나 말뜻에 어긋나게 말하는 착어증이 생기고, 언어 상실증에 이르게 된다. 언어능력 장애인 실어증에 걸린 환자는 자신이 들은 것을 이해하고 화장실에 가고 싶다거나 아프다거나 하는 기본적인 의사표현을 못하게 된다. 이런 상태에 이르면 간병이 어렵게 되므로 간병인과 환자가 서로 통할 수 있는 신호를 만들어 두어야 한다.

(4) 시공간 기능에 장애가 생긴 환자는 초기에는 낯선 곳에서 길을 잃지만 점차 진행되면 익숙한 환경에서도 배회하거나 실종되기도 한다. 심한 경우 집안에서 화장실이나 안방을 혼동할 수 있다. 초기의 경우 운전할 때도 새로운 상황을 전혀 인식하지 못하고 자의적 판단에 따라 행동함으로써 큰 사고를 일으킬 수 있다. 의미 있는 움직임 또는 행동을 하지 못하는 실행증은 초기 알츠하이머병에서 운동계나 감각계 이상일 때 나타날 수 있다. 예를 들면 일반 넥타이는 잘 매면서 나비넥타이는 맬 줄 모르는 경우가 있다. 환자는 연습을 하지 않아서 그렇다고 둘러대지만 알츠하이

머 초기의 실행증일 수 있다. 외출하기로 약속한 실행증 환자가 가족이 기다리고 있는데 양말을 신지 못해 준비를 못하면서 이 사실을 가족들에게 알리지 못하고 화를 내며 외출을 하지 않겠다고 고집부리는 등의 일이 발생하게 된다.

(5) 알츠하이머병이 진행되면 판단력이 떨어진다. 그 결과 값은 외상값을 또 갚는다거나 돈을 아무 데나 두는 등 관리가 허술해지기도 한다. 또 신문이나 방송에 보도되는 성금모금행사에 거금을 희사하거나 사이비 봉사단체의 설득에 쉽게 넘어가 금전적 손실을 입을 수도 있다.

(6) 병세가 더 진행되면 기억력과 판단력 장애에 이어 무관심한 행동이 나타난다. 특히 자신에 대해 무관심하여 자신을 돌아보지 않게 된다. 환자는 자기 외모에 전혀 무관심해, 머리를 빗지 않는다거나 옷이 얼룩지거나 찢어져도 그대로 둔다.

(7) 알츠하이머병 말기에 접어들면 환자는 체력이 떨어지고 근육이 뻣뻣해져 침상에 누워 지내게 된다. 환자가 움직이려 하지 않기 때문에 체중이 쏠리는 부위의 피부가 압박을 받아 욕창이 생긴다. 이런 즈음에는 요실금이나 변실금이 동반되는 경우가 생긴다.

(8) 행동심리장애는 과거에는 주변증상이라고 불렀다. 인지증상의 경우 서서히 진행되어 치료가 어려운 반면 행동심리장애는 환경의 영향을 강하게 받으므로 환경조정 및 돌봄의 변경, 약물 조정 등을 통해 개선될 수

있다. 치매환자나 돌봄자를 힘들게 하는 일은 인지기능의 저하 때문이 아니라 행동심리장애 때문에 발생한다. 구체적 형태에는 완고함, 간병에 대한 저항, 타인에 대한 의심, 상스러운 말, 망상을 하거나 환각상태의 행동, 남의 방 뒤지기, 물건 훔치기 또는 숨기기, 우울, 분노, 아무 데서나 대소변 보기 등이 있다. 안절부절하거나 목적 없이 왔다 갔다 하거나 밤낮이 바뀌는 현상도 올 수 있고, 이러한 증상 때문에 환자가 상처를 입는 상황이 벌어지기도 한다.

5. 치매 환자의 증상별 돌봄

치매환자는 인지기능에 문제가 있지만 여전히 자신만의 성격과 취향을 가지고 있으며 자신만의 아름다운 추억들을 간직하고 있다. 좋아하는 것과 싫어하는 것이 있고 자존감 또한 있다는 사실을 잊지 말아야 한다. 여기에서는 먼저 치매환자를 간호할 때 필요한 기본적인 간호수칙을 알아본후, 구체적 상황에 적합한 환자 돌보기에 대해 알아보기로 한다.

보호자가 알아야 할 기본적인 돌봄 수칙은 첫째, 치매상태에 관계없이 사랑과 애정으로 보살펴야 한다. 둘째, 환자의 자존심을 상하게 하지 말아야 한다. 셋째, 환자 스스로 할 수 있는 일은 실수가 있더라도 하게 한다. 넷째, 환자에게는 기본적으로 익숙한 것이 좋기 때문에 가급적 새로운 환경, 사람, 장소를 만들지 않는 것이 좋다. 다섯째, 일단 치매가 시작되면 가급적 여행, 이사 등 갑작스런 변화를 주지 않는 것이 좋다. 여섯째, 음식은 색다른 음식보다 소박한 가정식(채식, 생선, 된장국 등)이 좋다. 일곱째,

운동은 하루 2회, 1회에 20~30분 정도가 좋다. 여덟째, 평소 좋아하는 음악은 치매상태에 관계없이 들려주는 것이 큰 도움이 된다. 아홉째, 방문자는 가급적 줄이고 방문 시간도 짧게 한다. 가급적 직계가족끼리만 생활하는 것이 좋다. 열째, 가족들의 건강도 고려하면서 무리하지 않는 선에서 지혜롭게 간호한다.[17] 다음에서는 구체적인 상황에 따른 적절한 돌봄 방식을 살펴보기로 한다.[18]

1) 기억력 상실에 대처하기

기억력을 증진시키려는 목적으로 과도하게 기억하도록 강요하지 말아야 하고 물건을 자주 잊어버리므로 환자만의 전용상자를 만들어 준다. 같은 질문을 반복하더라도 성의를 가지고 잘 대답해 주어야 한다. 화를 내면 환자는 자신감을 상실해 치매증상이 더 악화되는 경우도 있다. 환자를 불러도 아무런 대답을 하지 않고 시끄럽게 하지 말라며 화를 낼 때가 있는데 이런 경우에 환자를 큰소리로 다시 부르지 않아야 한다. 환자는 자신을 부르는 것을 모르거나 자신과는 관계없는 소리라고 생각해서 시끄럽다고 느낄 뿐이다. 이러한 경우에는 쉽게 이야기하고 천천히 반복해서 이야기한다. 환자가 이해하지 못할 때 손동작이나 몸짓을 활용하는 것도 도움이 된다. 환자가 가족을 몰라보아도 환자의 말을 부인하지 말고 인정하면서 응대해 주고 앞뒤가 맞지 않는 이야기를 하거나 무슨 말을 하는지 알아들을 수 없는 말을 하더라도 고개를 끄덕여주고 맞장구치며 들어주어야 한다. 치매환자들은 옆에 사람이 있으면 안심하므로, 이야기가 이치에 맞지 않더라도 이야기를 들어주는 자세가 중요하다.

2) 망상에 대처하기[19]

알츠하이머형 환자들은 인지기능 저하에 따라 상황 파악이 어려워지거나 주변과의 관계가 희박해진다. 때문에 강한 불안감 및 고독감, 소외감이 쌓여 그것을 막을 수 없어지면서 도둑망상이나 질투망상 등의 피해망상으로 발전한다. 이런 망상의 배경에 자리한 고독, 불안 등의 감정을 누그러뜨리기 위한 노력이 필요하다. 며느리가 돈을 훔쳤다는 망상을 할 경우 두 사람이 공유 가능한 것들을 찾아보아야 한다. 돈이 없어졌다고 말할 때 돈을 함께 찾아보며, 미리 준비한 돈을 찾은 것처럼 하여 건네주는 것도 한 방법이다. 또 환자가 가족 안에서 역할-집을 잘 지켜주어 고맙다 혹은 요리 메뉴 선택을 잘했다 등—이 있는 소중한 존재임을 알려준다.

또 약을 독이라고 하며 먹으려 들지 않을 때에는 약을 가루로 만들어 꿀과 섞은 다음 숟가락으로 먹게 한다. 이렇게 하여도 거부할 경우 억지로 강요하면 더욱 거부하게 되므로 충분히 설명하여 약을 먹도록 권유하고 설득이 안 되면 약을 다른 형태로 만들어 복용하게 한다. 음식에 독이 있다며 식사를 하지 않으려 할 때 환자에게 주어진 음식을 함께 먹는 것도 좋은 방법이다. 먹어도 좋은 음식이라는 인식을 시각적으로 보여줘 안심시키는 것은 환자가 심리적으로 안정감을 찾는데 도움을 주기 때문이다.

3) 귀가 소망에 대한 대처

치매환자는 시설이나 병원에 있을 때는 물론 집에 있으면서도 집에 가고 싶다는 강한 희망을 피력한다. 귀가 희망은 자신의 위치를 알 수 없기에 나타나는 불안한 마음의 표현이다. 환자와 동반해 집을 찾자고 하며 잠시 집 앞에 나갔다 들어오거나 이 방에서 다른 방으로 옮겨가기 등을 해가며 환자를 진정시킨다. 또 환자가 익숙한 물건 등을 준비해 보여주는 것도 좋은 방법이다.

4) 폭력적인 행동에 대한 대처

치매 환자 중 폭력적인 행동을 보이는 경우가 있지만 이런 행동양상은 자주 일어나지 않으며 오래 지속되지 않고 금방 사라진다. 또 그러한 행동 표현 시 감정소모가 빨리 일어난다. 치매환자가 공격적 성향을 보일 때는 최대한 환자로부터 멀리 떨어져 있어야 한다. 거리를 두고 방어태세를 갖추고 있으면 금방 누그러지게 된다. 치매 환자는 주변의 영향을 많이 받으므로 환자가 공격적인 행동을 한다고 소리를 지르면 환자가 그 행동을 따라해 더 난감한 사태를 겪을 것이다.

5) 실인증에 대한 대처[20)]

사람을 못 알아보는 경우 적당히 말을 맞추어 준다. 몰라보는 것이 당연하고 알아보면 칭찬해 준다. 가족관계나 촌수가 틀릴 때, 죽은 사람이 살아 있다고 할 때, 손자의 성장은 모를 때, 이 때 바른 답을 못 알아들으면 부정하지 말고 환자의 말을 긍정하며 적당히 말을 맞추어주는 것이 좋다.

6) 실금 문제에 대한 대처[21)]

치매환자의 경우 노화에 따른 요도 괄약근의 약화와 함께 운동량과 활동량이 적어 요로 감염이 쉽게 생기며 잔뇨가 많아져 소변을 보고도 다시 마렵게 될 수 있다. 이 때 화내거나 무시하지 말고 매번 요구에 응해주는 것이 필요하며, 문제가 지속되면 의사의 진찰을 받아야 한다. 대소변을 실금하는 경우 화장실에서 배변을 해야 한다는 사실을 잊거나 화장실을 찾지 못해서 문제가 발생할 수 있으니 '화장실'이라고 눈에 띄는 글씨를 붙이는 것도 좋은 방법이다. 환자가 화장실을 찾는 듯한 행동을 하면 "여기 써 있네요. 여기가 화장실인가 보네요."라고 말하면 자신뿐만 아니라 다른 사람도 몰랐던 것이라 생각하고 자존심을 다치지 않게 된다. 시간을 정해 소변을 규칙적으로 유도하는 것도 바람직하다. 아침에 일어났을 때, 식사 전, 외출 전, 일하고 난 뒤에 "저도 화장실 가고 싶은데 화장실 같이 가실까요?"라고 말하면 따라오게 된다. 싫다고 할 경우 강요하지 말고 시간을 두고 다시 시도한다. 한두 번 실금했다고 금방 종이기저귀를 사용하는 것은 좋지 않다. 치매노인은 기저귀를 해야 하는 이유를 알지 못하며, 노인의 자존심을 상하게 하고, 피부염이나 욕창, 요도감염 등이 생기게 된다. 노인이나 가족이 실금하는 것에 대해 매우 불안해할 경우 밖에 외출할 때, 혹은 밤에 잘 때 안심팬티나 종이기저귀 등을 하는 것이 좋다.

7) 변실금과 농변에 대한 대처[22]

변실금이 발생하는 주요 원인은 뇌의 기질적 장애나 항문 괄약근의 이완 때문이다. 가장 힘든 것은 설사할 경우인데 이것은 장 내용물에 의한 자극, 장벽의 병, 변비로 인한 완화제 사용 등에 원인이 있다. 설사가 자주 일어날 때에는 섬유류가 적은 음식을 주도록 한다. 또 과식이 원인이 되는 경우가 있으므로 과식하지 않도록 주의한다. 변의 상태나 양을 잘 관찰하고 원인에 따라 의사에게 연락하고 적절한 처치를 받아야 한다. 치매환자 혼자 뒤처리를 할 수 없을 때에는 뒤에서 닦아주고 실금해 버렸을 때에는 화를 내지 말고 빨리 벽이나 손잡이 등을 잡도록 한 후 등 뒤에서 더러워진

옷을 갈아입히도록 한다. 뒤처리를 하고 난 후에는 아무 일도 없었던 것처럼 행동해야 한다.

화장실이 아닌 곳에서 대변을 보고 대변을 손으로 만지거나 옷, 방바닥, 벽 등에 묻힐 때에는 더럽다고 야단치지 말고, 아무렇지도 않은 것처럼 뒤처리 하여 자존심에 상처를 주지 않도록 배려해 준다. 환자가 대변을 만지다가 들켜서 당황하고 있을 때에는 걱정하고 있는 환자의 마음을 알아주면 안심을 한다. 환자가 안절부절 못하거나 방의 구석으로 가는 경우에는 곧바로 화장실로 데리고 간다. 배설의 리듬을 알아보기 쉽게 하기 위하여 달력에 배설 기록을 하면 가족 몇 사람이 번갈아 치매노인을 간호할 때 도움이 된다.

6. 치매환자의 일상생활 돌봄[23]

올리버 삭스 박사는 "사람이란 기억만으로 존재하는 것이 아니다. 느낌이 있고 상상력이 있고 의지가 있고 욕구가 있는 도덕체"라고 말한다. 치매환자도 인간으로서 행복을 느끼고 만족감을 갖기 원하며, 가족과 같이 있고 싶어 하고, 가정에서의 평안함과 안락을 희망한다. 치매환자와 일상을 보낼 때 존경과 품위를 갖고 대해야 함을 잊지 말아야 한다.[24] 이런 마음가짐은 환자와 대화를 하거나 간병할 때 사소한 행동들에서도 나타나므로 돌봄자가 환자에 대한 애정과 존중의 마음을 가져야 함을 잊지 말아야 한다.

1) 치매환자와 의사소통하는 법

치매환자의 감정은 언어보다 오래도록 유지된다. 칭찬과 격려의 좋은 말을 하여 자존심을 건드리지 않도록 유의해야 한다. 치매환자와 대화할 때는 먼저 환자를 정면으로 바라보고 미소를 지으며 눈을 마주친 후, 상대방의 호칭을 부르며 부드럽고 천천히 말해야 한다. 큰소리를 내지 말고 가급적 짧은 문장으로 이야기해야 한다. 환자들의 인지능력이 떨어졌다고 어린아이에게 하듯이 말하지 않아야 한다. 치매환자를 이동시키거나 무언가 동작을 요구할 때는 허락을 구해야 하며 눈을 마주보고 대화한다. 몸짓을 섞어가며 이야기 하는 것이 도움이 되며, 다정하게 만지거나 머리를 쓰다듬고 노래를 부르는 등 감각적인 자극을 이용해 의사소통하는 것도 도움이 된다.[25]

환자의 반응에 시간이 걸리더라도 대답은 충분히 기다리고 환자의 대답이 틀렸다고 지적하지 말아야 한다. 또 안전 문제가 아니면 환자와 논쟁하지 말아야 하고 긍정적 진술을 사용해 대화한다. 예를 들어 "~하지 마세요"라는 말이나 부정적인 용어는 사용하지 말아야 한다. 만약 환자가 결정을 할 수 있다면 간단하고 구체적인 선택들을 제공하는 것이 좋다. 무엇을 먹을지 질문하는 것보다는 닭고기와 쇠고기 중 어느 것을 원하는지 물어야 한다. 정확하게 대답하기 어려운 사항이나 복잡한 단어나 기억이 많이 필요한 사실 역시 질문하지 않는 것이 좋다.[26]

2) 옷 갈아입기[27]

환자가 특히 좋아하는 옷이 있다면 같은 옷을 여러 벌 장만해 두는 것이 좋다. 제한 범위 내에서 환자가 원하는 옷을 직접 고를 수 있도록 하고,

입고 벗기 편한 옷을 고른다. 기성복 단추를 채우기 어려운 경우 큰 단추가 달린 것을 선택하거나 단추를 변경해 놓는다. 단추를 찍찍이로 바꾸어 놓는 것도 좋은 방법이다. 옷을 갈아입힐 때 옷을 환자의 눈앞에 순서대로 늘어놓고 환자에게 옷을 입어야 한다는 것을 이해시키며, 환자 스스로 옷을 입을 수 있도록 돕는다. 다음에는 바지를 입을까요? 등의 말로 순서를 말해주어 스스로 할 수 있도록 도와준다. 옷을 잘못 입었을 경우 고쳐 입으라고 지시하면 반감을 가지게 되니 이 옷이 더 멋있어 보인다라는 등의 말을 건네면서 다시 입을 수 있도록 유도한다. 옷 갈아입기를 거부하면 무리하게 강행하지 말고 시간을 두고 다시 시도해야 한다.

3) 목욕 돕기

치매환자는 혼자 목욕하기 어려운 상태임에도 불구하고 도움받기를 거부하며 혼자서만 목욕탕에 들어가려고 하는데 이는 옷을 벗는 것에 대한 수치심 때문이다. 이 경우 마음이 맞는 사람과 함께 목욕탕에 들어가도록 배려한다. 물 온도는 환자가 좋아하는 온도로 맞추고, 몸을 씻어줄 때는 부드럽게 말을 걸어주는 것이 중요하다. 말을 걸지 않고 몸에 손을 먼저 대면 불안해한다. 미끄러지지 않도록 목욕용 의자, 손잡이 미끄럼 방지 매트 등을 이용하고 오랜 시간 목욕하지 않도록 한다.[28]

목욕을 거부하면 '같이 들어가요' '밀어 드릴께요' 등의 말로 권유해보거나 시간차를 두고 다시 목욕을 권유하거나 목욕 권하는 사람을 바꾸어 보는 것도 한 방법이다. 처음부터 목욕하도록 권하지 않고 수욕, 족욕 등을 하면서 목욕으로 유도하는 것도 좋다. 환자가 끝내 거부하면 목욕을 진행하기보다 물수건으로 닦아내는 것이 좋다.[29]

4) 대소변 도와주기[30]

낮에는 세 시간 간격으로 규칙적으로 화장실에 가도록 하고 환자가 말할 때까지 기다리지 않는다. 안절부절 못하거나 옷을 끌어당기는 등의 행동은 화장실에 가고 싶다는 신호에 해당한다. 환자가 화장실을 찾지 못해 집안에서 헤매는 경우 화장실에 인형이나 화장실이라는 푯말을 달아 둔다. 대소변 실수가 있을 경우 환자를 안심시키고 침착하게 행동한다. 밤에 실수하는 것을 예방하기 위해 저녁시간에는 카페인 섭취를 하지 않는다.

방금 소변을 보고서 계속 화장실에 가겠다고 하거나 혼자 화장실을 찾지 못할 때는 매번 요구에 응해 주도록 한다. 치매환자라고 해도 감정과 자존심이 있으므로 화내거나 무시하는 태도를 보여서는 안 된다. 대소변 실금으로 환자가 기저귀를 차고 있을 때 기저귀 교환을 거부하며 때로는 욕이나 폭력적인 행동을 하는데 이 경우 강제로 진행하면 더 강하게 저항하게 된다. 천천히 따뜻하게 설명하면서 기저귀를 재빨리 가는 것이 좋다. 또 반드시 먼저 설명한 다음 환자의 의사를 듣고 진행한다. 계속 거부할 경우 시간을 두고 다시 시도하도록 한다.

7. 치매말기 노인의 간호

치매는 진행성 질환으로서 처음 증상 발생 후 짧게는 2년 길게는 20년 이상 생존하기도 하는데 평균 생존 기간은 10년 내외 정도이다. 나타나는 증상에 따라 초기(1단계), 중기(2단계), 말기(3단계)로 구분하기도 하지만 사람에 따라 어느 단계에서 어느 정도 지속될지 일률적으로 진행단계를 예측하기 어렵다. 초기에는 경미한 기억장애로 서서히 시작되어 대화도중 적절한 단어를 찾지 못하며 일의 능률이 떨어지고 판단력 장애, 성격장애 가 나타난다. 이 기간은 5년 정도 지속된다. 중기에는 초기 증상들이 더욱 심해지고 언어 장애가 가장 심하게 나타난다. 물건 이름을 알지 못하고 논리적인 대화가 불가능하게 된다. 시간관념이 없어지고 방향감각이 없어 지며 사람을 잘 알아보지 못한다. 성격장애가 심해져서 남을 의심하거나 과격한 행동을 보이기도 하고 대소변을 잘 가리지 못하는 증상이 나타난 다. 이 시기에는 낙상, 실화, 중독사고 등 내과·외과적 응급상황을 유발하 는 사고가 빈번하므로 이에 대한 대비가 필요하다고 한다. 이런 변화가 발생하는 중기는 길게는 약 12년까지 계속될 수 있다.

말기에는 이야기도 못하고 먹고 마시는 방법조차 잊어버려 몸무게가 20~30% 감소하기도 한다. 혼자 걷는 것이 불가능해지고 모든 기억이 없어 져 24시간 전적으로 남에게 의존해 생명을 유지한다. 이 시기는 3~4년 지 속된다.[31] 말기에 이를 때까지 조금이라도 진행을 늦추는 시도나 생활을 풍요롭게 영위하기 위한 노력을 하며 환자 본인, 가족, 이를 돕는 전문가가 하루하루 힘겹게 싸워 나가야 한다. 삶의 마지막 시기가 다가오면 환자의 몸 상태는 단계적으로 약화된다.

1) 치매말기 신체적 특징[32]

말기 치매 환자의 신체적 특징은 시각장애가 심해진다는 것이다. 누군 가 병실에 갑자기 들어서면 쉽게 놀랄 수 있으므로, 병실을 너무 밝거나 어둡지 않게 하여야 한다. 상태가 악화되면 환자와 대화는 불가능해진다. 이 경우 환자와 간병인 사이에 의사를 소통하기 위한 방법을 미리 정해두는 것이 좋다. 예를 들어 간병인이 물어보는 질문에 긍정이면 손을 한 번 쥐고 부정이면 두 번 쥔다든가 하는 식의 신호를 정해 놓는 것이 도움이 된다.

환자는 대부분의 시간을 침상에 누워 지내므로 피부 관리에 신경을 써야 한다. 피부가 탄력을 잃어 엉치등뼈, 엉덩이, 뒤꿈치, 어깨, 팔꿈치 그리고 뒤통수같이 돌출된 부분을 감싸는 지방조직의 양이 줄어든다. 그 결과 피부가 몸무게에 짓눌려 욕창이 생긴다. 욕창이 생기면 상처를 아물게 하는데 시간이 많이 걸리고 쉽게 낫지 않으며 욕창 세균이 혈관 속으로 들어가 패혈증이 발생할 수 있다. 그러므로 침상에 누워 지내는 환자는 반드시 두 시간에 한 번씩 몸의 위치를 바꿔 욕창을 방지해야 한다.

근육과 관절을 둘러싼 인대 또한 약해지므로 환자를 돌려 눕히거나 움직일 때 조심해야 한다. 환자의 관절에 조금이라도 무리한 힘이 가해지면 탈구되어 고통을 느끼게 되고 심하면 관절이 손상될 수 있다. 환자는 점점 뻣뻣해져 관절 운동의 범위가 좁아지므로 무리하게 힘을 가하지 않도록 주의한다.

말기에 이르면 사지 근육이 약해지는 것과 같이 호흡에 필요한 가슴근육이나 횡경막도 약해지므로 호흡이 점차 얕아지고 어려워진다. 이럴 때 침상의 머리 부분을 올려주면 횡경막이 아래로 쏠려 호흡이 수월해진다.

말기 치매 환자들은 삼키는 것조차 어려워진다. 따라서 죽이나 즙 같은 음식물을 주어서 음식덩이가 기관지를 막아 숨이 막히는 불상사가 일어나지 않도록 주의한다. 스스로 삼키지 못하면 튜브를 설치하여 주입할 수도 있다. 이 경우, 너무 빠른 속도로 주입하면 토할 수 있는데 토하는 과정에서 음식물이 폐로 들어가면 흡입성 폐렴을 유발할 수 있으니 특히 조심해야 한다. 음식물을 주입할 때마다 튜브가 위장 내 제 위치에 있는지 확인해야 한다.

2) 치매 말기 노인의 죽음 원인

말기 치매 환자는 침상에서 지내므로 음식물을 삼키다가 음식물이 폐로 잘못 들어가 발생하는 흡입성 폐렴이나 외부환경에 노출된 폐가 세균에 감염되어 생기는 폐렴으로 사망하는 예가 흔하다. 울혈성 심부전증과 같은 심장질환도 주요한 사망원인이다. 노화로 약해진 심장은 신체가 요구하는 영양분과 산소를 공급하려면 더 빨리 뛰어야 한다. 또 혈관도 나이가 들어 탄력성을 잃게 되어 심장에 부담이 생기는데 이처럼 심장에 부담이 늘어 생기는 병적 상태가 울혈성 심부전증이다.[33]

환자가 소변을 제대로 눌 수 없어서 방광에 소변줄을 설치하는데 이로 인해 요로 감염이 빈번하게 발생한다. 비뇨기계 감염이 일어나면 이 역시 패혈증으로 발전하여 치명적인 결과를 야기할 수 있다. 치매 말기에는 침상에 누워만 있게 되므로 체중에 눌린 피부가 손상을 입어 욕창이 생길 수 있다. 따라서 환자의 자세를 수시로 바꿔 욕창이 생기지 않게 예방하여야 한다. 일단 패혈증에 걸리면 세균들이 내는 각종 독성 물질이 신체 주요 기관의 기능을 마비시켜 사망에 이를 확률이 높다.[34]

8. 종말기의 고운 마무리

치매 말기 및 노쇠는 경과가 느리기 때문에 이따금 상태가 좋아져 식사를 할 수 있고 말을 잘하는 날이 있는 일진일퇴의 현상이 나타난다. 그 가운데 말을 하지 않고 먹지도 않고 움직이지도 않는 상태가 서서히 늘어나며 잠만 자는 시간이 길어지는 등 이별의 순간이 다가왔다고 판단되는 요인이 증가한다. 판단은 최종적으로 의사가 내리지만 가장 먼저 변화를 깨닫는 것은 평소 상태를 알고 있는 간병인, 간호사, 가족 등 관련자 모두가 그 변화를 공유하며 지켜보는 것이 중요하다. 말기 돌봄 단계에서는 본인의 반응이 적기 때문에 할 수 있는 일이 적다고 생각하는 가족이나 돌봄자도 있다. 그러나 반응이 거의 없는 경우에도 곁에 있거나 말을 거는 것이 매우 중요하다. 청각이나 미소는 마지막까지 남는 능력이므로 가끔 이름을 부르면 미소를 보여주거나 눈을 뜨는 등 커뮤니케이션 할 수 있는 순간이 많기 때문이다.[35]

알츠하이머병 말기에 누워서만 지내며 음식물 삼키기가 어려워지면 구강 케어나 삼키기 재활훈련을 하고 음식의 형태를 바꿔가며 경구섭취를 지속하는 것이 기본이다. 그러나 결국 삼키지 못하게 되는 순간이 다가온다. 이 경우 대부분의 가족은 종종 경관영양을 희망한다. 경관영양 요법은 환자들이 입으로 음식을 섭취하지 못하지만 위장은 정상적인 경우 관을 통해 위로 유동식을 공급하는 것을 말한다. 경관영양요법을 위해서는 영양관 삽입이 선행되어야 하는데, 영양관은 코를 통해 삽입하거나 위루—위나 식도로 영양을 공급할 수 있는 관을 삽입하도록 복부나 목에 구멍을 뚫는 것—를 통해 삽입하는 방법이 있다.[36]

우리나라의 경우 2017년 10월 23일부터 의료연명결정법에 의거해 연명의료결정시범사업을 실시하고 2018년 2월부터 본격 시행된다. 이 연명의료결정법은 소극적 존엄사를 인정하는 것으로서 항암제 투여, 인공호흡기, 혈액투석, 심폐소생술은 중단할 수 있으나 물공급이나 산소공급, 영양분 공급은 중단할 수 없다. 결국 우리나라의 경우 치매노인에게 경관영양을 중단해서는 안 되는 상황이라고 볼 수 있다. 그러나 일본의 노년의학회는 종말기 노인환자에게 인공영양을 실시하는 것은 좋지 않다는 입장을 표명했다.

『평온한 죽음』(2013)의 저자 나가오 카즈히로에 따르면 음식물을 삼키지 못하는 것은 몸이 음식을 원하지 않는다는 신호이다. 그래서 억지로 영양을 주입하면 오히려 몸 상태가 악화되는 경우도 종종 있다. 치료가 불가능하고 죽음이 가까운 상태에서는 경관영양을 해도 환자는 고통을 받으며 고통을 받는 시간도 늘어난다. 경관영양을 하든 안하든 결국 죽음은 찾아온다. 가족의 마음과는 별개로 의학적으로 경관영양은 무익한 연명이라는 것이다.

하나이시토비 고조 역시 이미 생명력이 고갈된 노인들에게 코나 위로 연결된 관을 통해 영양을 공급하고 수액주사를 놓으며 무리하게 삶을 강요하는 연명지상주의를 비판한다. 그는 노인들의 마지막 거처가 된 요양시설에서도 평온한 죽음을 맞는 대신 병원의 침상에서 갖가지 의료기구를 매단 채 죽어야 하는 현실에 의문을 제기했다. 그는 "먹지 않아서 죽는 것이 아니라 생명력이 다하여 먹지 않는다"고 말한다. 그러므로 인위적으로 영양을 공급하는 위루술 등에 의지하는 대신 공급하는 열량과 수분을 종말기의 몸이 받아들일 수 있는 수준으로 낮추어 평온히 떠날 수 있게 돕는 간병 혹은 돌봄으로 방향을 전환해야 한다고 주장한다.[37]

일본 후생성의 가이드라인 역시 노인들이 종말기에 이르러 음식물을 넘기지 못해 인공영양이 필요한 상태에 이르렀을 때 가족의 의향이 아닌 본인에게 최선의 치료방침을 선택할 것을 권장하고 있다. 일본 후생노동청 조사에 따르면 경관영양을 희망하는 사람들은 10퍼센트에 불과하다. 일본 신경학회의 가이드라인도 치매 말기의 경관영양은 권장하고 있지 않다. 야마구치 하루야스·다나카 유키코 역시 고통을 늘리는 인공영양이 누구를 위한 것인지, 정말 필요한 것인지를 질문하며 '자연스럽게 죽는 것'을 선택하는 것이 적절한 결단이라고 말한다.

치매돌봄의 최종말기에는 시설과 재택요양 중 하나를 선택해야 한다. 치매 종말기는 보행이 어렵고, 음식섭취 곤란으로 인공영양에 대해 생각하는 시기이다. 나가오 카즈히로는 가정에서의 평온한 임종을 추천한다.[38] 이유는 치매노인을 포함해 대다수 임종기 환자들이 가정에서의 죽음을 원하기 때문이다. 그는 마음이 잘 맞는 방문간호사나 케어매니저 등의 도움을 받아 환자에게 잘 맞는 의료계획을 세울 것을 권고한다. 이런 권고가 우리나라에도 적용될 수 있을까? 우리나라는 노인장기요양보험에 따라 케어매니저 제도의 도입을 검토하고 있지만 아직 확정된 것은 없다. 현재는 요양보호사의 치매 환자 돌봄을 지원하기 위해 한 달에 한번 사회복지사가 요보호자 가정을 방문한다. 2018년부터는 치매환자에 대해 방문간호 서비스가 확대되지만 서비스 수여과정이 더 간소화되고 방문횟수가보다 증대될 필요가 있다. 더 나아가 방문의사의 제도화가 요청된다. 이러한 사회서비스제도가 뒷받침되지 않으면 치매 종말기를 환자의 가정에서보내는 것이 원천적으로 불가능하기 때문이다. 결국 치매 종말기를 어디서 보낼 것인지를 결정하는 우선적인 조건은 환자상태에 맞추어 가정에서개별적 돌봄이 가능하도록 지원하는 사회제도의 정비이다. 그 다음으로당사자의 희망, 돌봄자의 라이프 스타일, 인생관, 생사관, 경제상태 등이 중요할 것이다. 나가오 카즈히로는 자택에서 평온사를 준비하려면 어떤 각오가 필요한가라는 질문에 대해 '산책하면서 생각하는 정도면 충분하다'고 말한다. 이는 전문적인 의료와 돌봄이 제도적으로 구비된 일본의 사회적 맥락에서 나온 말이다. 한국사회에서도 방문의사와 방문간호사, 요양보호사의 도움을 받을 수 있다면 사랑하는 가족의 평온사를 지켜주는 것이 가능하고 또 그리 힘든 과정만은 아님을 짐작할 수 있다. 환자가 익숙한 공간에서, 환자에게 부담을 주지 않고, 불편을 강요하지 않는 적절한 간호, 아마도 그 끝에 평온사가 가능할 것이다.

필자는 생애 말기의 삶에서 자기가 살던 익숙한 거주지에서의 삶이 노인의 정체성과 존재의미에 핵심적이며, 자기거주의 지속으로서의 죽음이 자기 진실성을 유지하며 자연스럽게 죽음에 이르는 것이라는 주장[39]에 동의한다. 또 대다수 임종환자들이 집에서의 평온한 죽음을 원한다는 주장[40]에도 크게 공감한다. 집에서 마지막 이별을 소망했던 사랑하는 이를 병실에서 떠나보낸 필자가 오늘도 가장 가슴 아프게 후회하는 것이 그 소망을 들어주지 못했던 것임을 고백한다. 사랑하는 이와의 평온하고 고운 이별을 가능하게 해줄 재택 돌봄과 자택 임종을 가능하게 하는 방문의사, 방문간호사, 케어매니저, 요양보호사 등이 충분히 충원되고 보완될 수 있기를 바란다. 치매 노인 돌봄의 사회적 제도화가 편리함과 능률주의에 함몰되지 않고, 개별적이고 인간다운 돌봄과 이별이 가능한 세심하고 배려있는 윤리적인 제도로 정착되기를 소망하며 이 글을 마친다.

〈참고문헌〉

공병혜, 「한국사회와 말년의 철학적 의미」, 『오늘의 문예비평』, 산지니, 2008. 28-42.

_____, 「한국사회에서 노인 돌봄」, 『한국여성철학』 13, 2010. 1-22.

김은란, 「소화기 질환에서의 경장영양공급」, *Korean J Gastroenterol*, 65(6), 2015. 354-360.

나가오 카즈히로, 『평온한 죽음』, 유은정 옮김, 한문화, 2013.

문영숙, 『치매, 마음 안에 외딴방 하나』, 지우, 2011.

박세정·고수현, 「치매노인의 삶의 질 향상에 관한 연구」, 『복지행정논총』 18권 2호, 2008. 115-142.

양기화, 『치매 당신도 고칠 수 있다』, 중앙생활사, 2017.

야마구치 하루야스·다나카 유키코(우치다병원 인지증 서포트팀), 『인지증 케어 비결: 치매환자와 가족 모두가 편해지는』, 메디마크, 2016.

윤승천, 『치매 2016』, 건강신문사, 2016.

이영주, 〈헬스통신〉, '치매, 뇌졸중 후 발병 위험 3배 증가', http://e-heal thnews.com/news/article_view.php?art_id=144852, 2017년 10월 14일자.

이윤미, 〈헤럴드경제 인터넷판〉, '로맨스·다운사이징·엔딩노트…100세 시 대를 잘 사는 법', http://news.heraldcorp.com/view.php?ud=20171013 000398, 2017년 10월 14일자.

장종식·김수경, 「알츠하이머환자와 혈관성 치매환자의 CERAD-K를 통한 인지기능의 비교와 평가도구의 유용성」, 『고령자·치매작업치료학 회지』, 6(2), 2012. 31-38.

하나이시토비 고조, 민경윤·노미영 역, 『우리는 어떻게 죽음을 맞이해야 하나』, 마고북스, 2012.

황의완, 『치매극복프로젝트』, 조선앤북, 2011.

좋은
죽음을
위한
안내

05 아름다운 마무리를 위한 준비

김태미

1. 아름다운 마무리 그리고 그에 대한 준비

특정 문화와 사회의 전통, 환경, 혹은 개인과 가계의 가치관과 인식에 따라 다소 차이가 있겠지만 인간이 여타 동물과 구별되는 가장 큰 특성 중 하나는 태어나서 죽음에 이를 때까지 오랜 기간 동안 가족과의 끈끈한 유대관계를 지속적으로 유지하며 살아간다는 것일 것이다. 가족들의 축복 속에 태어나서 자립할 수 있을 때까지 20-30여 년간을 한 지붕아래 살면서 부모로부터 끊임없는 보살핌과 사랑을 받으며 성장해 나가고, 장성한 후에도 가족들 간의 사랑과 따뜻한 정을 나누며 살아가는 존재는 인간사회 이외의 어디에서도 그 사례를 찾아보기 어렵기 때문이다.

오히려 그렇기 때문에 한 인간의 생로병사(生老病死)라는 긴 여정 중 가장 극적인 것은 단연 죽음일 것이다. 죽음은 이러한 사랑의 공동체인 가족들과의 영원한 이별을 의미하는 커다란 사건이기 때문이다. 그럼에도 불구하고, 많은 사람들이 이에 대한 준비를 하지 않고 있다가 갑자기 닥친 가족의 죽음에 당황해 하는 경우를 주변에서 흔히 마주치게 된다.

조물주는 생명을 창조하면서 하찮은 미물들조차 생의 마지막 순간까지

귀한 생명을 지키기 위해 혼신의 힘을 다하도록 DNA의 깊은 곳에 그 비밀을 숨겨 놓은 것 같다. 그렇기 때문에 인간을 포함한 모든 생명체는 죽음의 문턱에서조차 생명에 대한 마지막 기대를 버리지 않고 끝까지 버티다가 아무런 준비 없이 황망하게 죽음에 이르는 경우가 매우 많다. 요즘 장노년층에 '99-88-23-4'란 말이 회자되고 있는데, 이는 '구십구세(99)까지 팔팔(88)하게 살다가 이삼(23)일만 앓고 죽었으면(4-死) 좋겠다'는 바람을 나타내는 말로 우리 사회의 죽음에 대한 자세를 희화적으로 보여 주는 표현인 것 같다. 톨스토이(Lev Nikolayevich Tolstoy)의 "이 세상에 죽음만큼 확실한 것은 없다. 그런데 사람들은 겨우살이는 준비하면서도 죽음은 준비하지 않는다."라는 글귀를 보더라도 우리사회뿐 아니라 서구사회에서도 죽음의 준비에 관한 금언(金言)들을 읽어본다면 죽음의 대한 충분하지 않은 준비는 우리사회에만 적용되는 것은 아닐 것이다.

죽음이라는 극적인 사건을 앞두고 임종을 맞게 된 본인은 물론 특히 이를 지켜보는 가족들에게 죽음과 상실감에 대해 대처하고 준비해 나가는 과정은 매우 힘겨운 일이다. 그러나 존엄한 삶의 완성을 위해서는 존엄한 죽음도 함께 바라보고 차분하게 준비해야 한다는 엄연한 사실을 애써 외면하려는 자세는 바람직하지 않다고 말하고 싶다. 아래에 글에서는 임종기를 맞은 환자의 준비 사항을 간단히 다루고, 가족들이 준비해야 할 주요 사항들을 임종 전(마음의 준비 및 마지막 돌봄 등), 임종 시(장례준비 및 영원한 이별 등), 그리고 임종 후(장례절차, 상속재산 분할 등 마지막 정리, 마음 추스리기 등)의 순으로 정리해 보았다. 이 글을 통하여 돌아올 수 없는 먼 길을 떠나야 하는 말기 환자나 노인 본인은 물론 이를 지켜보고 돌보는 가족들에게도 임종자가 좋은 죽음(Good Death, 선종-善終)으로 삶을 마무리할 수 있도록 도울 수 있는 내용이 되기를 바란다.

2. 임종 사전 준비 사항

1) 임종을 앞둔 환자, 노인 본인의 웰다잉 준비사항

오늘날과 같은 산업화와 핵가족화 이전의 우리나라 전통사회에서는 많은 노인들이 관, 수의, 묘자리와 영정사진 준비와 함께 가옥과 전답 등 재산을 자녀들에게 적절히 나눠주는 일(물론, 장남 위주의 재산 분배였음)을 임종 전 주요 준비사항으로 생각했다. 실제로 농촌에서는 정성껏 준비한 관을 미리 툇마루 아래에 모셔 놓은 모습을 심심찮게 볼 수 있었고, 윤달에는 수의 준비를 위해 바삐 움직이는 어른들이 많았다. 이와 함께 자신은 한 발짝 뒤로 물러나 장남과 큰 며느리에게 농사 등 집안 대소사를 일임하는 것이 미덕으로 여겨졌다. 이러한 일은 동 시대 기준은 물론, 현재의 시점에서 보더라도 매우 본받을만한 임종을 앞둔 사람의 현명한 자세로 여겨진다.

그러나 산업화와 함께 핵가족화가 깊숙하게 진전된 지금, 생활수준의 월등한 향상과 함께 의료기술의 극적인 발전으로 평균수명이 크게 늘어나고, 사람들은 점차 죽음을 애써 외면할 뿐만 아니라 심지어는 죽음에 대한 성찰 자체를 금기시 하려는 자세를 갖게 되었다. 이제 일일이 나열할 수 없을 정도의 다양한 성형수술 의료행위 및 안티에이징(Anti-aging) 의료기술 등을 통해 노화와 죽음을 당연한 자연의 질서로 받아들이지 않고 지속적인 젊음의 추구와 함께 삶을 연장시키기 위해 안간힘을 쏟고 있는 실정

이다.[1)]

　이러한 현대인들의 무분별한 노력에 대해 셔윈 눌랜드(Sherwin B. Nuland) 교수는 "모두 부질없는 것"이라고 일축하며, 생의학의 발달로 인류의 평균 수명이 엄청나게 연장되었다고 하지만, 인류가 모든 질환을 완전히 정복한다 하더라도 100-110년(최장 120년), 즉 1세기 이상을 생존하기란 쉽지 않으며 대부분의 사람들은 기록될 만한 수명조차 누리지 못한 채 숨을 거둘 수밖에 없는 것이 현실임을 갈파하고 있다.[2)]

　따라서 임종을 목전에 둔 말기 환자는 물론, 아직 신체적으로 비교적 건강한 노인들조차도 본인의 사전에 죽음이란 없다라는 자세에서 벗어나 본인의 죽음에 대한 마음의 준비와 함께 사전의료의향서 및 유언장 작성 등 최소한의 웰다잉(well-dying) 준비를 미리미리 해 두는 것이 본인은 물론 가족들을 위해 현명한 처사라 하겠다.

　(1) 마음의 준비
　인류역사상 그 누구도 되돌아 온 적이 없는 죽음이라는 여행을 떠난다는 것은 두려운 일임에 틀림없다. 현대 종교들 중에서 사후 부활을 가장 확실하게 강조하며 사후에 천국에 올라 하나님과 함께 희락을 누릴 것이란 신조를 굳게 믿는 신실한 기독교인들조차 죽음을 의연하게 맞이할 생각은 하지 못하는 경우가 있다. 하물며, 깊은 신앙을 갖지 못한 신자나 무신론자들의 경우 죽음에 대한 두려움은 더욱 클 수 있을 것이다.

　생업에서 은퇴하게 된 60대에 이르게 되면 대부분의 사람들은 그 이전보다 자주 죽음에 대해 생각하게 된다고 한다. 그만큼 자신도 모르게 죽음에 점점 가까이 나아가고 있는 모습을 발견하게 되기 때문일 것이다. 이때 신앙인들이라면 자신의 신앙생활을 되돌아보며 사후 세계에서 펼쳐질 영적인 삶을 보다 현실적으로 생각해 보면서 죽음을 차분하게 받아들이는 자세를 가다듬어 갈 수 있을 것이다. 신앙을 갖고 있지 않은 사람들도 새롭게 신앙을 받아들이거나, 사후세계에 대한 성찰을 통하여 사후세계에 대한 긍정적인 태도를 갖는 것은 죽음에 대한 두려움의 경감과 임종을 앞둔 사람들에게는 위로를 줄 수 있을 것이다.

임종을 앞둔 환자들은 극심한 고통과 혼수상태로 말미암아 죽음을 맞이할 차분한 마음조차 갖지 못하는 경우도 많아 존엄한 삶을 살아온 자로서 존엄한 죽음을 맞이하지 못하는 경우를 자주 보게 된다. 그렇기 때문에 작게는 흙 한 줌과 풀 한 뿌리에서, 나의 이웃과 사회, 사랑하는 가족, 그리고 세상과의 아름다운 이별을 위해 차분히 정신을 가다듬고 미리미리 정리하는 적극적인 마음의 준비가 반드시 필요하다 하겠다.

(2) 사전(연명)의료의향서 작성

연명치료로 임종을 앞둔 환자의 고통은 물론, 이로 말미암아 감당하기 어려울 정도의 임종기 의료비용으로 가족들이 고통을 받는 일이 다반사가 된 연명의료 현실을 보면, 임종을 앞둔 사람들은 의식이 명료한 상태에서 아래 〈그림1〉사전(연명)의료의향서를 사전에 작성해 두는 것이 좋을 것이다. 사전(연명)의료의향서는 심폐소생술을 비롯한 연명치료 실시여부, 진통제 치료나 인공투석과 같은 연명치료 항목 중 자신이 원하는 내용을 사전에 확정하고, 기타 호스피스에 관한 사항이나 장례절차, 시신 혹은 장기기증 여부 등 평소에 가족들에게 당부하고 싶은 이야기를 제한 없이 남길 수 있어 추후 본인이 혼수 상태 등으로 말미암아 의사 표시를 할 수 없는 상황에서 의료진과 가족들이 동 문건에 따라 법적인 문제 없이 효과적으로 존엄한 죽음에 이르는 의료 행위를 할 수 있다. 사전연명의료의향서의 경우 연명의료결정법 제정[호스피스·완화의료 및 임종과정에 있는 환자의 연명의료결정에 관한 법률 시행규칙, 보건복지부령 제512회]으로 2018년 2월 시행에 앞서 2018년 1월 15일까지 보건복지부의 지정기관에서 시범운영을 실시 중에 있다. 이 글이 출판될 시점에는 국립연명의료관리기관과 국가생명윤리정책원을 통하여 연명의료결정제도가 시행 관리될 예정이다. 사전연명의료의향서의 경우 대리인 작성이 불가하고 개인이 직접 방문하거나, 단체나 기관의 경우 상담과 강의를 요청하게 될 경우 상담사가 현장에 방문하여 상담 후 작성을 돕게 된다. 법제화 이전 의향서나 등록기관에 제외된 곳에서 사전연명의료의향서가 작성된 경우 법적 문제가 될 수 있으니 주의가 필요하다. 또한 사전에 가족들간의 합의나 협의를 하여 임종을 앞둔 이의 사전연명의료의향서로 인해 우왕좌왕 하거나 형제간의 의견불일치들로 인하여 임종을 앞둔 이의 의사를 존중하지 못하는 일이 일어나지 않도록 예비하는 자세가 필요할 것이다.

(3) 유언장 작성

유언장의 작성은 대부분 재산의 분배와 처리에 관한 것이다. 고인이 평생 애써 일구어 놓은 재산을 고인의 뜻과 희망에 따라 생전에 배우자와 자녀 등에게 그 분배 및 처리를 명쾌하게 확정해 놓으면 고인이 남긴 재산을 둘러싸고 유족 간에 다툼을 벌이는 불상사를 예방할 수 있다. 물론, 상속세 및 증여세 등 세제상의 문제와 함께 원만한 가족 관계 유지를 위해 임종 전에 재산을 미리 정리하여 분배할 수도 있겠으나, 이것이 여의치 않을 경우 유언장을 통해 정리하는 방법이 매우 효과적이다.

유언의 방식과 내용은 엄격한 법적 절차에 따라 작성되어야 한다. 유언의 방식은 아래 〈표1〉 유언 방식별 특징의 자필증서, 녹음, 공정증서, 구수증서, 비밀증서 등 5가지가 있으며, 각각 장·단점이 있다 하겠다.[3] 그러나, 현실적으로는 대부분 자필증서 혹은 공정증서의 절차를 밟는 것이 일반적이다. 만약, 이러한 유언 절차가 없다면 상속은 당연히 민법상의 관련 법규에 따라 진행되게 된다. 한 번 작성되어 확정한 유언이라도 본인의 생전에 언제든지 이를 변경 혹은 철회할 수 있으며, 만 17세 이상인 자는 유언을 할 수 있고, 유언은 유언자가 사망한 때에만 효력이 발생한다.

〈그림 1〉 사전(연명)의료의향서 범례

■ 호스피스·완화의료 및 임종과정에 있는 환자의 연명의료결정에 관한 법률 시행규칙 [별지 제6호서식]

사전연명의료의향서

※ 색상이 어두운 부분은 작성하지 않으며, [ ]에는 해당되는 곳에 √표시를 합니다.

등록번호		※ 등록번호는 등록기관에서 부여합니다.

작성자	성 명		주민등록번호	
	주 소			
	전화번호			

연명의료 중단등결정 (항목별로 선택합니다)	[ ] 심폐소생술	[ ] 인공호흡기 착용
	[ ] 혈액투석	[ ] 항암제 투여

호스피스의 이용 계획	[ ] 이용 의향이 있음	[ ] 이용 의향이 없음

사전연명의료 의향서 등록기관의 설명사항 확인	설명 사항	[ ] 연명의료의 시행방법 및 연명의료중단등결정에 대한 사항
		[ ] 호스피스의 선택 및 이용에 관한 사항
		[ ] 사전연명의료의향서의 효력 및 효력 상실에 관한 사항
		[ ] 사전연명의료의향서의 작성·등록·보관 및 통보에 관한 사항
		[ ] 사전연명의료의향서의 변경·철회 및 그에 따른 조치에 관한 사항
		[ ] 등록기관의 폐업·휴업 및 지정 취소에 따른 기록의 이관에 관한 사항
	확인	년 월 일 성명 (서명 또는 인)

환자 사망 전 열람허용 여부	[ ] 열람 가능	[ ] 열람 거부	[ ] 그 밖의 의견

사전연명의료 의향서 보관방법	

사전연명의료 의향서 등록기관 및 상담자	기관 명칭	소재지
	상담자 성명	전화번호

본인은 「호스피스·완화의료 및 임종과정의 환자에 대한 연명의료결정에 관한 법률」 제12조 및 같은 법 시행규칙 제8조에 따라 위와 같은 내용을 직접 작성하였습니다.

작성일   년   월   일
작성자   (서명 또는 인)

등록일   년   월   일
등록자   (서명 또는 인)

210mm×297mm[백상지(80g/㎡) 또는 중질지(80g/㎡)]

아래 〈표1〉 유언 방식별 특징에서 보듯이 자필증서 유언을 제외하고는 반드시 증인이 필요하며, 미성년자나 유언으로 말미암아 이익을 받을 사람 및 그의 배우자와 직계혈족, 공증인의 친족이나 보조자 등은 유언장의 증인이 될 수 없다. 또한, 공증인(공증인가를 받은 사람이나 법무법인) 앞에서 유언을 확정한 공정증서에 의한 유언의 경우를 제외하고는 유언장 집행 시 반드시 가정법원에 검인을 청구하여야 한다. 자필증서 유언의 경우, 유언장은 일반적으로 민법 제1066조의 5가지 필수요건인 ①내용 ②작성일자 ③주소 ④성명 및 ⑤날인이 필수적이다. 자필이 아닌 컴퓨터나 타자기 등을 이용하여 작성된 증서는 법적효력이 없으며, 자필증서 유언을 집행하려 할 경우 반드시 가정법원의 검인 절차를 거쳐야 한다.

〈표 1〉 유언방식별 특징

방식/특성	자필증서	녹음	공정증서	비밀증서	구수증서
증인	X	1명 이상	2명	2명 이상	2명 이상
공증인	X	X	O	O (또는 법원서기)	X
검인	O	O	X	O	O
수수료	X	X		1,000원 (확정일자)	X
장점	간편	간편	위변조 · 훼손 불가	비밀보장	급박할 때 가능
단점	위변조 · 파기우려	녹음 훼손 우려	수수료 부담	훼손 · 분실 우려	사유 종료 후 7일 내 검인

2) 임종을 앞둔 환자의 가족이 준비하고 실행해야 할 사항

(1) 간병 및 수발

임종을 앞둔 환자의 경우 죽음에 대한 두려움과 함께, 체력의 고갈과 통증 등으로 말미암아 극한의 육체적, 정신적 스트레스에 시달리게 된다. 이때 사랑하는 가족들의 정성 어린 간병과 수발이 환자에게는 큰 도움이 될 것이다. 그러나 직장이나 돌보아야 할 어린자녀가 있는 경우 등 다양한 이유로 환자의 가족이 임종을 앞둔 환자와 모든 시간을 함께 보내는 것에는 현실적 한계가 있다. 환자의 간병 부담으로 인한 갈등으로 가족 간에 불화가 생길 수 있으므로 외부에서 도움을 받을 수 있는 방법들을 사전에 확인하고 적극 활용해야 할 것이다. 일반적으로 간병인이나 요양보호사의 도움을 생각하게 되는데 이 또한 매월 수 백 만원의 경제적 부담이 뒤따른다. 다음의 글에서는 이러한 부담을 줄여줄 수 있는 장기요양 서비스와 호스피스 서비스에 대해 간략히 소개하여 임종을 앞둔 환자와 그 가족에게 도움이 되고자 한다.

(2) 장기요양 서비스

임종을 앞둔 가족이 치매를 앓고 있거나 누워서 지내야 할 정도로 상태가 악화된 노인일 경우, 우선적으로 노인 장기요양보험의 도움을 적극 강구해 보아야 한다. 2008년 8월에 도입된 이 서비스를 받기 위해서는 먼저 아래 〈표2〉장기요양등급 판정기준의 장기요양등급(1~5등급, 등급 외 A, B, C)을 받아야 한다.[4] 등급 신청은 본인이나 가족, 보호자 등이 건강보험공단을 직접 방문하거나 우편, 팩스 등의 방법으로 신청서를 제출하며, 공단 직원이 방문 조사를 통해 대상자의 상태와 의사소견서 등을 참조하여 신청일로부터 30일 이내에 등급을 판정해 준다. 등급의 점수는 「노인 장기요양보험법 시행령」제7조 제2항 및 같은 법 시행규칙 제8조 제3항에 따른 장기요양 인정점수 산정방법에 따라 산출되며, 신체기능(12개 항목), 인지기능(7개 항목), 행동변화(14개 항목), 간호처치(9개 항목), 재활(10개 항목) 등 총 52개 항목을 상세히 조사하여 판정하게 된다.[5]

〈표 2〉 장기요양등급 판정기준

장기요양등급	판정기준
1등급	일상생활에서 전적으로 타인의 도움이 필요한 사람 (장기요양인정 점수 95점 이상)
2등급	일상생활에서 상당 부분 타인의 도움이 필요한 사람 (위 점수 75점이상 95점 미만)
3등급	일상생활에서 부분적으로 타인의 도움이 필요한 사람 (위 점수 60점이상 75점 미만)
4등급	일상생활에서 일정 부분 타인의 도움이 필요한 사람 (위 점수 51점이상 60점 미만)
5등급	노인장기요양보험법 시행령 제2조에 따른 치매 환자 (위 점수 45점 이상 51점 미만)
등급외 A	지팡이로 실내 이동 자립, 목욕, 화장실 이용 등 약간의 도움 필요. 장시간 혼자 집안 거주 가능, 복지관 이용 가능, 인지력 저하 (위 점수 45점 이상 51점 미만)
등급외 B	실내 이동 자립, 실외 이동도 자립도 높음, 목욕 등에서 약간 도움 필요, 만성관절염 호소, 복지관 이용 가능, 인지력 약간 저하 (위 점수 40점 이상 45점 미만)
등급외 C	혼자 일상생활 가능, 건강증진 등 예방서비스가 필요한 사람 (위 점수 40점 미만)

장기요양 서비스의 기본은 재가(在家) 서비스로 요양보호사 등이 대상자의 가정을 방문하여 간병, 용변, 식사 준비, 목욕, 빨래, 청소, 말벗, 운동보조 등의 서비스를 제공하게 된다. 등급에 따라 월 한도액은 2017년 기준으로 84만원~125만원 수준으로 대상자는 비용의 15%만 본인이 부담하게된다. 만약, 집에서 대상자를 간병, 수발하기 힘든 경우는 인근 요양기관(전국적으로 5,000여 곳의 노인요양기관이 있음)을 이용할 수 있다. 장기요양등급 1~2등급을 받은 본인이 희망하는 경우, 3~5등급자는 건강보험공단에서 그 필요성을 인정하는 경우에 각각 인근 요양기관을 이용할 수있으며, 이 경우에는 발생 비용(비급여항목 제외)의 20%만 대상자가 부담하면 된다.

이 외에도 장기요양보험과 무관한 요양병원이 전국적으로 1,500여 곳있으며 국민건강보험을 적용 받는다. 요양병원은 간병, 수발은 물론 약물치료 등 중증 환자들에게 적합하다. 다만, 요양병원 입원환자는 자비로간병인을 고용해야 하기 때문에 국민건강보험을 적용해도 매월 100만원~수백 만원의 비용이 발생하여 부담이 되나, 가족들이 비교적 생업에 충실하면서 환자의 간병, 수발을 해결할 수 있기 때문에 도움이 될 수 있다.다만, 노인요양기관을 이용할 때 가족들의 지속적인 관심과 잦은 방문이절대적으로 필요하다. 이는 입원환자에 대한 지속적인 관심과 사랑의 표현을 넘어 최근까지도 끊임없이 사회적 문제로 대두되고 있는 이들 기관의 노인 학대 문제 때문이다. 잦은 방문을 통해 환자의 상태를 직접 살펴보고 학대 여부를 현장에서 확인하는 방법이 가장 효과적이다. 또한, 병원을 선택할 때 노인장기요양보험(www.longtermcare.or.kr)혹은 건강보험심사평가원(www.hira.or.kr)의 평가 내용을 확인하는 것도 좋은 방법이다.

(3) 호스피스 서비스

호스피스는 여러 의료진들(정신건강의학과, 재활의학과, 마취통증의학과 등)과 협진하면서 다양한 분야의 전문인력들(의사, 간호사, 사회복지사, 성직자, 전문치료사, 약사, 영양사 등)이 비전문가인 환자의 가족과 자원봉사자까지 한 팀을 이뤄 서로 긴밀하게 협력하며 말기 환자와 가족들에 대한 총체적이고 전인적인 돌봄을 제공하는 서비스를 말한다.[6]

본래 호스피스(Hospice)는 라틴어 'hospitium'-나그네를 맞이하는 장소-에서 유래한 말로 중세에 예루살렘으로 가는 성지 순례자나 오랜 여행에 지친 여행자들이 쉬어가는 쉼터의 개념이었다. 현대적 개념의 호스피스는 간호사로 시작하여 나중에 의사가 된 영국인 시슬리 손더스(Cicely Saunders)가 제시한 개념으로, 손더스는 말기 환자의 병보다 환자의 상태에 집중하는 것을 강조하였고, '총체적 고통(Total Pain)'이란 개념을 처음으로 소개하였다.[7] '총체적 고통'이란 신체적 측면뿐만 아니라 정신적, 사회적, 영적인 부분까지도 포함하는 개념이다. 손더스는 1963년 미국을 여행하며 자신의 철학을 국제적으로 확산시켰고, 1967년에 성 크리스토퍼 호스피스(St. Christopher's Hospice)를 열어 현대적 개념의 호스피스 운동의 모체가 되었다.

손더스의 호스피스 운동에 영향을 받은 미국의 경우, 1970년에 3개소에 불과했던 호스피스가 1982년에는 400여개로, 1996년에는 2,700여개, 2013년에는 5,300개소로 폭발적인 증가세를 보였다. 1980년대에 들어와서는 영국을 중심으로 보다 심화된 완화의학(Palliative Medicine)이 정립되기 시작하였는데, 완화의학은 호스피스와 정신을 공유하지만 보다 체계적으로 환자 돌봄을 제공하는 것을 목표로 한다. 완화의료팀은 의료인(종양내과의사, 정신과의사, 완화의학전문의 및 간호사), 사회복지사, 치료사(재활, 음악,

미술 등), 성직자, 자원봉사자 및 환자와 그 가족이 팀원을 이뤄 돌봄에 참여한다. 완화의료에서 돌보는 환자의 영역은 신체적 영역, 정신·심리적 영역, 사회적 영역, 영적·존재론적 영역의 4가지로서 환자의 총체적 고통에 효과적으로 대응한다.

우리나라의 경우 2015년에 전국적으로 7개 권역으로 나뉘어 총 56개의 완화의료 전문기관이 있었으나, 2017년 초 현재 기준으로 88개 의료기관이 별도의 호스피스 병동을 개설해 운용하고 있는 등 점차 확대해 나가는 추세다.[8] 그러나, 가톨릭대학교 서울성모병원을 제외하면 서울대병원을 포함하여 대부분의 대형병원들이 현재까지 호스피스 병동 운용을 주저하고 있어 선진국과 같은 대대적인 활성화는 요원해 보이는 것도 사실이다. 환자의 경우 각종 검사와 항암치료에 시달리지 않으면서, 적절한 통증 완화 및 심리 안정치료를 받을 수 있어 이 서비스에 대한 환자와 가족의 만족도 또한 매우 높은 편이다. 제공되는 서비스는 통증조절, 증상조절, 음악·미술·마사지 등 다양한 프로그램, 임종 돌봄, 사별 돌봄 등으로 말기환자들의 평균 이용기간은 3~4주 내외로 파악되며, 전문가들은 임종 전 3개월 정도 호스피스 서비스를 받는 게 좋다는 의견이다. 건강보험이 적용되기 때문에 환자의 비용부담은 하루 2만원대(간병인 비용 제외)로 저렴한 편이다.

(4) 임종 시 대처

환자의 가족은 먼저 임종자의 심리를 충분히 이해하고 가능하면 편안한 내면 상태에서 죽음을 맞을 수 있도록 도와주어야 한다. 임종자는 신뢰할 수 있는 가족과 함께 있기를 원하며, 자신의 일생을 돌아보고 유언 등을 남기고 싶어한다. 또한, 자신의 정확한 상태를 알아 자신의 문제를 스스로 결정하며, 특히 극심한 병고의 고통에서 잠시라도 벗어나길 원하게 된다.

임종자가 심신 위약으로 말을 하지 못하더라도 가족이나 친지들의 말을 충분히 알아들을 수도 있기 때문에 임종을 앞둔 환자 앞에서는 위로의 말이나 위안이 되는 대화 이외의 언사를 삼가는 것이 좋다. 가족 중에서 임종자가 평소에 특히 사랑하고 아끼는 가족이 만져주고 껴안아 주는 스킨십도 임종자에게 커다란 위안이 될 것이다. 가족들은 특히 임종자가 아름다운 죽음을 맞이하도록 환자가 살아생전 가족을 위해 얼마나 많은 노력과 희생을 하였으며, 가족의 행복을 위해 최선을 다했던 얘기들을 해주고, 사별 후에도 임종자를 위해 항상 기도하며 함께 할 것임을 다짐해주는 말도 필요하다. 신앙인의 경우, 임종자가 평소 좋아했던 경전의 구절을 읽어주거나 평소 즐겨 불렀던 찬송가를 나직이 불러주어 하늘의 평안한 영접이 있음을 암시해주는 것이 좋다.

유족들은 임종의 전조증상에 대해 당황해 하거나 조바심을 자제해야 한다. 대부분의 필요한 사항을 의료진이 적절히 대처할 것이기 때문에, 임종 시, 의료진에게 산소호흡기, 링거, 가래흡입기 등의 설치를 요청하는 등 과민반응을 보이지 않도록 해야 한다.

(5) 뇌사자 등에 대한 연명치료와 안락사

법적으로 사망은 심폐사이며 99% 이상의 죽음이 이에 해당한다. 그런데 뇌와 폐 기능이 완전히 정지했음에도 심장박동이 유지되는 이른바 뇌사의 경우가 가끔 발생한다. 또한, 외형상 뇌사와 비슷한 식물인간(대뇌의 손상으로 의식과 운동 기능을 상실했을 뿐 호흡·소화·흡수·순환 등 핵심적인 생명 상태는 유지)을 환자를 둔 가족도 있게 마련이다. 특히, 식물인간의 경우 환자 자신의 존엄한 삶의 문제와 함께, 오랜 기간 동안의 생명유지장치를 위한 의료비와 간병비에 대한 환자 가족의 부담도 심각하다.

이들에 대한 연명치료를 언제까지 해야 할 것인가는 미국 등 서구사회는 물론, 고령사회에 돌입한 우리나라에서도 사회문제로 대두되곤 한다. 현재 관련 법규상 뇌사자나 식물인간에 대해 연명치료를 함부로 중단하는 것은 살인죄에 해당한다. 1997년 '보라매병원 사건'에서는 의사와 환자가족이 실제 살인죄로 처벌을 받은 사례도 있었다. 동 사건은 1997년 12월 4일 술에 취한 상태에서 화장실에 가다 넘어져 머리를 다친 김모(남)씨를 부인이 퇴원시킨 사건으로 대법원 판결을 통해 의학적 권고에 반하는 환자의 퇴원(discharge against medical advice)에 대해 의사를 살인방조죄로 처벌하였다.[9]

그러나, 2009년 대법원이 연명치료 중단을 허용하는 판결을 계기로 약칭 연명의료결정법(well-dying법-호스피스·완화의료 및 임종과정에 있는 환자의 연명의료결정에 관한 법률)이 제정되어 2018년 2월부터 시행에 들어가게 되어 환자 가족들은 의사와의 협의를 거쳐 연명치료 여부를 신중하게 고려해 볼 수 있는 길이 열렸다. 환자가 사전연명의료의향서 혹은 연명의료계획서를 사전에 작성하여 연명치료를 원치 않음을 명확히 밝혀두었다면 환자의 의식이 없는 경우에도 가족 2인 이상의 일치된 의견을 의사 2명의 확인을 거친 경우나 가족 전원의 합의와 함께 의사 2명의 확인 절차를 거친 경우에도 연명치료를 중단할 수 있다. 중단 대상 연명치료는 심폐소생술, 혈액투석, 항암제 투여, 인공호흡기 착용 등 연명만 시키는 의료행위이다. 이 경우에도 통증완화를 위한 의료행위와 영양분, 물, 산소

등의 공급은 계속하여야 한다.[10][11]

3. 임종 후 장례절차 및 장례식 후 사후정리

1) 장례준비 및 장례절차

대부분의 유족들은 막상 상을 당하면 사랑하는 가족을 잃은 슬픔 속에서 황망한 가운데 허둥지둥 장례 절차를 준비하게 된다. 응급실을 갖춘 대부분의 중대형 병원들은 병원 내에 장례식장을 부속시설로 보유하고 있어 해당 병원에서 임종한 경우 유족들은 곧 바로 병원의 행정자료실 및 부속 장례식장의 도움을 받아 원만하게 장례절차를 진행할 수 있다. 장례절차는 시신의 운구 및 안치→빈소차림→입관→발인→화장→매장 등의 순서로 진행된다. 장례절차에 따른 내용을 간략하게 정리해 보기로 한다.[12]

(1) 시신의 운구 및 안치

장례식장이 갖춰진 병원에서 운명할 경우, 통상 해당 병원의 장례식장을 이용하게 된다. 병원의 절차에 따라 다소 다를 수 있으나, 대부분의 경우 장례식장 직원이 수시(收屍) 후 시신을 장례식장으로 운구하게 된다. 사망진단서 발급을 위해 병동 담당 간호사에게 고인의 주민등록증과 등본을 제출해야 한다.

자택에서 운명할 경우, 가족의 편의성과 조문객의 사정 등을 고려하여 장례식장을 정하게 되며, 해당 장례식장의 이용 가능 여부를 전화로 확인한 후 운구 요청을 하게 된다. 이때 통상 장례식장의 운구용 장의차량이나 119에 신고해 시신을 장례식장에 옮기는 것이 좋다. 응급실을 경유하여 당직의사에게 검안을 받은 후 담당간호사에게 고인의 주민등록증과 등본을 제출하여 진단서를 발급받아야 한다.

요양병원이나 다른 병원에서 사망할 경우, 해당 장례식장의 이용 가능 여부를 전화로 확인 후 퇴원수속을 마치고, 사망진단서(5~7통)를 발급받은 후 운구용 장의차량 혹은 119를 이용하여 운구하면 된다. 이 경우 의사가 상주하는 요양병원은 자체적으로 사망진단서(시체검안서)를 발급하지만, 의사가 상주하지 않는 요양원의 경우 가족의 동의를 받아 시신을 인근 병원 응급실이나 장례식장으로 이송한 후 사망진단서(시체검안서)를 발급받게 된다.

장례식장 안치소는 상주가 동행하여 시신의 안치를 확인한 후 시신 안치고 열쇠를 상주가 보관하는 것이 좋다.

(2) 사망진단서

사망진단서는 3통이 필수적으로 필요하다. 장례식장(입관 및 발인), 동사무소(사망신고용), 그리고 매장의 경우(장지 관할 읍.면.동사무소 제출) 혹은 화장의 경우(장제장에 제출)에 각각 1통씩 필요하다. 그 외에도 사망자의 환경에 따라 보험회사, 학교, 회사, 군 등 관계기관에도 사망진단서 제출이 필요할 수 있다.

사망진단서는 통상 병원에서 사망한 경우나 퇴원 후 48시간 이내 사망한 경우에는 해당 병원에서 발급하며, 병원 외부에서 사망한 경우에는 사체검안서가 필요하다. 사망진단서의 내용은 ①병사 ②외인사 ③기타 및 불상 등 3가지가 있는데, ①병사인 경우에는 장례를 진행하여도 되지만, ②외인사, ③기타 및 불상인 경우에는 병원이나 검안의사가 관할지역 경찰서에 신고하여 검사의 지휘를 받은 후 검시필증을 교부 받아 사망진단서에 첨부하여 장례를 진행하여야 한다. 특히, 이런 경우 유족 등 시신 발견자는 함부로 시신을 옮기거나 훼손하지 말고 현장을 보존한 뒤 경찰에 신고하여야 한다.

(3) 빈소차림 및 장례용품 결정

빈소차림은 장례식장, 빈소의 규모 및 상주의 의사 등에 따라 관련 비용이 큰 차이가 나기 때문에 일괄적으로 정리하기는 어려우나, 아래 예시한 서울 강남 소재 2개 병원(서울성모병원 vs. 서울의료원강남분원)의 빈소 임대비용(1일 기준) 처럼 장례식장간의 비용차는 예상외로 높다.[13]

〈표 3〉 서울강남소재 2개 병원 빈소임대비용 비교

빈소규모	수용인원	서울성모병원	서울의료원강남분원	비 고
106㎡(32평)	32명	54만원	40만원	1일(24시간) 기준임
132㎡(40평)	44명	78만원	48만원	상동
231㎡(70평)	80명	162만원	84만원	상동

서울의료원의 경우 장례예상비용을 해당 사이트에 상, 중, 하 세 개의 기준으로 예시하여 두었는데 100명의 문상객을 기준으로 볼 때 장례식장 비용이 600만원에 이른다. 예상된 비용에는 장의용품(목관, 수의, 입관용품, 횡대), 시설이용료(분향실, 안치료, 입관비), 접대비(식대, 안주, 주류,

음료, 떡, 과일), 편의용품(영정사진, 조화, 제수용품, 예복) 등이 포함되어 있었다. 이외에도 운구비용과 장의차량비용을 더하게 된다. 대형병원의 경우 그 액수가 훨씬 상회할 것이란 점은 어렵지 않게 짐작할 수 있다.

빈소차림이나 장례용품을 장례식장 직원과 상의하는 과정에서, 자칫 허례허식과 고인에 대한 예의와 애틋한 정 때문에 고급스러운 선택을 하게 되는 경우가 많으나, 이러한 것이 결코 고인에 대한 예의가 아님을 이해하고, 수의나 목관 등을 적절하고 현실적으로 선택하는 것이 필요하다. 수의는 전통 수의 대신 고인이 평소 즐겨 입던 양복으로 대체할 수도 있을 것이다.

한국소비자원이 2014년 1월~ 2015년 3월 사이에 장례를 치렀던 전국의 630가정을 대상으로 장례식 총비용(매장 및 화장 비용 포함)을 조사한 바, 화장의 경우는 평균 1,381만원, 매장의 경우는 1,558원이었다. 그러나 각 가정의 편차는 매우 클 것으로 짐작되어 작은 장례식 문화 정착이 매우 절실해 보인다.[14]

〈표 4〉 평균장례비용실태(한국소비자원조사, 조사기간 2014.01~2015.03)

구 분	총 장례비용	장례식장 비용	장묘 비용
전체 (n=630가정)	1,380.8	1,013.8	367.0
화장 이용자 (n=485)	1,327.6	989.0	338.6
매장 이용자 (n=145)	1,558.0	1,096.0	462.0

단위(만원)

기초생활수급자의 경우 지자체마다 조례에 차이는 있으나 장례비 지원 제도(장제급여)가 있으며, 주민센터의 사회복지과에 신청을 통하여 약 70~75만원 정도를 받을수 있다. 서울의료원의 경우 기초생활수급자의 경우 안치료에 대해 면제해 주기도 한다. 하지만 일반적인 장례비용에 비하면 장제급여로는 시신수습비용수준에 미치지 못하는 실정이며, 그 외의 장례비용을 부담하기란 기초생활수급가구에게는 매우 어려운 형편이다.

최근 작은 장례식, 착한장례비용 문화를 정착하려는 정부의 노력 등이 이루어지고 있으며 기초생활수급자와 그 가족을 위하여 장제급여만으로도 장례를 도와주는 협동조합 등의 민간의 노력과 도움의 손길이 있다. 정부의 공영장례지원을 확대하려는 움직임이 있으므로 해당 지자체 동사무소 등을 통해 지원여부를 확인하는 것이 도움이 될 것이다.

(4) 입관

유족들은 고인이 임종하는 순간, 장례식장에서 가족이 지켜보는 가운데 고인을 입관할 때, 그리고 장지에서 매장하기 위해 마지막 하관할 때 가장 큰 슬픔을 나타내게 된다. 특히 입관은 사후의 모습일지언정 고인을 마지막으로 가까이에서 지켜볼 수 있기 때문에 유족들이 가장 오열하게 되는 순간이다. 입관 전까지 사망진단서(사체검안서)또는 검사지휘서를 반드시 관리사무실로 제출해야 하며, 장의용품 구입은 입관 전까지 준비해야 한다.

(5) 발인 및 매장

3일장의 경우 3일 째 되는 날 이른 아침에 발인식을 거행하게 된다.

발인 시간과 장지가 결정되면 장의차량을 관리사무실에서 준비해 주게 되며, 장례식장 비용 정산은 발인식이 진행되기 2시간 전쯤에 하면 좋다. 일반적으로 발인제를 하며, 종교인의 경우 해당 종교의 의식에 따라 진행하면 된다. 기독교인의 경우는 목사님의 발인예배, 천주교는 신부님의 영결미사, 불교의 경우는 스님이 다비식을 하게 된다. 영결식이 끝나면 운구를 하게 되며, 이때 영구차까지 운구 및 장지(화장장)에서의 운구 요원 6명 내외를 사전에 확보해 두어야 한다. 화장의 경우 미리 정한 화장터로, 매장의 경우는 장지로 곧장 향하게 된다. 매장의 경우에도 각 종교별 의식이 상이하여 해당 종교 교리에 따라 진행하게 된다.

(6) 화장 vs. 매장

〈표5〉 매장·화장의 장단점 비교[15)]에 화장과 매장의 장·단점을 비교하여 유족간의 협의 혹은 고인의 유언 등이 있다면 이를 존중하여 결정하면 될 것이나 최근에는 화장에 대한 선호도 높아 화장비율이 80%를 상회하는 것으로 알려져 있다. 화장의 경우 사전에 관할 지방자치단체장에게 신고해야 한다. 화장신고의 필요서류는 시신·유골 화장신고서, 사망진단서, 읍·면·동장의 확인서 등이다. 화장시설은 전국에 58곳 정도 운영되고 있다. 화장시설 이용료는 고인, 유족이 해당 지역민인 경우 평균 85,000원, 해당 지역민이 아닌 곳은 평균 55만원 선으로 그 차이가 매우 크다. 서울추모공원(서초구 소재)과 서울시립승화원(경기 고양시 소재)의 경우 서울·고양·파주 시민은 12만원, 기타 지역 주민은 100만원 선이다. 화장 후 분골을 어떻게 모실 것인가를 사전에 결정해야 하며, 분골은 봉안(납골)시설에 안치하는 것이 일반이다. 그러나 이 경우 매장에서의 장·단점

과 비슷한 문제점들이 추가로 발생하기 때문에 최근에는 수목장 등 자연장에 대한 관심도 높아지는 추세이다.

매장의 경우 공설묘지 혹은 사설묘지를 선택해야 한다. 집안에 선산이 없는 경우에는 대부분 공원묘원 등 공설묘지에 매장하는 것이 일반이다. 사설묘지 중 개인묘지는 법령상 묘지설치제한지역(녹지지역, 상수원보호구역, 문화재보호구역 등)을 피해 사후 매장·분묘 설치신고를 하면 된다. 개인묘지의 점유면적은 30㎡를 초과해서는 안되며, 분묘 1기당 비석·상석·석물 각 1개의 설치가 허용된다. 또한, 인가 및 학교 등 공중이 수시로 집합하는 시설로부터 300m 이상 떨어져 있어야 한다. 공설묘지의 경우 위치의 편의성, 묘역 규모에 따라 적잖은 비용이 소요되기 때문에 나중에 생존한 부모님의 합장 여부 등을 고려하여 평수를 확정하고 관리사무소에 서류를 접수하면 된다.

〈표 5〉 매장과 화장의 장단점 비교

	매 장	화 장
장 점	전통의식 유지 친족 간 유대 강화	간소한 절차 비용저렴 사후관리 편리 수시로 추모 가능 자연장 가능
단 점	비용 과다 절차 복잡 사후관리 불편 국토 잠식 최장 60년 후 묘지 폐기	친족 간 유대 약화 전통의식 약화

2) 장례식 후 사후정리

(1) 우선적 사후정리 사항

망자를 보내고 난 유족은 장례식 후 3일째 되는 날 삼우제(발인일 포함 3일째)를 지낸다. 불교신자들은 49일째 되는 날 49재를 지내기도 한다. 장례식장을 찾아 문상을 온 분들이나 조화 혹은 부의금을 전해온 분들에게 친소 관계를 따져 직접 찾아뵙거나, 인사장, 문자메시지, 전화, 이메일 등을 통해 각별한 감사의 인사를 전하는 것이 예이다.

사망신고는 동거하는 친족 혹은 동거자, 사망 장소를 관리하는 사람, 사망 장소의 동장이나 통·이장도 사망신고가 가능하다. 사망신고는 고인의 사망 사실을 인지한 지 1개월 이내에 사망자의 등록기준지(본적지) 또는 신고인 주소지나 현재지의 시(구)청·읍·면 주민센터에서 해야 한다. 이때 첨부해야 할 서류는 사망진단서(혹은 시체검안서), 신고인의 신분증, 고인의 가족관계등부의 기본증명서이다. 사망신고를 하면 최종적으로 고인의 가족관계등록부가 폐쇄되고 주민등록이 말소된다. 또한, 사망신고에 따라 고인이 남긴 재산, 채무 등에 대해 매우 중요한 상속 절차가 개시된다.

매장을 한 경우에는 매장일 30일 이내에 매장지를 관할하는 지방자치단체의 장례 담당부서에 시신·유골 매장 신고를 해야 한다. 공설묘지에 매장할 관리사무소에 구비서류를 접수하고 신고서를 작성하면 관리사무소가 매장신고를 대행해 주기도 한다. 개인 묘지의 경우에는 사망신고 시에 매장신고와 묘지설치 신고를 함께 하도록 한다. 신고를 제 때에 하지 않으면 300만원 이하의 과태료 처분을 받을 수 있다.

(2) 유족들의 슬픔 치유 및 일상으로 돌아오기

무엇보다도 슬퍼할 만큼 슬퍼하기를 통해 마음속의 응어리를 털어내는 것이 필요하다. 이를 위해 가까운 사람들과 마음의 고통을 함께 나누며, 일상생활의 패턴 유지와 규칙적인 생활을 하는 것도 중요하다. 고인과의 행복한 추억을 떠올리며, 신앙인의 경우 영적 활동에 더욱 몰두하는 것도 좋은 방법이다. 사별 초기단계의 충격 및 좌절 단계를 극복한다 해도 고독과 우울한 시간이 계속될 수 있기 때문에 삶과 죽음에 대한 자신만의 깊은 성찰과 종교에의 귀의 등 적극적인 삶의 자세를 확립해 나갈 필요가 있다.

(3) 슬기로운 상속재산 분배 및 관리

망자가 남긴 유언이나 유산 정리는 사후정리 사항 중 가장 중요하고 힘든 일이기도 하다. 망자가 재산을 많이 남길수록 남은 유족간의 다툼이 많아지는 것은 주위에서 흔히 볼 수 있는 아름답지 못한 광경이기도 하다. 그만큼 유산 정리와 분배는 중요한 일인 것이다.

상속절차는 상속세금 등에 대한 문제로 국세청 등 국가기관의 주요 관심사이기도 하다. 상속세의 법정신고 기한은 상속개시일이 속하는 달의 말일부터 6개월 이내이며, 피상속인이나 상속인 전원이 비거주자인 경우에는 상속개시일이 속하는 달의 말일부터 9개월 이내이다. 제출대상서류의 면면을 보면 상속절차가 복잡한 것을 금방 알아챌 수 있다.

①상속세 과세표준신고 및 자진납부계산서 ②상속재산명세서 및 그 평가명세서 ③피상속인 및 상속인의 가족관계증명서 ④공과금, 장례비, 재무사실을 입증하는 서류 ⑤상속재산을 감정평가 의뢰한 경우 감정평가 수수료 지급서류 ⑥상속재산을 분할한 경우에는 상속재산분할명세서 및

그 평가 명세서 ⑦그 밖에 상속세 및 증여세법에 의하여 제출하는 서류 등(예: 가업상속공제신고서 등)이 일반적으로 제출해야 할 서류이다. 그 외에도 가업상속재산명세서, 영농상속공제신고서, 금융재산 상속공제 신고서, 동거주택상속공제신고서, 상속세과세가액명세서, 상속인별상속재산 및 평가명세서, 상속 개시 전 1(2)년 이내 재산처분, 채무부담내역 및 사용처 소명 명세서, 영리법인 상속세 면제 및 납부명세서, 상속세(증여세) 면제 및 납부명세서, 상속세 물납(변경) 신청서 등 상속의 내용에 따라 그 내용은 다양하다.[16)]

고인이 보유한 금융자산(예금, 보험가입, 투자상품 등)과 부동산이 우선 파악 대상이며, 자동차 소유, 국민연금 가입 내역, 국세 및 지방세 체납세액과 납기 미도래 고지세액 및 환급세액의 경우, 정부가 '안심 상속 원스톱 서비스'를 통해 고인의 재산 상태를 일괄적으로 조회해 인터넷이나 우편으로 알려주고 있기에 본 제도를 적극 활용하면 편리하다.[17)]

상속예금, 상속보험금, 상속부동산 등의 처분은 유족 중 상속자 모두의 합의와 상속세 납부 등 전문적인 절차가 필요한 사항으로 본고에서는 이를 제외하기로 한다. 그럼에도 불구하고, 고인을 보내고 난 유족간의 친밀한 관계 유지는 물론, 가문의 전통을 아름답게 이어 나가기 위해 상속재산의 분배와 처분에 대한 온 가족의 협조와 노력은 장례식 이후 사후관리 사항 중 빠질 수 없는 일일 것이다.

〈참고문헌〉

곽혜원, 『존엄한 삶, 존엄한 죽음』, 새물결플러스, 2017. 432-433.
김창기, 『마지막 이별연습』, 행복포럼, 2017.

David Clark, "Total Pain: The Work of Cicely Saunders and the Hospice
Movement", *APS Bulletin*, 10(4), 2000.
S.B. Nuland, *How we die: Reflections on Life's Final Chapter,* Random
House, 1994.

[1부] 좋은 죽음을 위한 인문학적 성찰

1. 좋은 죽음의 생사학적 조건과 포스트모던 철학 / 김성진

1) Diogenes Laertius, *Lives of Eminent Philosophers II,* Engl, Translation by R.D.Hicks, Harvard Univ. Press, Cambridge, Massachusetts, (1925) 1979.

2) E. 퀴블러-로스, *Interviews mit Sterbenden* (임종환자 면담 기록), Stuttgart, (1969), 1971.
   E. 퀴블러-로스, 성염 역, 『인간의 죽음: 죽음과 임종에 관하여 *(On Death and Dying)*』, 분도, 1997.
   E. 퀴블러-로스, 『삶과 죽음에 대한 기억: 호스피스의 어머니 큐블러 로스 자서전 *(The Wheel of life)*』, 박충구 옮김, 가치창조, 2000.

3) 알폰스 데켄, 『죽음을 어떻게 맞이할 것인가』, 오진탁 옮김, 궁리, 2002; 『인간의 죽음과 죽어감』, 연세대 간호대학 창립 100주년·한국죽음학회 창립 1주년 기념 초청 강연집, 2006년 5월.

4) 「특별기획 인터뷰: 생사학의 대가 칼 벡커 교수」, 『의미있는 삶, 아름다운 마무리』, 한림대 생사학 인문한국 연구단 Newsletter, 창간호, 2013년 5월, 14-15.

5) E. Haeckel, *Die Welträthsel,* Bonn, 1899. 참조: *The Encyclopedia of Philosophy, vol. 3,* P. Edwards(ed.), The Macmillan Company & The Free Press, New York, 1967, p.399.

6) 발터 슐츠, 정동호·이인석·김광윤 편, 「죽음의 문제에 대하여」, 『죽음의 철학: 현대 철학의 논의를 중심으로』, 청람, 1992.

7) 「특별기획 인터뷰: 생사학의 대가 칼 벡커 교수」, 2013.

8) 최근 사례로서 예를 들면, Charles A. Corr & Donna M. Corr, *Death & Dying, Life & Living,* 7th Ed., Wadsworth, Cengage Learning 2013, 2009. 이미 1960년대 초반 이후, 특히 1970년대에는 죽음 교육이 미국의 대학뿐만 아니라 중고등학교 교육 과정에도 포함되기 시작했음에 대해서, 참조: 김인자 편역, 『죽음에 대한 심리적 이해』, 서강대 출판부, 1985. 7 이하.

9) 그 중 몇 가지만 예를 들면 그 주제들은 다음과 같다: 『죽음 대처 어린이 도와주기: 지침과 자원』(1984), 『유년기와 죽음』(1984), 『청년기와 죽음』(1986), 『청년기의 죽음과 사별 편람』(1996), 『청년기에 만나는 죽음과 사별, 그리고 극복하기』(2009), 『어린 이들이 만나는 죽음과 사별, 그리고 극복하기』(2010), 『호스피스 간호: 원리와 실천』(1983), 『소아과 간호의 호스피스적 접근』(1985), 『고령화 사회에서의 간호 업무』(1990), 『유아 돌연사 증후군: 누가 어떻게 도울 수 있는가』(1991), 『유년기의 죽음과 사별 편람』(1996).

10) Charles A. Corr & Donna M. Corr, *Life and death are two aspects of the same reality,* 2009.

11) Charles A. Corr & Donna M. Corr, 2009. 서두.

12) Plato, *Crito,* 48b.

13) Charles A. Corr & Donna M. Corr, 2009. 12-13.

14) M. Luther, *Acht Sermon geprediget zu Wittenberg in der Fasten* (1522), a.O. 10/3, 1.

15) M. Theunissen, *Die Gegenwart des Todes im Leben,* in: M. Theunissen: *Negat. Theologie der Zeit,* 1991. 197-217.

16) G. Simmel, *Zur Metaphysik des Todes,* Logos 1, 1910. 57-70, 58 이하.
   R. M. Rilke, *Das Stundenbuch* (1905), *Sämtl. Werke* (1955) 1, 347 이하.

17) M. Scheler, *Tod und Fortleben* (1911), *Ges. Werke 10, Schriften aus dem Nachlaß 1* (1954, 1986) 16 이하.

18) S. Kierkegaard, *Erbaul. Reden,* 1844/45. *Ges. Werke 13/14,* hg. E. Hirsch(1952) 178.

19) K. Jaspers, *Philosophie* (1932-33, 1956) 2, 224. M. Heidegger, *Sein und Zeit,* § 52 (1927, 1967) 255-260. Ges.ausg. [GA] 2 (1977) 339-348.

20) 쟝 폴 사르트르, 정동호·이인석·김광윤 편, 「나의 죽음」, 『죽음의 철학: 현대 철학의 논의를 중심으로』, 청람, 1992. 91-135 참조.

21) 로버트 C. 솔로몬·캐슬린 M. 히긴스, 『세상의 모든 철학』, 박창호 옮김, 이론과실천, 2007. 395-396.

22) 로버트 C. 솔로몬·캐슬린 M. 히긴스, 박창호 옮김, 2007. 398.

23) 『哲學大事典』, 학원사, 1963. 1024.

24) "현존재는 오직 태어남과 죽음 그 사이를 뻗어 실존할 뿐이다. 현존재는 그 자체로 이러한 뻗어있음(Erstrektheit)으로서 실존한다."; M. Heidegger, *Geschichte der Philosophie von Thomas von Aquin bis Kant,* Gesamtausgabe Bd. 23, Frankfurt/M. 2006. 140.

25) 신옥희, 「야스퍼스: 죽음은 실존의 거울이다」, 정동호 외, 『철학, 죽음을 말하다』, 산해, 2012. 216-218.

26) K. Jaspers, *Philosophie II,* 4. Auflage, Springer Verlag, Berlin, 1973. S. 221; 신옥희, 2012. 221.

27) 신옥희, 2012. 222.

28) 신옥희, 2012. 223.

29) 신옥희, 2012. 223.

30) K. Jaspers, 1973. 226; 신옥희, 2012. 225.

31) K. Jaspers, 1973. 236; 신옥희, 2012. 229.

32) 신옥희, 2012. 229.

33) 이정우, 「들뢰즈: 죽음은 自然으로의 회귀이다」, 정동호 외, 『철학, 죽음을 말하다』, 산해, 2012. 266-269.

34) 이정우, 2012. 274-275.

261

35) 이정우, 2012. 275-276.

36) 이정우, 2012. 276.

37) 이정우, 2012. 280-281.

38) Miguel de Unamuno, *The Tragic Sense of Life*, Fontana Library, 1962, 60; 백승영, 「니체: 죽음은 삶의 완성이다」, 정동호 외, 『철학, 죽음을 말하다』, 산해, 2012. 162.

39) 백승영, 2012. 162.

40) 백승영, 2012. 163.

41) 백승영, 2012. 164-165.

42) 백승영, 2012. 165.

43) 백승영, 2012. 165-166.

44) F. 니체, 『인간적인 너무나 인간적인 II』, 「방랑자와 그의 그림자」 185, KGW IV 3, 270 이하.

45) 백승영, 2012. 169-170.

46) 백승영, 2012. 170.

47) 백승영, 2012. 170-171.

48) 백승영, 2012. 172-173.

49) 백승영, 2012. 165.

50) 아리스토텔레스, 손명현 역, 『니코마코스 윤리학/정치학/시학』, 동서문화사, 1978. 26-27.

51) 발터 슐츠, 앞의 글, 1992. 53-55.

52) 다그마르 펜너, 김성진 역, 『철학상담치료와 심리치료, 무엇이 다른가?』, 서광사, 2017. 139.

2. 아름다운 죽음 그리고 희망 / 김남희

1) 알베르 까뮈, 『이방인』, 김화영 옮김, 민음사, 2011. 9.

2) 정진홍, 『정직한 인식과 열린 상상력』, 청년사, 2010. 287.

3) 정진홍, 2010. 288.

4) 카타리나 라키나, 콘라트 파울 리스만 편, 『죽음』, 김혜숙 옮김, 이론과 실천, 2009. 10.

5) Watsuju Tetsuro, *Fudo, Wind und Erde*, Darmstadt: Wiss. Buchgesellschaft, 1992. S. 6.

6) Medard Kehl, "Himme'l, in: Lexikon für Theologie und Kirche, Bd. 5, hg. v. Walter Kasper, Freiburg, Basel, Rom, Wien 1998. S. 116.

7) 이은봉, 『여러 종교에서 보는 죽음관』, 가톨릭출판사, 2004. 158에서 재인용.

3. 노인 돌봄과 좋은 죽음 / 공병혜

1) 공병혜, 「한국사회와 말년의 철학적 의미」, 『오늘의 문예비평』, 산지니, 2008.
2) 이 장은 졸고, 「한국사회에서 노인 돌봄」, 『한국 여성철학』 제 13집, 2010. 7-12을 주로 발췌하여 수정하였음.
3) 최영희 외, 『간호와 한국문화』, 수문사, 2005. 549.
4) Heidegger, *Sein und Zeit, Max Niemeyer*, Tuebingen, 1984. 117.
5) M. Heidegger, *Vortraege und Aufsaetze*, Pfullingen, 1985. 146.
6) 레비나스에 따르면 자기중심적 존재 의미 부여에서 필연적으로 야기되는 죽음에 대한 불안은 타자를 위한 선행을 통해 사라지며, 아이를 통해 열리는 미래의 시간들은 과거의 짐에서 벗어나 새로운 삶이 가능하도록 하며 시간의 연속성을 지닌다고 한다. 강영안, 『타인의 얼굴, 레비나스의 철학』, 문학과 지성사, 2005. 159 참조.
7) 한스 게오르그 가다머, 공병혜 역, 『고통-의학적, 철학적, 치유적 관점에서 본 고통』, 철학과 현실사, 2005. 25.
8) 자연의 생생한 생명력만이 자연의 순환으로 되돌아 갈 수 있지만, 인간에게는 그러한 능력이 전적으로 결여되어 있음을 의미한다. 한스 게오르크 가다머, 이유선 역, 『철학자 가다머 현대의학을 말하다』, 몸과 마음, 2002. 157.

[2부] 좋은 죽음을 위한 실질적 준비

1. 좋은 죽음의 사회적 확산을 위한 간호학적 접근 / 김춘길

1) 김춘길, 「재가노인의 좋은 죽음에 대한 인지도와 가족지지의 영향」, 『한국호스피스·완화의료학회지』, 17(3), 2014. 151-160; McNamara B, 「Good enough death: autonomy and choice in Australian palliative care」, 『*Social Science & Medicine*』, 58, 2004. 929-938.
2) 권수현, 「생물학적 죽음에서 인간적 죽음으로 - 죽음의 자유와 도덕」, 『사회와 철학연구회 논문집』, 30, 2015. 199-224.
3) Walters G, "Is there such a thing as a good death?", *Palliative Medicine*, 18, 2004. 404-408.
4) 정진홍, 「삶으로서의 죽음」, 『아산재단 창립 33주년 기념 심포지엄 보고서』, 2010. 7-26.
5) 전병술, 「한국에서의 죽음학」, 『동양철학』, 44, 2015. 55-73.
6) 조계화, 김균무, 「한국 의료인의 죽음에 대한 이해」, 『한국의료윤리학회지』, 16(1), 2013. 124-138.
7) 이경주·황경혜·라정란·홍정아·박재순, 「좋은 죽음의 개념분석」, 『호스피스교육연구소지』, 10, 2006. 23-29.

8) Steinhauser KE · Clipp EC · McNeilly M · Christakis NA · McIntyre LM · Tulsky JA, "In search of a good death: observations of patients, families, and providers", *Annals of Internal Medicine*, 132(10), 2000. 825-832.

9) Shinjo T et al., "Why people accept opioids: role of general attitudes toward drugs, experience as a bereaved family, information from medical professionals, and personal beliefs regarding a good death", *Journal of Pain and Symptom Management*, 49(1), 2015. 45-54.

10) Cagle JG · Unroe KT · Bunting M · Bernard BL · Miller SC, "Caring for dying patients in the nursing home: voices from frontline nursing home staff", *Journal of Pain Symptom Management*, 53(2), 2017. 198-207.

11) Goldsteen M · Houtepen R · Proot IM · Abu-Saad HH · Spreeuwenberg C · Widdershoven G, "What is a good death? Terminally ill patients dealing with normative expectations around death and dying", *Patient Education and Counseling*, 64, 2006. 378-386.

12) 김신미 · 이윤정 · 김순이, 「노인과 성인이 인식하는 '좋은 죽음'에 대한 연구」, 『한국노년학』, 23(3), 2003. 95-110.

13) 김춘길, 2014. 151-160.

14) 오지현, 「좋은 죽음의 의미」, 석사학위논문, 서울: 한양대학교, 2009.

15) 김춘길, 「대학생의 죽음에 대한 인지도와 자아존중감이 삶의 의미에 미치는 영향」, 『보건간호학회지』, 27(3), 2013. 539-550.

16) Walters G, 2004. 404-408.

17) 한은정 · 박명화 · 이미현 · 이정석, 「장기요양서비스 서비스제공자가 인식하는 '좋은 죽음' 의미 탐색」, 『한국사회정책』, 23(4), 2016. 177-203.

18) Cottrell L · Duggleby W, "The "good death": an integrative literature review", *Palliative and Supportive Care*, 14, 2016. 686-712.

19) 권복규, 「한국인의 전통 죽음관」, 『한국호스피스 · 완화의료학회지』, 16(3), 2013. 155-165.

20) Wilson DM, "A scoping research literature review to assess the state of existing evidence on the "bad" death", *Palliative and Supportive Care*, 2017. 1-17.

21) Endacott R et al., "Perceptions of a good death: a qualitative study in intensive care units in England and Israel", *Intensive and Critical Care Nursing*, 36, 2016. 8-16.

22) Gagnon J · Duggleby W, "The provision of end-of-life care by medical-surgical nurses working in acute care: a literature review", *Palliative and Supportive Care*, 12, 2014. 393-408.

23) 〈KBS 시사기획 창〉, "웰다잉 '죽음의 질' 1위 비결은?", 2016.

24) 「호스피스 · 완화의료 및 임종과정에 있는 환자의 연명의료결정에 관한 법률」, 보건복지부, 2016.

25) 오소연, 「호스피스완화의료 팀 구성 및 관리」, 『2015년 5월 10일 한국호스피스 · 완화 의료학회 연수강좌 자료집』, 2015. 35-42.

26) 윤영호, 「삶의 바람직한 마무리를 위한 공동체의 역할」, 『아산재단 창립 33주년 기념 심포지움 보고서』, 2010. 117-131.

27) 조계화 · 박애란 · 이진주, 「통합적 완화 돌봄 중재가 말기암환자의 삶의 질에 미치는 효과: 메타분석」, 『호스피스 · 완화의료학회지』, 18(2), 2015. 136-147.

28) 이영은 · 최은정 · 박정숙 · 신성훈, 「호스피스 · 완화의료에 대한 인식 및 지식 그리고 죽음에 대한 태도: 일개 지역에서의 의료인을 대상으로」, 『한국호스피스 · 완화의료학 회지』, 16(4), 2013. 242-252.

29) 윤영호, 「좋은 죽음과 공동체 대응」, 『2016년 9월 1일 제 5차 서울연구원 미래서울 네트워크 포럼 자료』, 2016.

30) 한국죽음학회, 『한국인의 웰다잉 가이드라인』, 서울: 대화문화아카데미, 2011. 15-117.

31) 김춘길 · 이영희, 「간호사의 치매노인 말기 돌봄에 대한 경험」, 『성인간호학회지』, 29(2), 2017. 119-130.

32) 김현숙 · 홍영선, 「한국 호스피스 완화의료: 과거, 현재 그리고 미래」, 『호스피스 · 완 화의료학회지』, 19(2), 2016. 99-108.

33) Alidina K · Tettero I, "Exploring the therapeutic value of hope in palliative nursing", *Palliative and Supportive Care*, 8, 2010. 353-358.

34) 한국죽음학회, 2011. 15-117.

35) 한림대학교 생사학연구소, 『죽음의 풍경을 그리다: 한국적 생사학을 위하여』, 서울: 도서출판 모시는 사람들, 2015. 236-240.

36) Zimmerman C, "Acceptance of dying: a discourse analysis of palliative care literature", *Social Science & Medicine*, 75, 2012. 217-224.

37) 김계숙, 「호스피스 병동 말기 암환자 가족의 돌봄 경험에 관한 현상학적 연구」, 『한국 가족복지학』, 52, 2016. 35-66.

2. 의료적 관점에서의 좋은 죽음 / 고수진

1) 〈AGE CONCERN, ENGLAND〉는 영국 내 1,400개소 이상의 지부와 함께 4,800명이 넘는 직원 및 무려 25만명 이상의 자원봉사자를 보유한 영국 최대의 자선단체이다.

2) Published by Age Concern England 1268 London Road London SW16 4ER, 1999. ISBN 0-86242-322-8.

3. 호스피스 돌봄 / 조계화

1) 공병혜, 「의료영역에서의 고통에 대한 이해」, 『인간연구』 8, 2005. 242-278.

2) Elizabeth Kubler-Ross, *On Death and Dying,* New York: Macmillan, 1968.

3) Barney G. Glaser · Anselm L. Strauss, *Aeareness of Dying,* Chicago: Aldine, 1965.

4) J. W. Worden, *Grief Counseling and Grief Therapy: A Handbook for the Mental Health Professional,* New York: Springer Publishing Co, 2001.

5) Isak Dinesen, *Last tales,* Vintade Books, New York, 1991.

4. 치매노인의 돌봄과 고운 마무리 / 이수인

1) 공병혜, 「한국사회와 말년의 철학적 의미」, 『오늘의 문예비평』, 산지니, 2008. 28-42.

2) 공병혜, 2008. 28-42.

3) 박세정 · 고수현, 「치매노인의 삶의 질 향상에 관한 연구」, 『복지행정논총』 18권2호, 2008. 115-142.

4) 공병혜, 「한국사회에서 노인 돌봄」, 『한국여성철학』 13, 2010. 1-22.

5) 이윤미, 〈헤럴드경제 인터넷판〉, '로맨스·다운사이징·엔딩노트……100세 시대를 잘 사는 법', http://news.heraldcorp.com/view.php?ud=20171013000398, 2017년 10월 14일자.

6) 이영주, 〈헬스통신〉, '치매, 뇌졸중 후 발병 위험 3배 증가', http://e-healthnews.com/news/article_view.php?art_id=144852, 2017년 10월 14일자.

7) 문영숙, 『치매, 마음 안에 외딴방 하나』, 지우, 2011.

8) 장종식 · 김수경, 「알츠하이머환자와 혈관성 치매환자의 CERAD-K를 통한 인지기능의 비교와 평가도구의 유용성」, 『고령자 · 치매작업치료학회지』, 6(2), 2012. 31-38.

9) 황의완, 『치매극복프로젝트』, 조선앤북, 2011.

10) 황의완, 2011.

11) 문영숙, 2011. 70.

12) 윤승천, 『치매 2016』, 건강신문사, 2016. 73.

13) 윤승천, 2016. 111.

14) 양기화, 『치매 당신도 고칠 수 있다』, 중앙생활사, 2017. 91.

15) 양기화, 『치매 당신도 고칠 수 있다』, 중앙생활사, 2017. 91.

16) 양기화, 2017; 윤승천, 2016. 77-96.

17) 황의완, 2011.

18) 윤승천, 2016.

19) 이 부분의 내용은 『인지증 케어비결: 치매환자와 가족 모두가 편해지는』과 『치매 2016』

으로부터 온 것이다.

20) 문영숙, 2011.

21) 문영숙, 2011. 143.

22) 문영숙, 2011. 141-143; 윤승천, 2016.

23) 윤승천, 2016; 문영숙, 2011; 야마구치 하루야스·다나카 유키코(우치다병원 인지증 서 포트팀),『인지증 케어 비결: 치매환자와 가족 모두가 편해지는』, 메디마크, 2016.

24) 윤승천, 2016. 217.

25) 야마구치 하루야스 · 다나카 유키코(우치다병원 인지증 서포트팀), 2016. 30-34.

26) 문영숙, 2011. 157.

27) 윤승천, 2016; 야마구치 하루야스·다나카 유키코(우치다병원 인지증 서포트팀), 2016. 101-103.

28) 윤승천, 2016. 226-227

29) 야마구치 하루야스 · 다나카 유키코(우치다병원 인지증 서포트팀), 2016. 105-107.

30) 윤승천, 2016. 227-228.

31) 윤승천, 2016. 82-86; 문영숙, 2011. 74-77.

32) 양기화, 2017. 258-261.

33) 양기화, 2017. 266.

34) 양기화, 2017; 문영숙, 2016. 225.

35) 야마구치 하루야스 · 다나카 유키코(우치다병원 인지증 서포트팀), 2016. 223.

36) 김은란,「소화기 질환에서의 경장영양공급」, *Korean J Gastroenterol*, 65(6), 2015. 354-360.

37) 하나이시토비 고조, 민경윤 · 노미영 역,『우리는 어떻게 죽음을 맞이해야 하나』, 마고 북스, 2012.

38) 나가오 카즈히로, 유은정 옮김,『평온한 죽음』, 한문화, 2013. 182-203.

39) 공병혜, 2010. 28-42.

40) 나가오 카즈히로, 유은정 옮김,『평온한 죽음』, 한문화, 2013.

5. 아름다운 마무리를 위한 준비 / 김태미

1) 곽혜원,『존엄한 삶, 존엄한 죽음』, 새물결플러스, 2017. 432-433.

2) S.B. Nuland, *How we die: Reflections on Life's Final Chapter*, Random House, 1994.

3) 김창기,『마지막 이별연습』, 행복포럼, 2017. 36에서 발췌하였음.

4) 김창기, 2017. 46.

5) 상세한 내용은 노인장기요양보험 홈페이지(www.longtermcare.or.kr)참조.

6) 곽혜원, 2017, 284.

7) David Clark, "Total Pain: The Work of Cicely Saunders and the Hospice Movement", *APS Bulletin*, 10(4), 2000.

8) 구체적인 병원명은 국립암센터 호스피스완화의료 사이트(http://hospice.cancer.go.kr) 참조.

9) 1심에서 피해자의 부인, 담당의사, 담당의사를 보조한 3년차 수련의, 1년차 수련의를 살인죄의 부작위범으로 처벌하였으나, 2심에서 1년차 수련의(인턴)을 제외(무죄)한 의료진을 살인죄의 방조범(작위에 의한 살인방조범)으로 인정하였다. 법원은 정상을 참작하여 의료진은 물론 살인죄의 주범인 피해자의 부인에게도 집행유예를 선고했다. 살인죄의 방조범으로 처벌받은 의료진은 상고하였으나 대법원은 상고를 기각했다.

10) 연명의료결정 제도 안내, 보건복지부, 2017.

11) 김창기, 2017. 98-100.

12) 장례절차 등에 관하여는 주요병원의 장례식장 인터넷 사이트에 자세하게 소개하고 있으나, 여기서는 〈서울의료원 강남분원〉 장례식장 사이트(http://kn.seoulmc.or.kr/funeral/)를 참조.

13) 〈서울의료원 강남분원〉 장례식장 사이트(http://kn.seoulmc.or.kr/funeral/)및『서울성모병원』 장례식장 사이트(http://kfh.catholicfuneral.co.kr)참조.

14) 김창기, 2017. 111에서 발췌하였음.

15) 김창기, 2017. 63에서 발췌하였음.

16) 국세청 상속세 참조(http://www.nts.go.kr/tax/).

17) 안심상속원스톱서비스 정부24에서 신청가능(https://www.gov.kr/).

저자소개

김성진 한림대학교 철학과 명예교수

김남희 가톨릭대학교 학부대학 교수

공병혜 조선대학교 간호학과 교수

김춘길 한림대학교 간호학부 교수

고수진 울산대학교병원 혈액종양내과 조교수

조계화 대구가톨릭대학교 간호대학 교수

이수인 한림대학교 생사학연구소 HK연구교수

김태미 한림대학교 생사학연구소 HK교수

생명교육총서 **2**

좋은 죽음을 위한 안내

초판인쇄   2018년 05월 02일
초판발행   2018년 05월 10일
엮 은 이   한림대학교 생사학연구소
지 은 이   김성진 · 김남희 · 공병혜 · 김춘길
          고수진 · 조계화 · 이수인 · 김태미
발 행 인   윤석현
책임편집   안지윤
발 행 처   도서출판 박문사
주   소   서울시 도봉구 우이천로 353 성주빌딩 3F
전   화   (02) 992-3253(대)
전   송   (02) 991-1285
전자우편   bakmunsa@hanmail.net
홈페이지   http://jnc.jncbms.co.kr
등록번호   제2009-11호

ⓒ 생사학연구소 2018 Printed in KOREA.

ISBN 979-11-87425-94-6 04100   정가 15,000원
      979-11-87425-84-7 04100(set)